宋城怀古

人物春秋

端州历史文化

贾穗南 编著

暨南大学出版社
JINAN UNIVERSITY PRESS

中国·广州

自 序

端州，一方美丽的神奇土地，一片迷人的湖光山色。

一方水土一方人，一方人铸一方文。神奇的土地和神奇的文化养育着神奇的人民，神奇的人民开拓着神奇的土地，创造着神奇的文化。

数千年的沧海桑田，端州为后人留下了悠远厚重的文化传承，也留下了丰富多彩的文化遗存。名胜古迹、亭台楼阁、牌坊碑刻、祠堂寺庙、书院教育、宗教文化、端砚雕刻、馆藏珍品、故事传说和名臣良相、先贤哲人、革命志士等，构成了端州文化中一道极为亮丽的风景线。这些弥足珍贵的文化传承和文化遗存，在中华史册上留下了一篇篇浓墨重彩的华章，在中华文明璀璨的星空里显得格外光彩夺目。

我在端州工作四十多年，对这方土地有着深厚的感情，于是萌发了写作《宋城怀古》一书的念头，借以传承历史，启迪后人。我希望通过拨开一层层薄薄的历史迷雾，透过一张张陌生而又熟悉的面孔，以及一个个动听感人的故事传说和一篇篇优美典雅的诗词歌赋，让人们感受整个端州历史命运的脉动，窥见一方神奇土地的种种人世沧桑和发展变迁，完成一次"人文端州"之旅。

我期待着，守护这方土地的后人，继往开来，肇创新业，再造辉煌！

掩卷静思，有感而发，写下以上文字，不知当否？

尽管我作出了很大的努力，但由于学识和水平有限，在写作中难免有失实或错误、讹漏之处，倘蒙各位专家、学者和读者批评指正，是为至幸！

2014年2月

目　录

民 国

后 记

南　朝

玄武湖中玉漏催，
鸡鸣埭口绣襦回。
谁言琼树朝朝见，
不及金莲步步来。
敌国军营漂木柹，
前朝神庙锁烟煤。
满宫学士皆颜色，
江令当年只费才。

——唐·李商隐《南朝》

一代枭雄陈霸先

陈霸先（503—559），南朝陈的建立者，557—559年在位。字兴国，小字法生，吴兴郡长城县（今浙江湖州市东）人。

在高要郡（今广东肇庆市），陈霸先先后授监宋隆郡（治今广东高要市东南）、西江都护、高要郡太守、督七郡诸军事等职，在任长达八年时间。

陈霸先的文韬武略、经世治国之才，是在高要郡开始得以展现的。高要郡可谓是他的发迹之地，也是他的成名之处。

陈霸先在高要郡期间，收服了当地一些部族头领，招募了一批俚、僚族的子弟为兵，积累了丰富的军事经验，积蓄了雄厚的军事实力。他致力维护社会稳定，消除了岭南地区一些地方割据势力并努力恢复生产，赢得了较高的威信，深受当地人民的拥护与爱戴。

既然陈霸先是南朝陈的开国皇帝，必然会有诸多关于他的奇闻趣事流传于世，如昭示日后瑞应祥兆、预示他将来登临皇帝宝座的故事传说。

在诸多有关陈霸先的奇闻趣事中，有这样一个故事传说。

南朝梁天监二年（503），是一个荒灾大旱之年。长城县半年多时间没有下雨，土地干旱得直冒青烟，掘地三尺尚未见水源，就连屋外的那口水井，也早就干涸了。到了寒冬腊月，北风"呼呼"地刮个不停，人们都冻得瑟瑟发抖。

就在这个时候，随着一声响亮的啼哭，一个婴儿呱呱落地了。这个婴儿不是别人，就是未来陈朝的开国皇帝——陈霸先。

此时，陈家人又是喜，又是愁：喜的是家里添丁加口，愁的则是天气寒冷且干旱，连擦洗婴儿身体的用水也没有！

正当陈家人慌乱之际，忽闻屋外有人大声地喊道："井里冒水了！"陈霸先的父亲陈文赞听见后，立即奔到井前一看，井里果然有水喷涌而出。他欣喜之余，用手摸了一下井水，竟然是热的！

陈文赞赶紧用井里喷涌而出的热水，为刚刚降生的儿子擦洗身体。待他把儿子的身体擦洗干净后，井水便渐次降温，慢慢地退回到地下的深处。

这口水井，后人称之为"圣井"。

八十六年后，即陈后主在位的南朝陈祯明三年（589），隋军大举南下攻取陈朝都城——建康（今江苏南京市），如入无人之境。驻守于长江的陈朝官兵，皆望风而逃。

陈后主（553—604），即陈叔宝，字元秀，小字黄奴，南朝陈的最后一位皇帝，582—589年在位，年号"至德"、"祯明"。天嘉三年（562），立为安城王世子。天康元年（566），授宁远将军。次年，任太子中庶子，寻迁侍中。太建元年（569）正月，立为皇太子。陈后主在位期间，大建宫室，生活奢侈，滥施刑罚，宠爱美女张丽华，朝政极度腐败。

当时，沉湎于酒色、荒淫无度、不问国事的陈后主，听闻隋军攻入建康，如丧家之犬般慌慌张张地带着宠妃张丽华、孔贵妃，急急忙忙地跑到后宫，躲进了景阳殿外的一口深井里面。

美人香草，秋萎冬枯，自然之则也；国纪败坏，灭国之祸，咎在人主也！

后来，陈后主被俘，张丽华、孔贵妃被杀，陈王朝就此灰飞烟灭了。

传说，张丽华被俘时，吓得涕泗交流。她流下来的胭脂沾湿了深井的栏杆，以帛拭之不去，留下了胭脂的痕迹。后人称这口深井为"胭脂井"，又称之为"辱井"。

真是无巧不成书，风水轮流转。一口"圣井"，一口"辱井"，一始一终，遥相呼应，相映生"辉"，联结着南朝陈王朝两位皇帝的命运。

可以这样说：南朝陈王朝的天下，由井而兴，也由井而亡。

话又说回来，再说陈霸先。

陈霸先是不折不扣的"草根"出身，自幼家境贫寒，"火耕水耨之夫，荜门圭窦之子"（李昉《文苑英华》）。要知道，社会底层的"草根"可谓成千上万，不是谁都能够冲杀出来的。

封建王朝的开国帝王，多生于乱世。只有在乱世，志向远大的"草根"才能实现自己的理想和抱负。

《南史·陈本纪上》云：陈霸先"初仕乡为里司，后至建邺为油库吏"。

"英雄"发迹，总是得有"贵人"的相助。否则，他是一辈子也混不出头来的。

南朝梁大同元年（535），陈霸先被新喻侯、吴兴郡（治今浙江乌程县）太

守、梁武帝萧衍的侄子萧映赏识，成为一名幕僚——传令吏。萧映"甚重高祖，尝目高祖谓僚佐曰'此人方将远大'"（《陈书·本纪第一·高祖上》）。

"传令吏"这个官职，实在是微乎其微，小得不能再小了。

千里之行，始于足下。陈霸先像"踩地雷"似的，战战兢兢、小心翼翼地迈出了第一步。随后，他犹如龙入大海、虎蹿深山，一步一个脚印，开始攀登人生的巅峰。大同六年（540），萧映擢广州（治今广东广州市）刺史，陈霸先跟随南下，授广州都督府（治今广东高要市）中直兵参军。从某种意义上说，陈霸先由此开始，应该算是几步便跳越了阡陌交错的乡间小路，跃上了可以直抒凌云胸襟的通衢大道。

当时，武林侯、交州（治龙编，今越南河内市东北约三十公里）刺史、鄱阳王萧恢的儿子萧谘，为政苛刻，胡作非为，鱼肉百姓，丧失民心。次年十二月，官居于监德州（治今越南河静省德寿市）的交州俚族酋长李贲，联合数州的土豪，起兵反抗朝廷，攻打萧谘。萧谘仓皇地逃奔到广州，向朝廷上表告急，请求出兵救援。

大同八年（542）春，梁武帝下旨令新州（治今广东新兴县）刺史卢子雄、高州（治今广东阳江市）刺史孙冏，率领十万大军，讨伐李贲。

梁武帝（464—549），即萧衍，字叔达，小字练儿，南兰陵郡（今江苏常州市）人。南朝梁的建立者，502—549年在位，庙号"高祖"。南齐中兴二年（502），和帝萧宝融被迫"禅位"，建立梁朝。梁武帝在位四十八年，颇有政绩。晚年，爆发"侯景之乱"，都城建康陷落，梁武帝被侯景囚禁，死于台城（宫城）。

当时，南方正是春暖草长、瘴疠肆虐的季节。卢子雄、孙冏请求萧映，待到秋凉后，再发兵讨伐李贲。萧映不允，催命出征，不得延误。

卢子雄、孙冏只好带领将士们匆匆上路。两人带兵行到合浦郡（治今广东高州市），果然遭遇瘴气发作，死者达六七成，士卒逃亡者也不少。加上两人原是俚族的酋长，部下厌战恋乡。这样，一支讨伐大军就不战而溃了。

梁武帝误以为卢子雄、孙冏与李贲暗中勾结，故意停留不肯前进。因此，他敕令萧映将两人斩首于广州城。

消息传出来，立刻炸开了锅，激起了卢子雄的弟弟卢子略，以及部将杜天合、周文育、杜僧明等的不平。

五月，卢子略、杜天合、周文育、杜僧明等发动兵变，扬言要活捉萧映、萧谘，血祭卢子雄、孙冏，再赴京城建康请罪。

仅仅一天的工夫，卢子略、杜天合、周文育、杜僧明等就聚众数万人，云集于广州城外。

这场兵变，终于使陈霸先有机会脱颖而出。

监宋隆郡的陈霸先闻报后，立即率领精兵三千余人，马不停蹄，日夜兼程，赶赴广州城救援。他一战而解重围，杀了卢子略、杜天合，降服了周文育、杜僧明。

陈霸先只是"牛刀小试"，就显露出英武雄奇的将略之才，惊动了朝廷，受到梁武帝的瞩目。

陈霸先一战成名，擢直阁将军，封爵为"新安县子"，食邑三百户。

至此，陈霸先的人生轨迹发生了很大的转变，开始一步一步地走向辉煌。

大同十年（544）正月，李贲控制了相当于今越南北部的地区，仿照朝廷的官僚制度，分封文武百官，自称"越帝"，国号"万春"，改元"天德"。

萧映病死后，陈霸先授交州司马兼领武平郡（治今越南国永安市附近）太守。他率领在西江一带招募的兵马，开赴交州，协助交州刺史杨瞟讨伐李贲。

《陈书·本纪第一·高祖上》详细地记载了陈霸先讨伐李贲的经过：

十一年六月，军至交州。贲众数万于苏历江口立城栅，以拒官军。瞟推高祖为前锋，所向摧陷。贲走典澈湖，于屈獠界立砦，大造船舰，充塞湖中。众军惮之，顿湖口不敢进。高祖谓诸将曰："我师已老，将士疲劳，历岁相持，恐非良计。且孤军无援，入人心腹，若一战不捷，岂望生全。今藉其屡奔，人情未固。夷獠乌合，易为摧殄。正当共出百死，决力取之。无故停留，时事去矣。"诸将皆默然，莫有应者。是夜，江水暴起七丈，注湖中，奔流迅激。高祖勒所部兵，乘流先进，众军鼓噪俱前，贼众大溃。贲窜入屈獠洞中，屈獠斩贲，传首京师，是岁太清元年也。贲兄天宝遁入九真，与劫帅李绍隆收余兵二万，杀德州刺史陈文戒，进围爱州。高祖仍率众讨平之，除振远将军、西江督护、高要太守，督七郡诸军事。

陈霸先率军打了三年的恶仗，终于平定了这场叛乱。

　　讨伐李贲，杨瞟虽然是领衔"主演"，但真正的"角色"和核心人物却是陈霸先。陈霸先所统领的军队，实际上是平叛的中坚力量。

　　陈霸先率领所部将士返回高要郡，已是太清二年（548）。

　　此时，陈霸先已任振远将军、西江督护、督七郡诸军事，是手握重兵的武将，又任高要郡太守，是治理地方的父母官。陈霸先上马统兵、下马管民，可谓威风凛凛，实至名归。他的势力已经发展至以高要郡为中心，北及韶州（今广东韶关市）、南及交州的广大地区，且历经多年的实战，积累了丰富的军事经验。

　　更为重要的是，在解救广州城之围与平定李贲的叛乱中，陈霸先的思想、素质和人生观都得到了洗礼与锤炼，早已孕育成熟。他就像羽翼丰满的雄鹰，只待机会一到，便能冲天飞翔。

　　在平定河南王、大将军、大行台侯景的叛乱中，乱世奇才陈霸先再次向世人展示了雄韬伟略。

　　侯景是历史上臭名昭著的乱臣贼子之一，也是篡夺皇位、杀害皇帝的野心家和刽子手。侯景（503—552），字万景，怀朔镇（今内蒙古固阳县南）鲜卑（北方游牧民族）化羯人。初为怀朔镇兵，后升为功曹史、外兵史等。北魏武泰元年（528）八月，在"滏口之战"中，俘获起义军首领葛荣，因功擢定州（今河北定州市）刺史。永熙二年（533），投靠东魏丞相高欢。太清元年（547），率领所部投降梁王朝，驻守朔州寿阳县（今山西寿阳县）。

　　《梁书·侯景传》云：侯景"性猜忍，好杀戮。刑人或先斩手足，割舌劓鼻，经日方死。曾于石头立大春碓，有犯法者，皆捣杀之，其惨虐如此"。

　　太清二年（548）八月，侯景发动叛乱，领兵南下，直抵长江。

　　次年三月，侯景攻陷梁都城建康城的台城，软禁梁武帝。不久，梁武帝因忧愤而死，终年八十六岁。侯景拥立梁武帝的第三子萧纲为帝，史称"简文帝"，改元"大宝"。随后，侯景又杀死简文帝，拥立豫章王、梁武帝的曾孙萧栋为帝，改元"天正"。

　　大宝元年（550）正月，陈霸先在始兴郡（今广东始兴县）起兵，北伐侯景。

大大小小的地方藩镇势力，或勾结侯景，或拥兵自重，层层设阻，处处为难。陈霸先以国家大局为重，与这些藩镇势力展开激烈的斗争。

次年六月，陈霸先战胜地方割据势力后，发兵南康郡（今江西赣州市），沿赣江北下。

十月，侯景废萧栋为淮阴王，自立为帝，国号为"汉"，改元"太始"。

承圣元年（552），在建康城的一场决战中，陈霸先不负众望，与尚书令、征东将军王僧辩并肩作战，终于平定了侯景的叛乱，收复建康城。

侯景逃至壶豆洲（今江苏南通市一带），被"前太子舍人羊鹍杀之，送尸于王僧辩，传首于西台，曝尸于建康市。百姓争取屠脍啖食，焚骨扬灰。曾罹其祸者，乃以灰和酒饮之。及景首至江陵，世祖命枭之于市，然后煮而漆之，付武库"（《梁书·侯景传》）。

在陈霸先和王僧辩的劝进下，萧绎在荆州江陵县（今湖北江陵县）登上皇帝宝座，史称"梁元帝"，改元"承圣"。"陈霸先为征虏将军、开府仪同三司，封长城县侯。"（《资治通鉴·梁纪二十·太宗简文皇帝下》）

梁元帝（508—554），即萧绎，梁武帝萧衍的第七子，简文帝萧纲的弟弟，552—554年在位。字世诚，小字七符，自号"金楼子"，南兰陵郡（今江苏常州市）人。天监十三年（514），封为湘东王。太清元年（547），任荆州（今湖北荆州市）刺史、使持节、镇西将军，都督荆、雍、湘、司、郢、宁、梁、南秦、北秦九州诸军事。"侯景之乱"时，梁武帝遣人至荆州宣读密诏，授以帝位，并都督中外诸军事。

然而，梁元帝暴戾凶狠，心胸狭隘，刚愎自用，最终激怒了西魏王朝。

承圣三年（554）十月初九，西魏王朝的建立者宇文泰令柱国于谨、宇文护和大将军杨忠领兵五万，进军江陵县。

次年正月初二，江陵县陷落，梁元帝被杀，终年四十七岁。

绍泰元年（555）九月，出于国家和民族的利益，陈霸先在京口（今江苏镇江市）举兵，攻夺建康城。

太平元年（556）六月，北齐军十万攻至建康城倪塘（今南京市江宁区），陈霸先率领诸将奋击，大破北齐军。"诏授高祖中书监、司徒、扬州刺史，进爵为公，增邑并前五千户。"（《陈书·本纪第一·高祖上》）

陈霸先做事果断，绝不拖泥带水，看准了目标，就快刀斩乱麻。曾经与他共事的能征善战的名将——王僧辩，就是这样被他"玩"死了。

　　"草根"出身的枭雄身上，总有一股让人不寒而栗的狠劲。要想在乱世中成就大事，必须学会稳、准、狠的秘诀，三者缺一不可。

　　556年，陈霸先按照自己的意愿，拥立萧方智为帝，史称"梁敬帝"，改元"太平"。

　　梁敬帝（543—558），即萧方智，梁元帝萧绎的第九子。南朝梁的末代皇帝，555—557年在位。字慧相，小字法真。太清三年（549），封为兴梁侯。承圣元年（552），封为晋安王。次年，封为平南将军，授江州（今江西九江市）刺史。

　　《陈书·本纪第一·高祖上》云："进高祖位丞相、录尚书事、镇卫大将军，改刺史为牧，进封义兴郡公。"至此，陈霸先开始成为总揽南朝梁王朝军政大权的首席重臣。

　　《陈书·本纪第一·高祖上》云：太平二年（557）八月，"进高祖位太傅，加黄钺，剑履上殿，入朝不趋，赞拜不名。并给羽葆鼓吹一部，其侍中、都督、录尚书、镇卫大将军、扬州牧、义兴郡公、班剑、甲仗、油幢皂轮车，并如故"。九月，"进公位相国，总百揆，封十郡为陈公，备九锡之礼。加玺绂，远游冠，绿綟绶，位在诸侯王上。其镇卫大将军、扬州牧，如故"。十月，"进高祖爵为王，以扬州之会稽、临海、永嘉、建安，南徐州之晋陵、信义，江州之寻阳、豫章、安成、庐陵，并前为二十郡，益封陈国。其相国、扬州牧、镇卫大将军，并如故"。

　　至此，陈霸先距离登上皇帝宝座只有一步之遥。

　　十月辛未（11月12日），梁敬帝禅位，一代枭雄陈霸先终于登上皇帝宝座，成为南朝陈王朝的开国皇帝，史称"陈武帝"，改元"永定"。

　　纵观陈霸先的一生，从一介平民直至登上南朝陈王朝的皇帝宝座，高要郡实际上是他积蓄军事力量的重要基地，也是他的发迹之地、成名之地。

　　可以这样说，陈霸先在高要郡养精蓄锐、积蓄军事实力的八年，对他一生的影响是非常重大的。

　　陈霸先匆匆忙忙地称帝，在位只有短短的三年时间。他还未来得及肃清各地的割据势力，便于永定三年（559）六月去世了，终年五十七岁。八月，谥"武皇帝"，庙号"高祖"。

　　陈霸先在位虽然只有短短的三年时间，但他"志度弘远，怀抱豁如，或取士于仇雠，或擢才于亡命"（《陈书·本纪第六·后主》），任贤使能，恭俭勤劳，使江南地区的经济逐渐得以恢复，为天下安定作出了巨大的贡献。

在民族矛盾处于尖锐的时期，在北强南弱的形势下，正是由于陈霸先的横空出世，誓不投降，英勇抗敌，方才守住了江南文明的最后一丝尊严，维护了华夏文明几千年的延续。如果没有他，江南地区或许将分崩离析，在北齐、北周鲜卑族政权强悍的攻势下，汉民族政权最终可能灰飞烟灭。

历史应该记住，陈霸先阻止的是汉民族被征服这一威胁，以及民族间残酷的压迫政策。在汉民族的历史上，他是最伟大的英雄之一。他在历史上所作出的巨大贡献，是任何人都替代不了的，也是任何人都抹杀不掉的！

对于陈霸先的历史地位和历史功绩，历朝历代的先贤都给予了充分的肯定。历经南朝梁、陈和隋三朝的历史学家姚察这样评价陈霸先："高祖英略大度，应变无方，盖汉高、魏武之亚矣。及西都荡覆，诚贯天人。……高祖乃蹈玄机而抚末运，乘势隙而拯横流。王迹所基，始自于此，何至戡黎升陑之捷而已焉。故于慎徽时序之世，变声改物之辰，兆庶归以讴歌，炎灵去如释负。方之前代，何其美乎！"（《陈书·本纪第二·高祖下》）

在《资治通鉴·陈纪一》中，北宋政治家、文学家、史学家司马光对陈霸先治国、治军、从政的思想以及为人、接物、处事的态度，作了高度的概括："上临戎制胜，英谋独运，而为政务崇宽简，非军旅急务，不轻调发。性俭素，常膳不过数品，私宴用瓦器、蚌盘、肴核充事而已；后宫无金翠之饰，不设女乐。"

对历朝历代封建帝王颇多微词的毛泽东，却十分推崇陈霸先的政治和军事才干，曾经要求广大干部好好地读一读《陈书》。

唐　代

北陆冰初结，
南宫漏更长。
何劳却睡草，
不验返魂香。
月隐仙娥艳，
风残梦蝶扬。
徒悲旧行迹，
一夜玉阶霜。

——唐·张祜《南宫叹亦述玄宗追恨太
真妃事》

被贬谪驩州的沈佺期

沈佺期（约656—714），唐代诗人。字云卿，相州内黄县（今河南内黄县）人。唐高宗上元二年（675），进士及第。授协律郎，任通事舍人。参与预修大型诗歌选集类书《三教珠英》，转考功员外郎，迁给事中。中宗李显即位后，因诌附武则天的宠臣张易之，被贬谪流放驩州（今越南义安省附近）。神龙三年（707），拜起居郎兼修文馆直学士，后历中书舍人、太子少詹事。是继"初唐四杰"（王勃、杨炯、卢照邻、骆宾王）之后的著名诗人，与宋之问齐名，号称"沈宋"，被誉为"五言律诗奠基人"之一。明代辑有《沈佺期集》十卷，今编有《沈佺期诗集》三卷。

沈佺期被贬谪到岭南地区，绝对是一场政治悲剧。对于他个人来说，是一次痛苦的生命体验；对于其诗歌创作来说，则是一个艺术的拓展时期。这次贬谪，将他对故乡、妻儿、亲友等的深沉怀念，以及在政治上遭受挫折后萌发的岁月易逝之感慨，丝丝缕缕，糅合交融，愈显精彩。

在贬谪期间，沈佺期竭力用诗歌来描写岭南地区鲜明独特的山山水水，抒发了多种情感，愈发显得情真意切。而且，他的这些情感还扩大了诗歌的境界和表现力，具有特殊的审美意义。

沈佺期被贬，从京城河南府洛阳县（今河南洛阳市）出发，经湖北、湖南，取道大庾岭。他越过梅岭，到达韶州时，写下《岭表逢寒食》诗，流露出对亲人和故乡的思念。诗云：

岭外无寒食，春来不见饧。

洛阳新甲子，何日是清明。

花柳争朝发，轩车满路迎。

帝乡遥可念，肠断报亲情。

沈佺期乘船沿西江入广西，过容州北流县（今广西北流市），越"鬼门关"时，写下《入鬼门关》诗，描述了世人对鬼门关的畏惧与恐怖。诗云：

昔传瘴江路，今到鬼门关。

土地无人老，流移几客还。

自从别京洛，颓鬓与衰颜。

夕宿含沙里，晨行冈路间。

马危千仞谷，舟险万重湾。

问我投何地，西南尽百蛮。

辗转一年多的时间，沈佺期才抵达贬谪之地——驩州。

沈佺期赋诗《初达驩州》，生动地描绘了亲眼目睹的奇异景观，借以抒发郁积于胸中的苦况。诗云：

流子一十八，命予偏不偶。

配远天遂穷，到迟日最后。

水行儋耳国，陆行雕题薮。

魂魄游鬼门，骸骨遗鲸口。

夜则忍饥卧，朝则抱病走。

搔首向南荒，拭泪看北斗。

何年赦书来，重饮洛阳酒。

沈佺期在驩州期间，写下《驩州南亭夜望》诗，记述了当时"望乡"的真实情景，生动逼真，淋漓尽致。诗云：

昨夜南亭望，分明梦洛中。

室家谁道别，儿女案尝同。

忽觉犹言是，沉思始悟空。

肝肠余几寸，拭泪坐春风。

杜审言（约645—708），唐代诗人。字必简，襄州襄阳县（今湖北襄阳市）人。咸亨元年（670），进士及第。授汾州隰城县（今山西汾阳市）县尉，转河南府洛阳县县丞。圣历元年（698），坐事贬谪为吉州（今江西吉安市）司户参军。后授著作佐郎，迁膳部员外郎。

神龙元年（705）春，杜审言与沈佺期因诏附武则天的宠臣张易之，亦被贬谪流放岭南地区。杜审言起程先行，过大庾岭，前往峰州（今越南富寿省越池市东南）。随后，沈佺期亦过大庾岭，前往驩州，写下《遥同杜员外审言过岭》一诗。

沈佺期的《遥同杜员外审言过岭》诗，写得真挚动人，情景交融，哀而不怨，气韵流畅。该诗语言精练畅达，情感真挚，抑扬顿挫，清新活泼，是一首记事述怀的佳作。诗云：

天长地阔岭头分，去国离家见白云。

洛浦风光何所似，崇山瘴疠不堪闻。

南浮涨海人何处，北望衡阳雁几群。

两地江山万余里，何时重谒圣明君。

次年八月，沈佺期受召北归，喜出望外，心情欢悦，写下《喜赦》诗，抒发了自己的情怀。诗云：

去岁投荒客，今春肆眚归。

律通幽谷暖，盆举太阳辉。

喜气迎冤气，青衣报白衣。

还将合浦叶，俱向洛城飞。

沈佺期途经康州（今广东德庆县），游览白鹤寺，心与境寂，道随悟深，写下《乐城白鹤寺》诗。诗云：

碧海开龙藏，青云起雁堂。

潮声迎法鼓，雨气湿天香。

树接前山暗，溪承瀑水凉。

无言谪居远，清净得空王。

诗中所说"乐城"，是指今德庆县悦城镇，非指今高要市乐城镇。《德庆州志·沿革表》云："天宝元年，改乐城为悦城。"

随后，沈佺期途经端州（今广东肇庆市），浏览了羚羊峡，拜谒了峡山寺。

峡山寺，又名为灵山寺、羚羊寺。《肇庆市志》载，其始建于南朝梁王朝，属鼎湖山"三十六招提"之一。后来，寺庙毁于兵火，今已无存。

羚羊峡，又称零羊峡、高要峡，位于端州的东南部。在"西江小三峡"（三榕峡、大鼎峡、羚羊峡）中，它是最长、最雄伟、最壮观、最秀美的一段峡谷，全长约八公里。两岸风光秀丽，景色宜人，文化深厚，古迹众多。一幅幅赏心悦目的艺术风景画，吸引了无数文人骚客、各方游子驻足此处，发出了感怀，吟出了咏叹！

北宋文学家、地理学家乐史撰《太平寰宇记》云："零羊

峡，一名高要峡，华翠之树，四时葱蒨。古有峡山寺，唐沈佺期《峡山寺赋》称端溪庙景，即此。"

沈佺期在拜谒峡山寺时，乘兴写下《峡山寺赋（并序）》，描写了寺庙香火鼎盛的景象。其序云：

峡山寺者，名隶端州。连山夹江，颇有奇石。飞泉回落，悉从梅竹下。过渡口，至山顶，石道数层，斋房浴堂，渺在云汉。神龙二年夏六月，余投弃南裔，承恩北归。结缆山隅，周谒精舍，为之赋焉。

其赋云：

峡山精舍，端溪妙境，中有红泉，分飞碧岭。若乃忍殿临岸，禅堂枕江，桂叶薰户，莲花照窗。银函狮子之座，金刹凤凰之柱，野鹿矫而屡驯，山鸡爱而频舞。千层古龛，百仞明潭，幡灯夕透，杖钵朝涵。炎光失于攒树，凉风生于高竹，仙人共天乐俱行，花雨与香云相遂。法侣徘徊，斋房宴开，心猿久去，怖鹄时来。

走何为者，窜身炎野。旋旆京师，维舟山下。稽首医王，誓心无常。向何业而辞国，今何缘而赴乡。岂往过而追受，将来愆而预殃。即抚躬而内究，幸无愿以自伤。心悟辱而知忍，迹系穷而辨方。嘉迹来之放逐，为吾生之津梁。

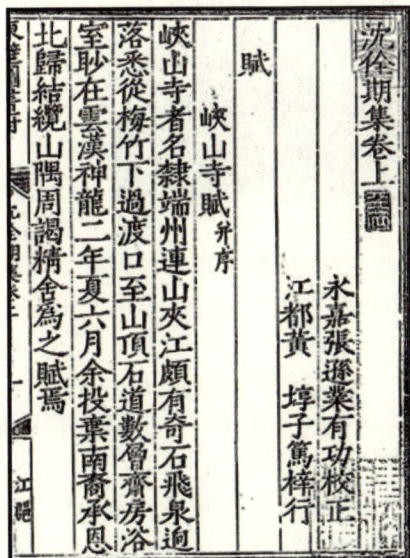

坐忤旨配流钦州的张说

张说（667—730），唐代文学家、诗人、政治家。字道济，又字说之，河南府洛阳县（今河南洛阳市）人。自幼文笔锋健，才思敏捷，文学造诣很深。垂拱四年（688），参加武则天在洛阳县县城南门主持的万人科举考试，应诏对策为天下第一。授太子校书，任凤阁舍人。

天授元年（690），执掌朝政多年的武则天罢黜唐睿宗李旦，当上了中国历史上唯一一个正统的女皇帝。

武则天（624—705），又名武曌，并州文水县（今山西文水县）人。十四岁时，入宫为唐太宗李世民的才人，赐号"媚娘"。唐高宗李治时，初为昭仪，后为皇后。尊号"天后"，与唐高宗并称"二圣"。弘道元年（683），唐高宗驾崩，唐中宗李显即位，临朝称制。天授元年（690）九月，武则天自立为皇帝，定都洛阳，改称"神都"，建立"武周王朝"。

万岁通天二年（697），在女儿太平公主的引荐下，"年二十余，白皙美姿容，善音律歌词"（《旧唐书·张行成传》）的张易之、"面似莲花"（《旧唐书·杨再思传》）的张昌宗兄弟俩，先后觐见武则天。

年逾古稀的武则天见到张氏兄弟后，"甚悦"（《旧唐书·张行成传》），倍加宠爱。她在晚年"居长生院，宰相不得见者累日，惟张易之、张昌宗侍侧"（《资治通鉴·卷第二百七·唐纪二十三》），"政事多委易之兄弟"（《旧唐书·张行成传》）。

张氏兄弟俩得到武则天如此宠爱，更是专权跋扈，朝廷百官无不惧之。御史大夫魏元忠赋性坦直，谏止武则天勿亲近小人。

长安三年（703），张氏兄弟俩诬陷魏元忠和司礼丞高戬谋反，"太后老矣，不若挟太子为久长"（《资治通鉴·卷第二百七·唐纪二十三》）。武则天亲自审问，张说被张氏兄弟俩威逼利诱，传到殿前作证。

张说为人正直，敦义气，重言诺。《旧唐书·张说传》云：张说"至御前，扬言元忠实不反，此易之诬构耳"。

张说不但没有作伪证，反而揭露了张氏兄弟俩逼他诬陷魏元忠的真相。因没有"谋反"的真凭实据，张氏兄弟俩不敢杀掉魏元忠，而将高戬贬谪为端州长吏，将魏元忠贬谪为端州高要县（今广东高要市）县尉。

　　张说因触怒了张氏兄弟俩和武则天，后被"坐忤旨配流钦州，在岭外岁余"（《旧唐书·张说传》）。

　　贬谪，对于士大夫来说，绝对是一场政治悲剧。

　　贬谪诗是士大夫被贬谪后，为了表达自己的思想感情而吟咏的诗作。

　　张说在贬谪期间，也写下了多首诗作。

　　长安三年（703），张说从河南府洛阳县押送到广州（今广东广州市），再由广州乘船沿西江而上。他赋诗《广州江中作》，抒发了离京渐行渐远的愁苦情怀。诗云：

　　去国年方晏，愁心转不堪。

　　离人与江水，终日向西南。

　　张说、高戬两人同路来到端州，却又匆匆作别。高戬留在端州，而张说还要继续前往钦州（今广西钦州市），只好作《端州别高六戬》诗话别。这首诗充满了浓重的伤别之情，流露出对朋友和自己未来命运莫测的忧虑。诗云：

　　异壤同羁窜，途中喜共过。

　　愁多时举酒，劳罢或长歌。

　　南海风潮壮，西江瘴疠多。

　　于焉复分手，此别伤如何。

　　张说乘船沿西江而上，经广西梧州、藤县、北流县，抵达钦州。他到达钦州时，正值岁暮，便赋诗《钦州守岁》。诗云：

　　故岁今宵尽，新年明旦来。

　　愁心随斗柄，东北望春回。

　　押送万里的使者要返回京城交差，张说作《岭南送使》诗送别。诗云：

　　秋雁逢春返，流人何日归。

　　将余去国泪，洒子入乡衣。

　　饥狖啼相聚，愁猿喘更飞。

　　南中不可问，书此示京畿。

　　在《岭南送使二首》诗中，张说流露出悲愤，却没有低声下气和委曲求情，显现了其为人刚正不阿的性格。

　　其一云：

　　狱中生白发，岭外罢红颜。

　　古来相送处，凡得几人还。

其二云：

万里投荒裔，来时不见亲。

一朝成白首，看取报家人。

张说与高戬同朝为官，同时遭受贬谪，感情深厚。在钦州期间，张说感触颇多，赋诗《南中赠高六戬》。诗云：

北极辞明代，南溟宅放臣。

丹诚由义尽，白发带愁新。

鸟坠炎洲气，花飞洛水春。

平生歌舞席，谁忆不归人？

神龙元年（705）正月，宰相张柬之发动兵变，诛杀张氏兄弟俩，拥立唐中宗复位。

唐中宗（656—710），即李显。原名李哲，唐高宗李治的第七子，武则天的第三子。唐王朝第四位、第六位皇帝，684年、705—710年在位。显庆二年（657），封为周王。仪凤二年（677），改封英王。复位后的景龙四年（710），被韦后毒杀，葬于定陵（在今陕西富平县凤凰山）。

张说得赦返回京城，途中重临端州，得知曾经共患难的高戬已经与世长辞，写下《还至端州驿前与高六别处》一诗。这首诗饱含情感，追忆了昔日相逢的深情，悲叹今日生死隔绝不可同归的遗憾，哀婉凄恻，情伤气惨，字字从心坎里流出，真挚地表达了对好友的悼念，读后使人喟然泪下。诗云：

旧馆分江日，凄然望落晖。

相逢传旅食，临别换征衣。

昔记山川是，今伤人代非。

往来皆此路，生死不同归。

在返回京城的途中，张说赋诗《喜度岭》，表达回途中喜悦的心情。诗云：

东汉兴唐历，南河复禹谋。

宁知瘴疠地，生入帝皇州。

雷雨苏虫蛰，春阳放学鸠。

洄沿炎海畔，登降闽山陬。

岭路分中夏，川源得上流。

见花便独笑，看草即忘忧。

自始居重译，天星已再周。

乡关绝归望，亲戚不相求。

弃杖枯还植，穷鳞涸更浮。

道消黄鹤去，运启白驹留。

江妾晨炊黍，津童夜棹舟。

盛明良可遇，莫后洛城游。

张说返回京城后，被召为兵部员外郎，迁兵部侍郎，授工部侍郎。

景云元年（710），唐睿宗李旦即位，张说迁中书侍郎，兼雍州（今陕西中部、北部；甘肃，除东南部；青海东北部和宁夏一带）长史。翌年，进同中书门下平章事，监修国史。

开元元年（713），张说因不附于太平公主，被罢知政事。

开元十一年（723），张说复为中书令，封为燕国公。出为相州（今河南安阳市）、岳州（今湖南岳阳市）等地刺史，再召为兵部尚书、同中书门下三品。迁中书令，授右丞相，官至尚书左丞相。

开元十八年（730），张说患病，唐玄宗李隆基令中使每天前往看望，且御书药方赐予。

唐玄宗（685—762），即李隆基，亦称唐明皇，唐睿宗的第三子，712—756年在位。景龙四年（710）六月，李隆基与太平公主联手发动"唐隆政变"，诛杀韦后，立为太子。延和元年（712），唐睿宗禅位，玄宗即帝位。不久，太平公主欲发动宫廷政变。二年（713），玄宗先发制人，太平公主被赐死，尽诛余党。死后，葬于泰陵（在今陕西蒲城县金粟山南）。

不久，张说病逝，赠太师，谥"文贞"。同时，唐玄宗还亲自为他撰写神道的碑文。

张说"前后三秉大政，掌文学之任凡三十年"（《旧唐书·卷九十七》）。"为文精壮，长于碑志。朝廷大述作，多出其手"（辛文房《唐才子传·卷一·张说》），与许国公苏颋并称"燕许大手笔"。张说著有《张燕公集》，诗集称为《张说之集》，被唐玄宗誉为"道合忠孝，文成典礼，当朝师表，一代词宗"（《全唐文·卷二十二·命张说兼中书令制》）。

传续南禅文化的"石头和尚"希迁

　　相传，五代末北宋初，道士陈抟为研究道家《周易参同契》与佛家《参同契》的异同，曾经专门寻访唐代高僧、"石头和尚"希迁的遗迹，云游了希迁的故乡——端州。他在端州游访一遭后，于东门外的石头岗题写"福寿"两个大字。

　　南宋隆兴年间，肇庆府（今广东肇庆市）知府张宋卿来到石头岗，看到"福寿"两个大字，即在石头岗建"石头庵"，以纪念"石头和尚"希迁和保护陈抟的墨迹。

　　明宣德六年（1431），肇庆府知府王莹将石头庵改建为"崧台书院"，而将石头庵迁到"宝月台"，其遗址在今宝月公园西侧。相传，该处为"石头和尚"希迁的出生地，其母梦婴儿抱月而生，故原名为"抱月台"。

　　那么，"石头和尚"希迁是何许人也？

　　石头和尚（700—790），唐代禅宗高僧，本姓陈，名希迁。

　　南宋释普济编《五灯会元·青原行思禅师法嗣·石头希迁禅师》云："南岳石头希迁禅师，端州高要陈氏子。母初怀娠，不喜荤茹。师虽在孩提，不烦保母。既冠，然诺自许。乡洞獠民畏鬼神，多淫祀，杀牛酾酒，习以为常。师辄往毁丛祠，夺牛而归，岁盈数十，乡老不能禁。"

　　希迁十二岁时，前往韶州的曹溪宝林寺（今南华禅寺），拜投佛教禅宗的南宗开创者、禅宗第六祖慧能的门下参学，尚未受具足戒。

　　慧能（638—713），本姓卢，唐代高僧。世居于范阳郡（今河北涿州市），生在南海郡新州（今广东新兴县）。慧能本乃一个不识字的樵夫，听人诵《金刚般若经》，发心学佛，拜投禅宗第五祖弘忍的门下作行者。后来，弘忍为选嗣法弟子，命寺僧各作一偈。其作偈曰："菩提本无树，明镜亦非台，本来无一物，何处惹尘埃？"以表示对佛理的体会，弘忍便秘授禅法，并付与法衣，这就是"继承衣钵"的出典。仪凤二年（677），他到曹溪宝林寺弘扬禅学，

宣传"见性成佛"，成为禅宗的正系。他因在南方倡导顿悟法门，被称为"南宗"。其说教在圆寂后由弟子汇编成书，称为《六祖坛经》。至今，其"肉身"仍在曹溪宝林寺享受供奉礼拜。

慧能昭示将圆寂，希迁赶紧问慧能："师父圆寂后，希迁未审当附于何人？"慧能用手指向北方，云："寻青原行思去！"

慧能高僧圆寂后，希迁前往吉州庐陵县（今江西吉安市）青原山静居寺，师事于行思禅师。

行思（671—740），唐代佛教禅宗高僧。本姓刘，吉州庐陵县人。幼年出家，从禅宗第六祖慧能学法。与南岳怀让禅师并称"二大弟子"，同嗣于慧能的法脉。后住于吉州庐陵县青原山静居寺，故号曰"青原行思"。行思禅师使该寺门徒云集，禅风大振。其后，法系衍出云门、曹洞、法眼三系。

希迁与行思禅师见面后，问答之间，机辩敏捷，直下承当，行思赞曰："众角虽多，一麟足矣。"（释道原《景德传灯录·卷五·青原行思》）

不久，希迁受行思禅师之命，到南岳衡山般若寺观音台，参学于怀让禅师。

二十三年后，希迁重返青原山静居寺，得到行思禅师的衣钵真传。

天宝元年（742），行思禅师圆寂后，希迁来到南岳衡山南台寺。寺庙东侧有石如台状，他结庵于台上，时人称他为"石头和尚"。

广德二年（764），"石头和尚"希迁应门人的邀请，前往潭州长沙县（今湖南长沙市）招提寺，四方的禅学者齐集门下，影响甚广。他与洪州钟陵县（今江西进贤县）开元寺马祖道一禅师，并称"并世二大士"。"至江西者必参马祖，入湖南者必访石头"，形成了禅宗的"走江湖"之说。

希迁的门徒众多，有药山惟俨、天皇道悟、丹霞天然、潮州大颠、招提慧朗、法门佛陀、水空和尚等二十一人。晚年，他付法于药山惟俨禅师。

惟俨（751—834），又名药山惟俨，唐代禅宗曹洞宗高僧。本姓韩，绛州（今山西侯马市）人。惟俨十七岁时，在潮州（今广东潮州市）西山慧照禅师的门下出家。大历八年（773），在南岳衡山紫云峰下的衡岳寺希操禅师的门下受具足戒。参谒"石头和尚"希迁，尝住沣州（今湖南津市）药山寺，证得心法且嗣法。

在禅宗五家中，马祖道一禅师下衍为"沩仰"、"临济"两宗，而"曹洞"、"云门"、"法眼"三宗皆出自"石头和尚"希迁，故有"习禅者不知石头者，皆为旁门"之说，由此可见他的禅学思想影响之大。他著有《参同契》、《草庵歌》，为禅法的精髓，也是日本曹洞宗必诵的早课、晚课之一。

佛祖释迦牟尼涅槃后，流传到中国的佛教形成八宗（三论宗、天台宗、法相宗、华严宗、禅宗、密宗、净土宗、律宗）。虽有八宗，理则相通，实则一宗。但是，未明事理之人，往往舍此执彼，形成门派之争。禅宗的"南顿北渐"之争，就是一场大论战。

"石头和尚"希迁虽为南宗法系，但在这场论战中，却抛弃门户之见，作出千古绝唱的《参同契》，可称是慧能之后禅学思想的理论代表。诗云：

竺土大仙心，东西密相付。人根有利钝，道无南北祖。
灵源明皎洁，枝派暗流注。执事元是迷，契理亦非悟。
门门一切境，回互不回互。回而更相涉，不尔依位住。
色本殊质象，声元异乐苦。暗合上中言，明明清浊句。
四大性自复，如子得其母。火热风动摇，水湿地坚固。
眼色耳音声，鼻香舌咸醋。然依一一法，依根叶分布。
本末须归宗，尊卑用其语。当明中有暗，勿以暗相遇。
当暗中有明，勿以明相睹。明暗各相对，比如前后步。
万物自有功，当言用及处。事存函盖合，理应箭锋拄。
承言须会宗，勿自立规矩。触目不会道，运足焉知路。
进步非近远，迷隔山河固。谨白参玄人，光阴莫虚度。

贞元六年（790），"石头和尚"希迁圆寂，终年九十一岁。唐德宗李适即位，赐谥号"无际大师"。

"石头和尚"希迁在圆寂前服用草药净身，时隔一千二百余年，"肉身"仍然栩栩如生，供奉于日本横滨市鹤见区曹洞宗总持寺。

相传，贞元五年（789），九十岁高龄的希迁自知将不久于人世间，就不再进食，吩咐僧徒将平时搜集到的草药数百种泡制成汤剂。泡制好的汤剂奇香无比，他每天坚持服用汤剂数十次，致使浑身大汗淋漓，大小便频繁。众僧徒大惑不解，他笑而不答，每天照旧服用不止。

转眼一个月有余，希迁渐减服量，脸面变得润如枣色，两眼炯炯有神，不动不摇地静坐如钟。一天，他口念佛经，无病无痛而终。

希迁的"肉身"停放月余而不腐，且满室香气。他的门下弟子与地方绅耆四处募捐，筹资建造寺庙，安置他的"肉身"于其中。

清宣统三年（1911），在附近游历的日本牙医山崎彪见士兵纵火焚烧寺庙，经过交涉，遂将希迁的"肉身"迁移于寺庙外收藏，后又将希迁的"肉身"运到日本供奉，辗转存放在东京郊外一座小山的地下仓库里。

山崎彪死后，在清理他的遗物时，查阅他的日记，事情才为世人所知。当人们揭去罩在"石头和尚"希迁"肉身"的黄绸时，只见"肉身"仍是生前盘腿打坐的姿势，保存完好。

自检益严的李绅

其一云：

春种一粒粟，秋成万颗子。

四海无闲田，农夫犹饿死。

其二云：

锄禾日当午，汗滴禾下土。

谁知盘中餐，粒粒皆辛苦。

这是李绅所作著名的《古风二首》诗，流传甚广，传诵千古。尤其是第二首，恐怕连幼儿园的孩童都会背诵，可谓脍炙人口。因为这首诗，李绅被后世誉为"悯农诗人"。

李绅（772—846），唐代诗人。字公垂，祖籍是亳州谯县（今安徽亳州市），寓居于润州无锡县（今江苏无锡市）。"六岁而孤，母卢氏教以经义。"（《旧唐书·李绅传》）元和元年（806），进士及第，补国子监助教。在节度使李琦的门下任幕府，因不满李琦谋叛，被囚禁在狱中，后被释放。元和十四年（819），升右拾遗。次年，任翰林学士。后卷入"牛李党争"，乃李德裕党的重要人物，与李德裕、元稹被誉为"三俊"。长庆四年（824），李党失势，被贬谪为端州司马。

李绅被贬谪为端州司马，不啻一场灾难。但是，这种境况也给他带来了一份宁静。尽管他背负着罪名而来，但远离嘈杂的京都，从此不再顾虑仕途的枯荣、宦海的沉浮，命运的不公。他也变得清晰起来，有了足够的时间与自然相晤，与自我对话。

李绅在放逐端州期间，感物伤事，触景生情，写下了不少描绘南来路途艰险、担忧百姓疾苦的诗作。同时，他还创作了抒发无辜被害的怨愤和发泄心中哀怨的诗作。因此，诗坛也多了不少精彩的篇章。

李绅被贬谪为端州司马后，赋诗《趋翰苑遭诬构四十六韵》，字字句句都涉及"牛李党争"的史实，具有非常深刻的政治内涵。同时，他还描述了贬谪之地的荒僻艰苦、自己身心的伤痛和感念，委屈无奈的悲愤之情溢于言表。诗云：

九五当乾德，三千应瑞符。篡尧昌圣历，宗禹盛丕图。
画象垂新令，消兵易旧谟。选贤方去智，招谏忽升愚。
大乐调元气，神功运化炉。脱鳞超沉滏，翻翼集蓬壶。
捧日恩光别，抽毫顾问殊。凤形怜采笔，龙颔借骊珠。
掷地声名寡，摩天羽翮孤。洁身酬雨露，利口扇谗谀。
碧海同宸眷，鸿毛比贱躯。辨疑分黑白，举直抵朋徒。
庭兽方呈角，阶蓂始效荂。日倾乌掩魄，星落斗摧枢。
坠剑悲乔岳，号弓泣鼎湖。乱群逢害马，择肉纵狂貙。
胆为隳肝竭，心因沥血枯。满帆摧骇浪，征棹折危途。
燕客书方诈，尧门信未孚。谤兴金就铄，毁极玉生瘉。
砺吻矜先搏，张罗骋疾驱。地嫌稀魍魉，海恨止番禺。
瘴岭冲蛇入，蒸池蹋虺趋。望天收雪涕，看镜揽霜须。
草毒人惊剪，茅荒室未诛。火风晴处扇，山鬼雨中呼。
穷老乡关远，羁愁骨肉无。鹊灵窥牖户，龟瑞出泥途。
烟岛深千瘴，沧波淼四隅。海标传信使，江棹认妻孥。
到接三冬暮，来经六月徂。暗滩朝不怒，惊濑夜无虞。
俯首安羸业，齐眉慰病夫。涸鱼思雨润，僵燕望雷苏。
诏下因颁朔，恩移讵省辜。诳天犹指鹿，依社尚凭狐。
度岭瞻牛斗，浮江淬辘轳。未平人睚眦，谁惧鬼揶揄。
盆浦潮通楚，匡山地接吴。庾楼清桂满，远寺素莲敷。
仿佛皆停马，悲欢尽隙驹。旧交封宿草，衰鬓重生刍。
万载分梁苑，双旌寄鲁儒。骎骎移岁月，冉冉近桑榆。
疲马愁千里，孤鸿念五湖。终当赋归去，那更学杨朱。

人向南流放，心随雁飞北，思乡泪水，染竹斑斑，这样的情感是何等难受！

李绅在贬谪的途中，夜宿潭州长沙县（今湖南长沙市）的湘江边，听到猿声长啼，想到自己遥离京都，伤心地写下《至潭州闻猿》诗。

《至潭州闻猿》一诗的意境，比唐代诗人王勃"无为在歧路，儿女共沾巾"（《送杜少府之任蜀川》）的境况，更为伤心万分。诗云：

昔陪天上三清客，今作端州万里人。

湘浦更闻猿夜啼，断肠无泪可沾巾。

对于古代的官员来说，贬谪简直是无法回避的一种命运。当时，岭南地区可谓荒凉之地，险恶有加，到处是猛兽、毒草、蟒蛇、鳄鱼、蛊惑等，生活艰难的景况可想而知，向来为朝廷流放贬谪官员的首选。

岭南地区又是瘴疠流行之地，很多被贬谪的官员都领教了瘴气、毒雾的厉害。

"处处山川同瘴疠，自怜能得几人归"（宋之问《至端州驿，见杜五审言、沈三佺期、阎五朝隐、王二无竞题壁，慨然成咏》），"炎蒸连晓夕，瘴疠满冬秋"（沈佺期《三日独坐驩州思忆旧游》），"南海风潮壮，西江瘴疠多"（张说《端州别高六戬》），"飓风鳄鱼，患祸不测。州南近界，涨海连天。毒雾瘴氛，日夕发作"（韩愈《潮州刺史谢上表》），"瘴地难为老，蛮陬不易驯"（白居易《送客春游岭南二十韵》），"愁冲毒雾逢蛇草，畏落沙虫避燕泥"（李德裕《谪岭南道中作》）……

李绅写下《江亭》诗，描述了他处境的险恶和心境的悲伤。诗云：

瘴江昏雾连天合，欲作家书更断肠。

今日病身悲状候，岂能埋骨向炎荒。

李绅蒙受"牛党之争"的冤屈，从鱼肥水美的京都贬谪到荒僻的端州，凄凉之心不言而喻。为此，他写下《逾岭峤止荒陬抵高要》诗。诗云：

天将南北分寒燠，北被羔裘南卉服。

寒气凝为戎虏骄，炎蒸结作虫虺毒。

周王止化惟荆蛮，汉武凿远通屛颜。

南标铜柱限荒徼，五岭从兹穷险艰。

衡山截断炎方北，回雁峰南瘴烟黑。

万壑奔伤溢作泷，湍飞浪激如绳直。

千崖傍牵猿啸悲，丹蛇玄虺潜蝼蛇。

泷夫拟楫劈高浪，瞥忽浮沉如电随。

岭头刺竹蒙笼密，火拆红蕉焰烧日。

岭上泉分南北流，行人照水愁肠骨。

阴森石路盘萦纡，雨寒日暖常斯须。

瘴云暂卷火山外，苍茫海气穷番禺。

鸥鹕猿鸟声相续，椎髻哓呼同戚促。

百处溪滩异雨晴，四时雷电迷昏旭。

鱼肠雁足望缄封，地远三江岭万重。

鱼跃岂通清远峡，雁飞难渡漳江东。

云蒸地热无霜霰，桃李冬华匪时变。

天际长垂饮涧虹，檐前不去衔泥燕。

幸逢雷雨荡妖昏，提挈悲欢出海门。

西日眼明看少长，北风身醒辨寒温。

贾生谪去因前席，痛哭书成竟何益。

物忌忠良表是非，朝驱绛灌为雠敌。

　　明皇圣德异文皇，不使无辜困鬼方。

　　汉日傅臣终委弃，如今衰叟重辉光。

　　高明白日恩深海，齿发虽残壮心在。

　　空愧驽骀异一毛，无令朽骨惭千载。

　　羚羊峡，乃"西江小三峡"之一，位于端州东南部。这里，一水远赴海，两山高入云，波光船影，层林叠翠，风景优美。这里，历来是文人骚客、各方游子的登临之地，留下了不少赞美的诗章。

　　李绅初到端州，游览了羚羊峡，听闻猿声凄厉，触动心弦，不禁提笔写下《闻猿》一诗，表达了自己被贬谪的哀怨之情。诗云：

　　见说三声巴峡深，此时行者尽沾襟。

　　端州江口连云处，始信哀猿伤客心。

　　此时此刻，李绅切身体会到，为朝廷做事，不辞劳苦，却横遭诬陷，身心已经极其累困。但为国效力，他还须鞠躬尽瘁，任劳任怨。

　　可喜的是，李绅接到家信，得悉合家平安，这比万金还要宝贵。他在悲喜交集之余，写下《端州江亭得家书二首》诗，如叙家常。而他的思乡之切，却溢于言表。

　　其一云：

　　雨中鹊语喧江树，风外蛛丝飏水浔。

　　开拆远书何事喜，数行家信抵千金。

　　其二云：

　　长安别日春风早，岭外今来白露秋。

　　莫道淮南悲木叶，不闻摇落更堪愁。

　　到了端州后，李绅虽听不懂当地人说话，但与当地人却相处得很好。州人李再荣按照当地的风俗，献红龟给他，祝他吉祥如意，并说门前有蛮鹊飞舞，是喜事的征兆。李绅感到由衷的宽慰与欣喜，在《趋翰苑遭诬构四十六韵》里写道：

　　余到端州，有红龟一，州人李再荣来献，称尝有里人言："吉征也。"余放之

于江中，回头者三四，游泳前后不去久之。又南中小鹊，名曰蛮鹊，形小如燕雀。里中言："此鸟不常见，至而鸟舞，必有喜应。"是日，与龟同至于馆也。

对于岭南地区的山水和端州的自然风物，李绅颇感兴趣。他在端州期间，公余之暇，常"以诗自娱，每纪所历，皆为长句，名追昔游"（郭棐《粤大记·李绅传》）。

李绅对红蕉花可谓情有独钟，曾写下《红蕉花》诗。红蕉花，即美人蕉，又名为莲蕉花、凤尾花、红艳蕉等。它不择地方而生长，越是环境恶劣，越是生机蓬勃。它的坚忍顽强之精神以及风姿卓绝却不爱张扬的风度，常常为文人骚客所称道。

李绅把红蕉花怒放时艳丽耀眼的特征描绘得出神入化，似乎借此以告诫人们：与不善者居，才识过于彰显，容易招来横祸。诗云：

红蕉花样炎方识，瘴水溪边色最深。

叶满丛深殷似火，不唯烧眼更烧心。

李绅的《朱槿花》诗，赞颂了花朵的鲜艳逼人和姿色优美。朱槿花，又叫作扶桑。在历史上，早有"扶桑枝叶婆娑，花大如菊似葵"之说。花色有红的、粉的、白的，更有淡黄色的珍品。在阳光下，花朵变幻着迷人的色彩，宜人淡雅的芳香散发在空气中，让人感到随和与融洽。诗云：

瘴烟长暖无霜雪，槿艳繁花满树红。

每叹芳菲四时厌，不知开落有春风。

按照一般的惯例，被贬谪的官员都不携带家属随往被贬谪之地，以免让家人一起受苦受累。但是，李绅没有因为被贬谪而颓丧，反而把远在千里之外的家属，也召唤到蛮荒之地——端州。他的这种行为，显然不同于惯常所见的被贬谪官员。他已经作出了长久的打算，颇有"风萧萧兮易水寒，壮士一去兮不复还"的悲怆意味，下决心在端州干出一番业绩，造福于民。

是年九月九日，李绅知道家属已到衡州（今湖南衡阳市），便写下《移家来端州先寄以诗》，托人带到衡州。诗云：

菊花开日有人逢，知过衡阳回雁峰。

江树送秋黄叶少，海天迎远碧云重。

音书断绝听蛮鹊，风水多虞祝媪龙。

想见病身浑不识，自磨青镜照衰容。

尽管官场不容忍"为百姓说话"的官员，但他们却在百姓的心中树起了一座永久的丰碑。官员只要敢为百姓说话，百姓就会永远记住他们。

据说，接送李绅家眷的船只行至端州附近的七里滩，突然风雨交加，船只前行受阻。端州百姓闻知，自愿前来拉纤。拉纤的百姓列队长达十余里，纤绳长长，号子震天。不能拉纤的老弱者，个个炷香跪拜迎接，令李绅大受感动。

《肇庆府志》载，李绅的家眷到达端州，李绅十分高兴。随后，他与家眷一起游览了七星岩。至今，七星岩风景名胜区摩崖石刻还保存着李绅遗世不朽的历史记录，留下了可供后人瞻望的传世题名石刻。

"李绅题名"石刻位于石室岩下的石室洞内东壁，镌刻于唐宝历元年（825）。石刻高0.4米、宽0.32米，楷书，左行，共有五行。

原文如下：

李绅，长庆四年二月，自户部侍郎贬官至此。宝历元年二月十四日，将家累游。

司马，只是知州的佐官。李绅在端州任职期间，体恤百姓，造福于民，在平凡的职位上留下了显著的政绩：一是疏通河道，兴修水利；二是除鼋安民，减免赋税；三是鼓励农桑，发展生产；四是心系百姓，为民发声。

明代著名方志学家郭棐著《粤大记·李绅传》云：李绅"自检益严，端人见之，皆有立操"，官声卓著。他离任时，端州百姓为之感泣，牵衣顿足，恋恋不舍。"端人攀留不得，留其衣带祠之。"

至今，李绅体恤百姓、造福于民的功绩仍在民间广为流传，尚有香火祭祀，这是端州百姓最好的回报。

在七星岩风景名胜区，至今还流传着"马蹄碑"的故事传说。

在石室岩下的石室洞口，有一块碑刻颇为引人注目。每当红日高照，碑刻四周总有祥云缭绕，这就是名闻天下的李北海碑刻。

李邕（678—747），唐代书法家。字泰和，广陵郡江都县（今江苏扬州市）人。初为谏官，官至汲郡（今河南卫辉市）、北海郡（今山东潍坊市）太守，人称"李北海"。以书法、文章、碑刻出名，被誉为"北海三绝"，声名显赫，名扬天下。

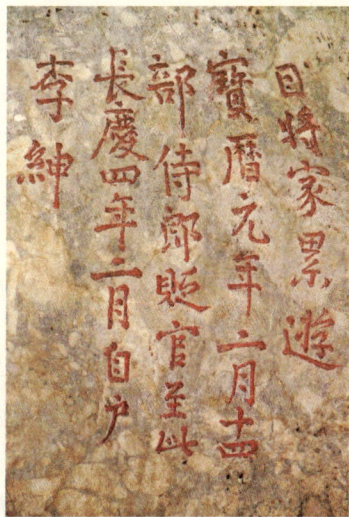

　　李邕的书法，初学于东晋书法家王羲之，学到精妙之处，又别出心裁，笔力沉雄，自成一家。

　　唐开元十五年（727），在宦海沉浮多年的李邕途经端州，被七星岩石室岩下的石室洞内奇异景致所吸引。他认为找到了自己心目中的"人间仙境"，触景生情，有感而发，一气书成《端州石室记》。

　　李邕题书的碑刻，传世作品有湖南长沙市的《麓山寺碑》、陕西蒲城县的《李思训碑》、广东肇庆市的《端州石室记》等。他擅长行书、草书，《端州石室记》为楷书，是流传于世的唯一杰作。可以这样说，《端州石室记》碑刻是七星岩风景名胜区的"镇岩"之宝。

　　李绅是一位敢于抨击朝政的现实主义诗人，又是著名的书法高手。他被贬谪到端州后，好长的一段日子都是闭门谢客，独自闷坐于书房中。

　　一天，李绅得知七星岩有"书中仙手"李北海的题书碑刻，喜极忘形，立即从马厩牵出坐骑，跃马扬鞭直奔七星岩。

　　坐骑在古道上疾驰，马蹄声声，清脆悦耳。不一会儿，李绅就到了七星岩。李北海碑刻就在眼前，罩护在五彩祥云中，透射出熠熠的红光。这个奇异景象，让他叫绝，叫马惊异！

　　李绅看见李北海碑刻的奇异景象，欲快些下马细看。于是，他猛勒坐骑的缰绳。不料，缰绳勒得太紧，坐骑突然一惊，扬蹄长嘶，腾空而起，一只前蹄正好踏在李北海碑刻上，留下了一个深深的马蹄印痕。

　　这个故事传说，就是李北海碑刻被叫作"马蹄碑"的缘由。

　　宝历元年（825），冤案得到平反，李绅出任江州（今江西九江市）长史，带着家眷离开端州。此时，他的心情较为舒畅，写下《溯西江》诗。诗云：

　　江风不定半晴阴，愁对花时尽日吟。

　　孤棹自迟从蹭蹬，乱帆争疾竞浮沉。

一身累困怀千载，百口无虞贵万金。

空阔远看波浪息，楚山安稳过云岑。

太和七年（833），李德裕任宰相，李绅授浙东观察使。

开成元年（836），李绅迁河南尹（管理东都洛阳的长官），旋任汴州（今河南开封市）刺史、宣武军节度使、宋亳汴颍观察使。

开成五年（840），李绅任淮南节度使。不久，他入京拜为宰相，官至尚书右仆射门下侍郎，封赵国公。

会昌四年（844），李绅因中风辞位，后又出任淮南节度使。

会昌六年（846），李绅病逝于扬州（今江苏扬州市），归葬于故乡无锡县，赠太尉，谥"文肃"。

在文学上，李绅主张"文章合为时而著，歌诗合为事而作"（白居易《与元九书》），反对吟风弄月、无病呻吟。他与元稹、白居易共倡"新乐府"诗体，给当时的诗坛注入了一股清新的风气，史称"新乐府运动"。《全唐诗》录有他的《追昔游诗》三卷、《杂诗》一卷，另有《莺莺歌》保存在《西厢记诸宫调》。此外，他还编纂《元稹制集》二卷，主持重修《宪宗实录》四十卷。

五 代

故都遥想草萋萋，
上帝深疑亦自迷。
塞雁已侵池籞宿，
宫鸦犹恋女墙啼。
天涯烈士空垂涕，
地下强魂必噬脐。
掩鼻计成终不觉，
冯煖无路学鸣鸡。

——唐·韩偓《故都》

陈抟留下"福寿"两个大字

陈抟（871—989），五代末北宋初著名的道教学者、华山派道士，字图南，自号为扶摇子、清虚处士、木岩道人。亳州真源县（今河南鹿邑县）人，一说普州崇龛县（今四川安岳县）人。后唐长兴年间（930—933），举进士不第，隐迹武当山，服气辟谷达二十余年。后隐居华山，与道士谭峭为友，潜心研究理学。他继承汉代以来的象数学传统，把"黄老之学"的"清静无为"思想、道教修炼方术和儒家修养、佛教禅观会归于一流，对宋代理学有较大的影响，被后人称为"陈抟老祖"、"睡仙"、"希夷祖师"等。

北宋著作家陶岳所撰《五代史补·卷五·世宗诏陈抟》载，后周显德三年（956）十一月，"世宗之在位也，以四方未服，思欲牢笼英杰。且以抟曾践场屋，不得志而隐，必有奇才远略。于是，召到阙下，拜左拾遗。抟不就，坚乞归山，世宗许之。"

后周显德六年（959），世宗柴荣驾崩。次年，殿前都点检、归德军节度使赵匡胤以"镇定二州"（今河北正定县、定县）的名义，谎报契丹（辽）联合北汉政权大举南侵，领兵出征，随即发动了"陈桥兵变"，黄袍加身，代周称帝，史称"宋太祖"，改元"建隆"，定都于开封（今河南开封市）。

后周王朝灭亡，陈抟闻知宋太祖登极，大笑坠驴，曰："天下这回定叠也！"（魏泰《东轩笔录·卷一》）

宋太宗（939—997），本名为赵匡义，后因避太祖、兄匡胤之讳，改名光义。即位后，改名炅，北宋王朝第二位皇帝。太平兴国三年（978），使用政治压力，迫使吴越王钱俶和割据于平海军漳州（今福建漳州市）、泉州（今福建泉州市）的陈洪进"纳土"归附。次年，亲征北汉政权的都城——晋阳（今山西太原市），灭亡北汉政权，结束了五代十国的分裂割据局面。两次攻辽，企图收复燕云十六州，均遭到失败。卒，葬于永熙陵（在今河南巩县）。

《宋史·陈抟传》载："（陈抟）太平兴国中来朝，太宗待之甚厚。九年复来朝，上益加礼重，谓宰相宋琪等曰：'抟独善其身，不干势利，所谓方外之士也。抟居华山已四十余年，度其年近百岁。自言经承五代离乱，幸天下太平，故来朝觐。与之语，甚可听。'因遣中使送至中书，琪等从容问曰：'先生得玄默修养之道，可以教人乎？'对曰：'抟山野之人，于时无用，亦不知神仙黄白之事，吐纳养生之理，非有方术可传。假令白日冲天，亦何益于世？今圣上龙颜秀异，有天人之表，博达古今，深究治乱，真有道仁圣之主也。正君臣协心同德，兴化致治之秋，勤行修炼，无出于此。'琪等称善，以其语白上。上益重之，下诏赐号希夷先生，仍赐紫衣一袭，留抟阙下，令有司增葺所止云台观。上屡与之属和诗赋，数月放还山。"

陈抟的赐号"希"，是指"视而不见"；"夷"，是指"听而不闻"。

相传，宋太宗多次诏请陈抟入朝做官，而陈抟坚辞不受，写下《答使者辞不赴诏》诗。诗云：

九重特降紫袍宣，才拙深居乐静缘。

山色满庭供画幛，松声万壑即琴弦。

无心享禄登台鼎，有意学仙到洞天。

轩冕浮云绝念虑，三峰只乞睡千年。

陈抟长于《周易》，根据西汉末纬书《周易乾凿度》中的"太乙下行九宫"之法，作《太极图》（镌刻于华山石壁）、《先天图》、《河图》和《洛书》，以论无极、太极和宇宙衍化；认为万物一体，于万物之上，只有超绝万有的"一大理法"主宰于其间。

陈抟以《先天图》传种放，种放传穆修，穆修传李之才，李之才传邵古，邵古传邵雍。

陈抟的学说后经理学家周敦颐、邵雍加以推演，《河图》与无极、太极论为宋代理学和《周易》学的象数来源之一。
一说镌刻于华山石壁的《太极图》，即为其所作。周敦颐著《太极图说》，朱熹著《易本义图说》，或出于此处。所著《阴真君还丹歌注》，被收入《道藏》。此外，还著有《指玄篇》，言导养和还丹之事。

相传，陈抟为寻访唐代高僧、"石头和尚"希迁的遗迹，曾云游到希迁的故乡——端州。他在端州游访一遭后，

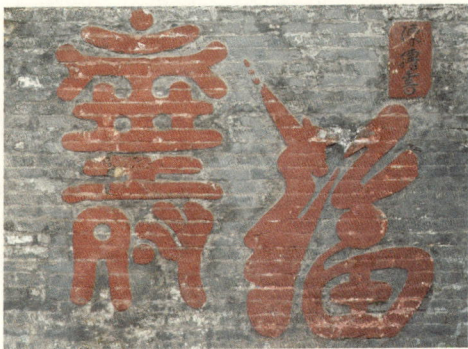

在东门外的石头岗题书"福寿"两个大字。

据考证，现存陈抟题书的"福寿"两个朱漆大字之砖雕，乃明末清初雕刻。

现存陈抟题书的"福寿"两个朱漆大字，各为高1.36米、宽1.56米。"寿"字高，乃篆书，工整凝重，结构严谨，颇有仙风道骨的味道。"福"字丰，乃行书，笔力饱满，布局如画，流露着孩童顽皮活泼之态。

陈抟题书的"福寿"两个大字，构思巧妙，耐人寻味，造型独特，国内罕见。他在题书"福寿"两个大字时，已经赋予了其寓意：篆书出现早，喻老者，即"石头和尚"希迁；行书出现晚，喻少者，即自己。一高一低，一老一少，尽在笔墨中。

陈抟善于题书大字，书法别具一格，而且喜欢题书"福寿"两个字。他一生云游四方，故许多名胜之地都留有他的"福寿"墨宝。

四川峨眉山的大峨石，镌刻陈抟草书的"福寿"两个大字，各为一平方米大小。"福"字作鹤形，"寿"字如舞龙，呼应连贯，酣畅淋漓。

辽宁闾山国家森林公园三清观中院北侧的石崖，也镌刻着陈抟的墨宝——"福寿"。从书法艺术上看，它不但结构巧妙、笔锋流畅、一气呵成，而且书风高古、凝重遒劲、寓意深远，确属少见的怪字，令人叹服不已。"福"字可以拆分为"田"、"给"、"於"、"福"四个字，"寿"字可以拆分为"富"、"林"、"佛"、"寿"四个字。

明代道士、武当派的开山祖师张三丰曾经写下一副对联，盛赞陈抟题书的"福寿"两个字。联曰：

福伏白鹤踏芝田；

寿状青龙蟠玉柱。

山东蓬莱阁景区天后宫的前殿内墙镶嵌着两块石刻，东墙镶嵌着"寿"字石刻，西墙镶嵌着"福"字石刻，皆为陈抟题书；字体结构巧妙，风格迥异。原来，"福"字石刻镶嵌在北墙。清道光十八年（1838），地方官员吕周玉临摹陈抟在华山题书的"寿"字且勒石，与北墙镶嵌的"福"字石刻，一并移于东、西两墙。东墙镶嵌"寿"字石刻，乃草书；西墙镶嵌"福"字石刻，乃花体。

湖北武当山南岩皇经堂的墙壁，也有陈抟亲题的"福寿"两个大字，落款是竖题"陈抟书"三个字。这"福寿"两个大字甚为奇特，都是"横卧"，人们称之为"卧福睡寿"。有人说，在两个大字里面，隐含着陈抟的睡功与丹法。

　　重庆市大足区宝顶山大佛湾的一处石壁，有两个怪字常常引得游人驻足揣摸推测，这就是陈抟所题"福寿"二字。"福"、"寿"两个大字皆为裙阳体，高1.5米，下部镌刻落款为"陈希夷书"。"福"、"寿"两个大字的书法奇特，构思巧妙。粗看是"福"字与"寿"字，细观则是字中有字，字中有对，字中有诗。"福"字，细看是由"田"、"给"、"於"、"福"四个字组成；"寿"字，若隐若现地隐藏着"富"、"林"、"佛"、"寿"四个字。隐藏的八个字，又恰好组成一副绝妙的对联和四言古诗——"田给於福，富林佛寿"。

　　后人很多喜欢将陈抟题书的"福寿"两个字悬挂在家中，以祈求福寿绵长，延年益寿，万事如意。

北 宋

梁宋遗墟指汴京，
纷纷禅代事何轻。
也知光义难为弟，
不及朱三尚有兄。
将帅权倾皆易姓，
英雄时至忽成名。
千秋疑案陈桥驿，
一着黄袍遂罢兵。

—— 清·查慎行《汴梁杂诗》

实施"括丁法"的冯拯

冯拯（958—1023），字道济，孟州河阳县（今河南孟县）人。北宋太平兴国二年（977），进士及第。补大理评事，通判峡州（今湖北宜昌市），权知泽州（今山西晋城市、长治市一带），徙坊州（今陕西宜君县），迁太常丞。权知石州（今山西吕梁市），擢右正言，迁三司度支判官。

史载淳化二年（991）九月，三司度支判官冯拯"与尹黄裳、王世则、洪湛伏阁请立许王元僖，太宗怒，悉贬岭外"（《宋史·冯拯传》），"湛坐削职，出知容州；黄裳知邕州，拯知端州，沆（刘沆）知靖州，世则知蒙州"（《宋史·洪湛传》）。

冯拯是一位颇有才能的政治家，知端州期间，他制定了一系列政策，对促进岭南地区的封建化进程，作出了重大的贡献。在他的身上，可以看到变法求新、革除时弊、发展地方的举措，表现出了改革者的勇气。

冯拯知端州期间，上书宋太宗，呼吁更制版籍，重新核定岭南地区各路的版图与人口，且请派使臣将岭南地区诸路藏在土著豪强门下的洞丁（农奴）清查出来，变为国家户籍管辖下的人丁。同时，他还就岭南地区的盐法、岭南地区与中原地区通商等问题，提出一系列对策，供宋太宗审定。

《宋史·冯拯传》云：冯拯"知端州，既至，上言请遣使括诸路隐丁、更制版籍及议盐法通商，凡十余事"。

明代岭南著名的学者黄佐纂修《（嘉靖）广东通志·外志》云："淳化中，冯拯知端州，奏允尽括诸州洞丁，更制版籍。于是，岭西之僚，多为良民。而广州以西，仍时生乱。有司加意招徕，虽渐向化，但终亦荒忽无常云。"

冯拯的这一措施，不仅增加了国家的赋税，而且还保证了淳化元年（990）八月颁布的"禁川峡、岭南、湖南杀人祀鬼"（《宋史·本纪·太宗二》）等陋俗的法令得以实施，加快了端州的封建化进程，为消除岭南地区各路奴隶制的残余，立下了汗马功劳。

这就是历史上有名的"括丁法"，被朝廷誉为"治理岭南圭臬"。后来，它被封建统治者奉为治理岭南地区的有效方法。

又说，今肇庆市端州区的天宁路，乃一条南北走向的街道，南起江滨东路，北至七星岩牌坊止，分为天宁南路、天宁北路两段。

淳化年间，端州知州冯拯在今天宁北路口兴建一座寺庙，名曰"安乐寺"。"安乐"二字，出自儒家经典之一的《孟子·告子下》中"知生于忧患，而死于安乐也"之句。

　　崇宁三年（1104），兴庆军（今广东肇庆市）节度使郑敦义将安乐寺改名为"天宁寺"，寓"祈求天下太平安宁"之意。

　　元延祐年间，肇庆路（今广东肇庆市）总管府朱深通重修天宁寺，且铸铜钟一口。据说，天宁寺重修竣工之日，刚好是皇帝的生日，朱深通便将寺院改名为"天宁万寿寺"。所谓"万寿"，就是皇帝的生日。

　　民国六年（1917），高要县官产处拆毁天宁万寿寺。

　　话说回来，宋太宗鉴于冯拯的政治才能，欲召他回京任参知政事。因丞相寇准与冯拯不和，便改为知鼎州（今湖南常德市），后授广州通判。

　　咸平元年（998），宋真宗赵恒即位，冯拯进比部员外郎，稍迁枢密直学士，权判吏部流内铨。咸平四年（1001），同知枢密院事。景德元年（1004），改签书院事。次年，拜参知政事。大中祥符四年（1011），以疾罢知河南府（治今河南洛阳市）。大中祥符七年（1014），除御史中丞，又以疾出知陈州（今河南淮阳县）。天禧四年（1020），拜吏部尚书、检校太傅、同中书门下平章事，充枢密使；年底，拜右仆射兼中书侍郎、太子少傅、同平章事、集贤殿大学士。乾兴元年（1022），进封为魏国公，迁司空兼侍中。天圣元年（1023），罢相，出判河南府。病卒，终年六十六岁，赠太师、中书令，谥"文懿"。

蒙受冤枉的丁宝臣

丁宝臣（1010—1067），字元珍，晋陵郡（今江苏常州市）双桂坊人，"少与其兄宗臣皆以文行称乡里，号为'二丁'"（王安石《司封员外郎秘阁校理丁君墓志铭》）。

庄毓鋐、陆鼎翰于清光绪年间纂修《武阳志余》载，北宋乾德五年（967），寓居晋陵郡城内小巷的宋维、宋绛兄弟俩，同登进士第。郡守宋蟾为了以纪其事，建造一座牌坊，题书"来贤"两个大字。

真是无独有偶，事出凑巧。在六十七年后的景祐元年（1034），又是寓居晋陵郡城内小巷的丁宗臣、丁宝臣兄弟俩，同榜考取甲科进士。为此，来贤坊更名为"双桂坊"，取"双双蟾宫折桂"之意。

丁宝臣与当时的大文豪欧阳修可谓志同道合，推心置腹。

欧阳修（1007—1072），北宋政治家、文学家、史学家。字永叔，号醉翁，晚号六一居士，吉州（今江西吉安市）人，自称"庐陵人"。谥"文忠"，世称"欧阳文忠公"。与唐代韩愈、柳宗元和北宋王安石、苏洵、苏轼、苏辙、曾巩合称"唐宋八大家"，与韩愈、柳宗元、苏轼合称"千古文章四大家"。一生写了五百余篇散文，各体兼备，有政论、史论、记事、抒情、笔记等文。

景祐元年（1034），丁宝臣授峡州（今湖北宜昌市）军事判官，欧阳修写了题为《送丁元珍峡州判官》诗，答谢他的关心与厚爱，且宽慰和鼓励自己。诗云：

> 为客久南方，西游更异乡。
> 江通蜀国远，山闭楚祠荒。
> 油幕无军事，清猿断客肠。
> 惟应陪主诺，不费日飞觞。

景祐三年（1036），天章阁待制、开封府（今河南开封市）知府范仲淹向宋仁宗上书《百官图》，弹劾权倾一时的宰相吕夷简，封官许愿，升迁官吏，任人唯亲。"夷简身为大臣，坏乱陛下朝政多矣，苟有利于其私，虽败天下事，尚无所顾。"（《续资治通鉴长编·卷一四三》）随后，范仲淹被夺职，贬谪为饶州（今江西波阳县）知州。

范仲淹（989—1052），北宋政治家、文学家、军事家、教育家。字希文，世称范文正公，苏州吴县（今江苏苏州市）人。大中祥符八年（1015），登进士第，授广德军（治今安徽广德县）司理参军。天圣二年（1024），任泰州兴化县（今江苏兴化市）县令。天圣七年（1029），任秘阁校理。明道二年（1033），任右司谏。景祐元年（1034），被贬谪为睦州（今浙江桐庐县）知州。不久，调任苏州（今江苏苏州市）知州。次年，因治水有功，迁开封府知府。

范仲淹被贬时，朝臣纷纷议论相救范仲淹，而身为左司谏的高若讷不但不相救，反而在集贤校理余靖的家里，恶意诋毁范仲淹。欧阳修听了后，义愤填膺，怒不可遏，挥笔写下《与高司谏书》，怒斥高若讷"不复知人间有羞耻事"。

高若讷看了《与高司谏书》后，恼羞成怒，咬牙切齿，当晚就将它交给吕夷简。吕夷简看后火冒三丈，暴跳如雷，迫不及待地将它呈给宋仁宗。因此，欧阳修被贬谪为峡州夷陵县（今湖北宜昌市）县令。

欧阳修被贬谪为夷陵县县令后，丁宝臣与他的交往更为密切。政事之余，他俩常常结伴，写意于自然，寄情于山水，互有诗作唱和与赠答。

次年，丁宝臣赋诗《花时久雨》，赠送给欧阳修。欧阳修以《戏答元珍》诗回赠，抒发了自己被贬谪的寂寞与抑郁，以及自我排遣的情怀。诗云：

春风疑不到天涯，二月山城未见花。

残雪压枝犹有橘，冻雷惊笋欲抽芽。

夜闻归雁生乡思，病入新年感物华。

曾是洛阳花下客，野芳虽晚不须嗟。

欧阳修的《戏答元珍》诗，以"戏"字冠题，乃游戏文字也。表明自己写的只是开"玩笑"而已，千万不能当真，乃古人避嫌"文字狱"的手法。

欧阳修在《集贤校理丁君墓表〈熙宁元年〉》中，盛赞丁宝臣，云：庆历三年（1043），"诏天下大兴学校，东南多学者，而湖、杭尤盛。君居杭学，为教授。以其素所学问，而自修于乡里者教其徒，久而学者多所成就"。

庆历八年（1048），丁宝臣以太子中允知越州剡县（今浙江嵊州市），"除

弊兴利甚众，人至今言之"（王安石《司封员外郎秘阁校理丁君墓志铭》）。

王安石（1021—1086），北宋政治家、文学家、思想家、改革家，"唐宋八大家"之一。字介甫，自号临川先生，晚号半山，抚州临川县（今江西抚州市）人。谥"文"，封为荆国公，世称"王荆公"。熙宁三年（1070），迁中书门下平章事。以"天变不足畏，祖宗不足法，人言不足恤"（《宋史·王安石传》）的政治思想推动改革，积极倡导和推行政治、经济、军事、文化的变革。

王安石时任明州鄞县（今宁波市鄞州区）县令，与丁宝臣交谊甚厚。他赋诗《复至曹娥堰寄剡县丁元珍》，诗云：

溪水浑浑来自北，千山抱水清相射。
山深水急无艇子，欲从故人安可得。
故人昔日此水上，樽酒扁舟慰行役。
津亭把手坐一笑，我喜满怀君动色。
论新讲旧惜未足，落日低徊已催客。
离心自醉不复饮，秋果寒花空满席。
今年却坐相逢处，怊怅难求别时迹。
可怜溪水自南流，安得溪船问消息。

由此可见，丁宝臣、王安石两人志趣相投，各有才华，各怀大志。

皇祐二年（1050），丁宝臣迁知端州军（今广东肇庆市）州事。他写了一首诗寄给王安石，王安石作《次韵答丁端州》诗相和。诗云：

莫嗟荒僻又离群，且喜风谣岭北闻。
铜柱虽然蛮徼接，竹符还是汉家分。
春书来逐衡阳雁，秋骑归看陇首云。
相见会知南望苦，病骸今似沈休文。

丁宝臣任知端州军州事期间，还将一方绿端砚赠送给王安石，并附诗一首。王安石在高兴之余，挥笔写下《元珍以诗送绿石砚所谓玉堂新样者》诗。诗云：

玉堂新样世争传，况以蛮溪绿石镌。
嗟我长来无异物，愧君持赠有佳篇。
久埋瘴雾看犹湿，一取春波洗更鲜。
还与故人袍色似，论心于此亦同坚。

　　庆历元年（1041），西南边疆的僚族首领侬智高偕母亲阿侬，出据交趾郡傥犹州（今越南高平省中傥），扯起造反大旗，建立"大历国"。

　　庆历五年（1045），侬智高占据安德州（今广西靖西县），建立"南天国"，自号"仁惠皇帝"，改元"景瑞"。此后，侬智高以军事行动不断地扩大自己的统治范围。

　　皇祐四年四月初六（1052年5月7日），侬智高率军五千余人，横冲直撞，所向披靡，攻陷邕州（今广西南宁市）。接着，他又率军东征，攻城掠寨，夺关斩将，攻陷广西横（今横县）、贵（今贵港市）、浔（今桂平市）、龚（今平南县）、藤（今藤县）、梧（今梧州市）六州。随后，他再次率军神速地从梧州突入广东境内，势如破竹，锐不可当，攻破封州（今封开县）、康州（今德庆县）。五月十九日（6月18日），他进据端州，丁宝臣率兵力敌不胜，弃城避之。

　　欧阳修在《举丁宝臣状〈嘉祐四年〉》云："右臣窃见太常丞、湖州监酒务丁宝臣，前任知端州日，因遭侬智高事停官，叙理监当。方智高攻劫岭南，州、县例以素无备御，官吏各至奔逃。如闻当时独宝臣曾捉得智高探事人，便行斩决，及曾斗敌。朝廷以其如此，故他人皆夺两官，独宝臣只夺一官，以此见其比众人情理之轻。臣伏见宝臣履行清纯，颇有官业。"

　　欧阳修又在《集贤校理丁君墓表〈熙宁元年〉》云："智高乘不备，陷邕州，杀将吏，有众万余人，顺流而下，浔、梧、封、康诸小州所过如破竹。吏民皆望而散走，独君犹率羸卒百余拒战，杀六七人，既败，亦走。初，贼未至，君语其下曰：'幸得兵数千人，伏小湘峡，扼至险，以击骄兵，可必胜也。'乃请兵于广州，凡九请，不报。又尝得贼觇者一人，斩之。……天子亦以谓县官不素设备，而责守吏不以空手捍贼，宜原其情。故一切轻其法，而君以尝请兵不得，又能拒战杀贼，则又轻之。故他失守者皆夺两官，而君夺一官。"

　　王安石撰《司封员外郎秘阁校理丁君墓志铭》云："侬智高反，攻至其治所。君出战，能有所捕斩，然卒不胜。乃与其州人皆去而避之，坐免一官，徙黄州。"

　　《宋史·蛮夷传·广源州》云："是时，天下久安。岭南州、县无备，一旦兵起仓卒，不知所为，守将多弃城遁。故智高所向得志，相继破横、贵、龚、浔、藤、梧、封、康、端九州。"

　　由此可见，丁宝臣并非如人们所说的那样，是不战而弃城逃跑的懦夫。他蒙受了天大的冤枉，真是有口难辩啊！

仲冬七日，丁宝臣与接任知端州军州事的江东之同游七星岩。至今，七星岩风景名胜区摩崖石刻还保存着"江东之题名"石刻。

"江东之题名"石刻位于石室岩下的石室洞内东壁，镌刻于北宋皇祐四年（1052）。石刻高0.45米、宽0.55米，楷书。

原文如下①：

济阳江唐公，同丁元珍游。皇祐四年仲冬七日，尹榡陈□题。

《肇庆府志》载：江唐公，名东之，济南府济阳县（今山东济阳县）人。丁宝臣被免职后，他接任知端州军州事。

丁宝臣因弃城，被朝廷查办，"夺一官，徙置黄州。久之，复得太常丞，监湖州酒税。又复博士，知诸暨县"（欧阳修《集贤校理丁君墓表〈熙宁元年〉》。

丁宝臣任越州诸暨县（今浙江诸暨市）知县期间，体察民情，革新除弊，颇有政绩，"越人滋以君为循吏也"（王安石《司封员外郎秘阁校理丁君墓志铭》）。

治平元年（1064），宋英宗赵曙即位，丁宝臣"以尚书屯田员外郎编校秘阁书籍，遂为校理，同知太常礼院"（王安石《司封员外郎秘阁校理丁君墓志铭》），"居阁下，淡然不以势利动其心，未尝走谒公卿；与诸学士群居恂恂，人皆爱亲之。……久而朝廷益知其贤。英宗每论人物，屡称之。"（欧阳修《集贤校理丁君墓表〈熙宁元年〉》）。

北宋士人魏泰著《东轩笔录·卷十》云："丁宝臣守端州，侬智高入境，宝臣弃州遁，坐废累年。嘉祐末，大臣荐，得编校馆阁书籍。久之，除集贤校理。是

---

①引文中"□"表示碑文字迹灭失或模糊难辨。以下全书同。

时，苏寀新得御史知杂，首采其端州弃城事，遂出宝臣通判永州，士大夫皆惜其去。王存有诗云：'病鸢方振翼，饥隼乍离鞲。'盖谓是也。"

丁宝臣"累官至尚书司封员外郎，阶朝奉郎，勋上轻车都尉"（欧阳修《集贤校理丁君墓表〈熙宁元年〉》）。其著有文集四十卷，已佚。

治平四年（1067），丁宝臣病卒，终年五十七岁。

欧阳修为丁宝臣撰写《祭丁学士文〈治平四年〉》，以及《集贤校理丁君墓表〈熙宁元年〉》，称颂道："君之平生，履忧患而遭困厄，处之安然，未尝见戚戚之色。"

王安石为丁宝臣撰写《祭丁元珍学士文》，以及《司封员外郎秘阁校理丁君墓志铭》，称颂道"微吾元珍，我始弗殖"，"吾僚也，方吾少时，辅我以仁义者"。

可以这样说，欧阳修、王安石两人同时为一个好朋友撰写祭文和墓志铭，是极为少见的。

不管丁宝臣是否备受争议，但纵观他的一生，可谓为官清正，勤于职守，为政以德，遗惠一方。

丁宝臣为官长达三十余年，为官清廉，颇有政声。特别是他任地方的父母官时，治行素著，极具威望。"君治州、县，听决精明，赋役有法，民畏信而便安之。其始治剡也如此，后治诸暨，剡邻邑也，其民闻其来，欢曰：'此剡人爱而思之，谓不可复得者也。今吾民乃幸而得之。'而君亦以治剡者治之。"（欧阳修《集贤校理丁君墓表〈熙宁元年〉》）

为端砚立法的周敦颐

周敦颐（1017—1073），北宋哲学家，宋代理学的创始人。原名周敦实，为避英宗赵曙（原名为赵宗实）之讳，改名为敦颐。字茂叔，道州营道县（今湖北道县）人。因筑室在江西庐山莲花峰下的小溪，故取营道县的故居"濂溪"以名之，后人遂称"濂溪先生"。以舅父、龙图阁学士郑向之荫，授洪州分宁县（今江西修水县）主簿。任南安军（治今江西大余县）司理参军，移郴州桂阳县（今湖南桂阳县）县令。改为大理寺寺丞，知洪州南昌县（今江西南昌市）。改为虞部员外郎，通判合州（今重庆合川区）、虔州（今江西赣州市）。熙宁元年（1068），知郴州（今湖南郴州市），迁广南东路转运判官。熙宁三年（1070），授提点广南东路刑狱。

周敦颐在粤四年，先后巡视惠州、春州（今阳春市）、连州、端州、康州、东莞县等地，"以洗冤泽物为己任。行部不惮劳苦，虽瘴疠险远，亦缓视徐按"（《宋史·道学·周敦颐传》）。

熙宁元年（1068），周敦颐任广南东路转运判官后，马不停蹄地巡视各地。

次年三月七日，周敦颐从春州经新州（今新兴县）到端州巡视。至今，七星岩风景名胜区摩崖石刻还保存着"周敦颐题名"石刻。

"周敦颐题名"石刻位于石室岩下的石室洞内东壁。石刻高0.58米、宽0.66米，自右至左竖行，楷书，共有六行。

原文如下：

转运判官周敦颐茂叔，熙宁二年三月七日游。军事推官谭允，高要县尉曾绪同至。

"周敦颐题名"石刻的顶部是横题"濂溪周元公笔迹"七个大字，左侧下方是四十三个小字，乃"淳祐壬子春日，后学吕中，偕正录直学邝梦得、陈君嚞、孔朱年、董汝舟诸生得之，

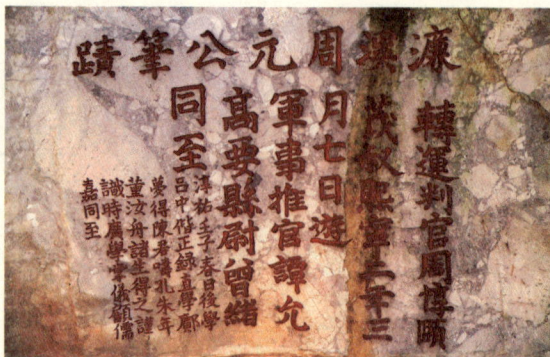

谨识。时广学掌仪顾孺嘉同至"，是后人在刻石时加上去的。

端州东郊的端溪一带盛产砚石，石质润滑、细腻、娇嫩，制作成砚台"发墨不损毫，书写流利生辉"，最为文人骚客所珍爱。

早在唐代，端砚就已成为砚中之首，被列为朝廷"贡品"。

史载，唐太宗李世民既喜欢东晋书法家王羲之的书法，也喜爱端砚。他命雕刻家把书法家褚遂良临摹王羲之的《兰亭序》镌刻在一方端砚上，赏赐给功臣魏征。

魏征受赏赐后，立即将此砚珍藏，非写奏折不取用。魏征的《谏太宗十思疏》和"兼听则明，偏听则暗"（《新唐书·魏征传》）的劝谏奏章，就是用此砚研墨写成。

到了宋代，向朝廷"贡砚"更为盛行。

北宋康定元年（1040），包拯迁殿中丞，知端州军州事。"端土产砚，前守缘贡，率取数十倍以遗权贵。拯命制者才足贡数，岁满不持一砚归。"（《宋史·包拯传》）

据说，接任包拯的知端州军州事杜谘，上任前曾在广州都督府（今广东广州市）北郊的石门村喝过"贪泉"之水，发誓要像前任包拯那样，为政清廉，为民造福。然而杜谘到任知端州军州事后，立即禁止砚工开坑取石制砚，全部由他垄断，"只许州官放火，不准百姓点灯"。背后，苦不堪言的砚工称他为"杜万石"。

明代肇庆府知府郑一麟修、户部郎中叶春及纂于明万历十六年（1588）《肇庆府志》云："端守杜谘，取砚无餍，人号为杜万石。廉得之，恶其夺民利，因请著令，凡仕于端者，买砚无过二枚，端人甚德之。"

明末清初的著名学者、诗人屈大均撰《广东新语·石语·端石》云："宋熙宁中，杜谘知端州，禁民毋得采石，而知州占断，人号为杜万石。周濂溪时提点广南东路刑狱，恶其夺民之利，因为起请，凡仕于州者买砚毋得过二枚，遂为著令。叶石洞云：宋贡砚，惟赐史官，故端砚重于天下，杜谘遂以蒙诟。夫有尤物，皆足厉民。"

政声人去后，民意闲谈中。周敦颐的这道禁令，成了一份历史遗存。中华民族很多珍贵的遗产，就是这样一代一代地守护下来。

莫元伯，字台可，号善斋，肇庆府高要县（今广东高要市）金渡乡水边村人。喜读史，以学行闻于时。清乾隆四十四年（1779），考中举人。官广州府番禺县儒学教谕，管训导事。性狷而和，负笈于其门者，岁常数百人。或以非义干，辄毅然拒之。每逢春、秋二季佳日，招呼友人登临览观，衔杯赋诗。廉俸所入，除营甘旨以奉九旬老母外，悉以周济贫困。工诗，常与诗人冯敏昌、张维屏等相唱和。诗品清真，五言近于东晋大诗人陶渊明，时臻独到。著有《柏香斋诗钞》、《清史列传》行于世。

莫元伯写下《砚洲怀古》诗，以轻松的笔调，巧妙地对杜谞的贪婪作了异常辛辣的讽刺。诗云：

一笑解行箧，沧波信手投。

臣心真似水，天意忽成洲。

沙月淡相映，秋江澄不流。

当年杜万石，曾此泛仙舟。

莫元伯的妙笔，使清官之廉和贪官之婪形成了鲜明的对比。前两句以形象的语言，概述了“包公掷砚成洲”的传说，活现了包拯为官清廉的情景。第三句融情入景，描绘了砚洲沙白、月淡、江澄的静谧秋夜，以秋夜赞颂清官。第四句写了杜谞取砚无厌，人称“杜万石”；杜谞在此处泛舟，妄图捞取包拯昔日掷入西江河中的端砚，贪官的嘴脸在嘲笑中尽现，遭人唾弃，令人警醒。

康卫吟咏七星岩

康卫，字宝臣。北宋庆历四年（1044），以大理寺寺丞知康州。

康卫知康州时，在公务之余，游览了风景如画的七星岩，写下五言长诗《游七星岩》。诗云：

天坠北斗星，人间书景福。
岩石骈七峰，漠漠太古色。
磅礴压洪象，崒嵂磨苍碧。
中函大穴洞，外与风云隔。
千夫廓有容，万状成巨测。
含研露肝胆，槎牙列矛戟。
状如龙虎卧，起若将士立。
西窍通天关，虚明数千尺。
豁然一罅入，寂阒然灯陜。
幽秘若为藏，暗阒不可极。
龙床一鸟毂，宛若蜿蜒迹。
龙井下太阴，仿佛被元帻。
岂伊鬼神秘，乃是造化力。
江寒洌水涯，春盎回阳律。
炎光流大地，凄冷入人骨。
四时乾元气，可燕复可息。
平生谢康乐，不废登山屐。
蓬莱在人间，昧者恒弗识。
达人昔来游，题诗满青壁。
骎骎岁月深，惨惨烟霞积。
绝唱者何人？清新压元白。
镌石苟无份，灵怪亦我惜。
缅思融结初，六丁万斧劈。

康卫的《游七星岩》诗，假托天神，景仰自然，真是诗长意亦长。它的艺术感染力已经超越了时空，可以作为如今七星岩风景名胜区一段生动的导游广告词。

唐开元十五年（727），在宦海沉浮多年、富有才情的李邕途经端州，来到七星岩。他被石室岩下的石室洞内奇异景致所吸引，认为找到了自己心目中的"人间仙境"，触景生情，感慨不已，一气书成《端州石室记》，并且镌刻在石室洞口的东侧。

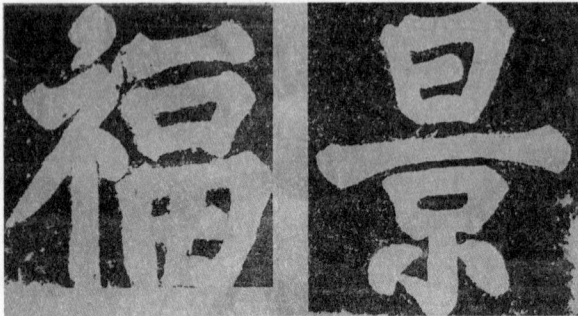

李邕写成《端州石室记》后，对七星岩的赞美之情毫不消减，再次挥毫书成四尺广径的"景福"两个大字，镌刻在石室洞内东壁的近水之处。字体端庄，笔法娴熟，苍劲而有骨气。

康卫在《游七星岩》诗中，把"景福"与"北斗"并列，后人干脆把石室洞改称为"景福洞"，如清代诗人、词人、学者朱彝尊的《入景福洞登璇玑台》诗。端州的主要堤围也取名为"景福围"，可见，"景福"二字是多么深入人心啊！

熙宁二年（1069），康卫擢尚书郎、广南东路提点刑狱。他重游七星岩，与端州知州陈怿相互唱和，且刻石记载其事。至今，七星岩风景名胜区摩崖石刻还保存着"康卫、陈怿唱和诗"石刻。

"康卫、陈怿唱和诗"石刻位于石室岩下的石室洞内东壁，高0.65米，宽0.9米，楷书，共有二十六行。

原文如下：

再经旧游，偶成拙句，寄呈知郡、殿丞、提点刑狱、尚书郎康卫上。

峡外烟云迤逦开，人家门户小楼台。

青山绿水应相记，二十年前到此来。

　　　　　　　　　　—— 右过端州

当时曾此牧黎元，屈指光阴二十年。

别后每思佳景物，再来重睹旧山川。

因罹兵革成凋弊，勿讶间阎尽改迁。

（皇祐中，经蛮寇蹂践。）

故吏老民皆白首，使君髭鬓亦皤然。

　　　　　　　　　　—— 右过康州

怿启，伏蒙提刑郎中寄示《再经旧游诗》二首，敢赓严韵拜呈，幸冀采瞩。殿中丞、知端州事陈怿上。

旧历江山眼重开，年成摇橹赏嵩台。

（后沥岩古号嵩台石室，公巡按之余，因而至焉。）

晋康假道昔为守，按步今持使节来。

— 右过端州

民居城栅尽非元，惟有江山似昔年。

听讼棠阴遗旧址（侬贼作过郡舍焚尽），按行台斾照晴川。

重来自喜恩威洽，别后常嗟岁月迁。

道侧老人曾卧辙，拜迎相顾倍怡然。

——右过康州

熙宁二年三月十八日，刊勒于石室，怿书。

此外，石室洞内的东壁还保存着"康卫题名"石刻，镌刻于北宋熙宁二年（1069）。石刻高0.4米、宽0.6米，行书，共有十行。

原文如下：

提点刑狱、尚书郎康卫宝臣，同提点刑狱文恩，副使王咸服叔平，熙宁二年己酉岁三月初六日同游。郊社斋郎康聿侍。

郡牧守、殿中丞陈怿题勒上石。

熙宁七年（1074），康卫知潭州（治今湖南长沙市），后历官集贤院修撰，迁河北转运使，调任广南西路转运使等。

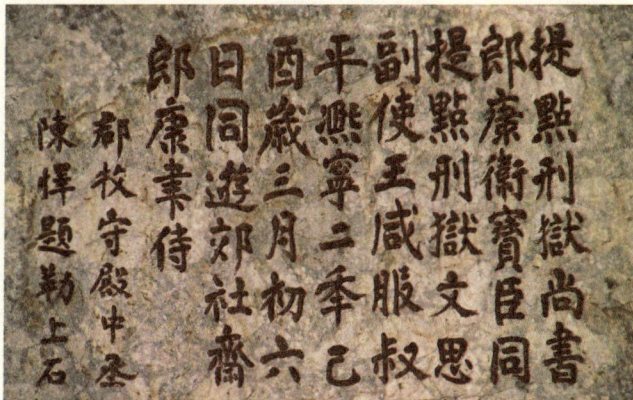

始筑砖城墙的郑敦义

　　郑敦义，字尚仁，英州浈阳县（亦作真阳县，今广东英德市）人。宋哲宗时，以乡荐授潮州潮阳县（今汕头市潮阳区）县令。

　　潮州府（今广东潮洲市）知府周硕勋于清乾隆二十七年（1762）纂修《潮州府志·宦绩》云：“哲宗时，知潮阳。官市牛皮甚急，敦义因上言黄牛善耕，农以子视之。今吏急征之，窃恐为害不祇一牛，小民将无恃以为命。书奏，乃罢市皮之令。”

　　明代著名的方志学家郭棐著《粤大记》云：宋徽宗赵佶即位，郑敦义“上书陈成周所以长久者，在于得民心；暴秦所以短促者，在于失民心。诏迁一阶，为来者劝”。

　　北宋庆历年间，知端州军州事朱显之创建了端州最早的学宫——端州州学，遗址在今肇庆市人民政府大院内。

　　建中靖国元年（1101），郑敦义授兴庆军节度使。同年，他将端州州学迁于城东（今肇庆府学宫），将州学旧址改为“兴庆军节镇府”。

　　当时，端州州学是广东为数不多的集学宫、文庙于一体的建筑，对促进端州文化和教育事业的发展，起到了一定的作用。

　　前文提及崇宁三年（1104），郑敦义将安乐寺改名为“天宁寺”，寓“祈求天下太平安宁”之意，且建南薰亭于城南门外。寺庙后被毁。

　　至今，七星岩风景名胜区摩崖石刻还保存着“郑敦义题名”石刻。

　　“郑敦义题名”石刻位于石室岩下的石室洞内东壁，镌刻于北宋崇宁元年（1102）。石刻高0.79米、宽0.9米，楷书，左行，共有六行。

　　原文如下：

　　上自端王即位，升潜藩为节镇。开府之初，叨奉明命。辛巳夏末到官，壬

午暮春暇日，携家来游。真阳郑
敦义。

　　"郑敦义题名"石刻记载了
这样一个史实：赵佶登上皇帝宝
座前，于绍圣三年（1096）三月
受封为"端王"，端州是他的
"潜藩"（封地）。元符三年
（1100），他登上皇帝宝座；十
月，改端州军为兴庆军。

　　皇祐四年（1052），西南边
疆的僚族首领侬智高聚众起义，
举起大旗，反抗朝廷。他率军东
下，攻打端州。太常博士、知端州军州事丁宝臣率兵力敌不胜，因无城墙防守，
弃城避之，被朝廷"夺一官，徙置黄州"（欧阳修《集贤校理丁君墓表〈熙宁元
年〉》）。

　　次年，宋仁宗赵祯任枢密副使狄青为宣徽南院使、宣抚荆湖路、提举广南经
制贼盗事，统领二十万大军，前往西南边疆镇压侬智高，功成。

　　鉴于这个历史教训，朝廷开始重视端州的军事建设，注意加强西江流域的军
事统治。

　　是年，知端州军州事江柬之始筑土城墙，将东边的制高点石顶岗和西边的制
高点龙顶岗，以及南面的溪塘，圈入城池内。此乃端州有城之始，但规模很小，
仅容廨宇。

　　政和元年（1111），郑敦义再度出任兴庆军节度使，成为肇庆历史上在位时
间最长的节度使。

　　政和三年（1113），郑敦义将兴庆军的土城墙拓建为砖城墙，此举得到宋徽
宗的赞赏，降钱八万贯，作为修城的费用。

　　邑人马呈图于民国年间纂修《（宣统）高要县志》载：城墙周长七百四十二
丈八尺，厚一丈五尺，高二丈二尺，垛堞一千二百二十个。开东、西、南、北四
门，四门之外各有屏蔽城门的半月形子城，俗称"月城"。城墙的四角各建有小
楼一座，北城墙的西段建有"披云楼"，南城墙的东段建有"文昌阁"。

　　当时，披云楼高三层，木结构，为战事瞭望台；楼门的上方悬挂匾额，匾额
上"披云楼"三个大字浑雄有力。自此，"披云楼"之名沿用至今。该楼有高插
云天之势，故又有"飞云楼"之称。

　　明成化三年（1467）冬，肇庆府知府黄瑜到任，尽撤其旧，重新建造披云

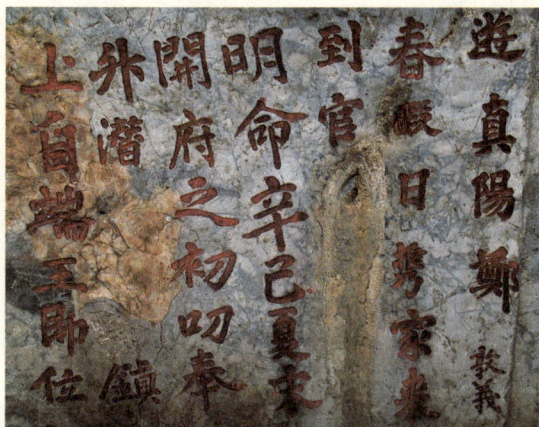

楼。他在楼宇的东面悬挂"岭表南来第一州"匾额，拓宽楼宇前面的隙地遍种红棉树、榕树，豢养一群鹳鹤。朝阳初升，群鹤飞舞，霞光辉映；夕阳西斜，鹤唳声声，此起彼落。身处其中，如在人间仙境，故有"端州八景"（羚峡归帆、沥湖返棹、宝月荷风、圭顶松涛、白沙观月、崧台晚眺、披云鹤唳、五显渔灯）之一的"披云鹤唳"美誉。

披云楼历经八次修茸、改建和重建，现已成为肇庆市端州区一处靓丽的景观。

恃才放旷的郭祥正

郭祥正（1035—1113），字功父，又作功甫、公辅，自号醉吟居士、谢公山人，又号漳南浪士、净空居士，太平州当涂县（今安徽当涂县）人。相传母梦李白而生。年少倜傥不羁，诗文有飘逸之气。

北宋皇祐五年（1053），郭祥正至京师开封府（今河南开封市），应礼部试，考取进士。初任秘阁校理，后为南康军星子县（今江西星子县）主簿，因与上司不合，弃官归寓于宣州宣城县（今安徽宣城市）。

至和元年（1054），郭祥正在宣城县拜访诗坛的前辈、国子监直讲梅尧臣，且朗诵文学家欧阳修的名篇《庐山高》，给梅尧臣留下了深刻的印象。

梅尧臣（1002—1060），北宋著名的现实主义诗人。字圣俞，世称"宛陵先生"，宣州宣城县人。初试不第，以荫补河南府河阳县（今河南洛阳市）主簿。皇祐三年（1051），考取进士，授太常博士。受翰林学士欧阳修推荐，为国子监直讲，累迁至尚书都官员外郎，故世称"梅直讲"、"梅都官"。参与编撰《新唐书》，且为《孙子兵法》作注，著有《宛陵先生文集》六十卷。

随后，郭祥正将自己的诗作呈给梅尧臣审阅。"梅尧臣方擅名一时，见而叹曰：'天才如此，真太白后身也！'"（《宋史·郭祥正传》）为此，梅尧臣作诗《采石月赠郭功甫》，诗云：

采石月下闻谪仙，夜披锦袍坐钓船。
醉中爱月江底悬，以手弄月身翻然。
不应暴落饥蛟涎，便当骑鱼上九天。
青山有冢人谩传，却来人间知几年。
在昔熟识汾阳王，纳官赎死义难忘。
今观郭裔奇俊郎，眉目真似攻文章。
死生往复犹康庄，树穴探环知姓羊。

郭祥正一生极为羡慕唐代大诗人李白的绝世才情，叹息李白的多舛遭遇，追随李白的游踪遗迹，学习李白的诗韵诗风。他的诗作气势磅礴，直抒胸臆，语言朴实，格调清新。同时，他的诗作不论是遣词用语，还是文采风格，都深得李白的真功。

南宋赵与虤撰《娱书堂诗话》云："郭功甫尝与王荆公登金陵凤凰台，追次李太白韵，援笔立成，一座尽倾。"

嘉祐四年（1059），郭祥正授江州德化县（今江西九江市）县尉。嘉祐八年（1063），母卒，归家守丧。

郑獬（1022—1072），北宋文学家、政治家。字毅夫，号云谷，虔州虔化县参加（今江西宁都县）人。皇祐四年（1052），考中举人。次年，赴京参加会试，考取第一甲第一名进士（状元），授陈州（今河南淮阳县）通判。治平二年（1065），知荆南（今湖北荆州市）。神宗时，拜为翰林学士。因极言进谏，议论朝臣，得罪不少人，贬知开封府。又因不肯用新法，为宰相王安石所忌恨，出为侍读学士。熙宁二年（1069），贬知杭州（今浙江杭州市）。未几，徙青州（今山东潍坊市）。病卒，无以为葬，灵柩停于寺庙十余年。

治平二年（1065），郭祥正闻听郑獬出知荆南，即以《寄献荆州郑紫微毅夫》诗赠之。诗云：

李白不爱万古侯，但愿一识韩荆州。荆州太守古来好，至今文采传风流。
郑公辞赋天下绝，殿前落笔铿琳璆。相如严谨反枯涩，宋玉烂漫邻倡优。
卓然风格出天造，冰盘洗露银蟾秋。麻衣脱去未十载，宝犀饰带鱼悬钩。
道行言听遇明主，皂盖朱幡宁久留。渚宫风物最潇洒，酒满金罍谁献酬。
公尝爱我如李白，恨不即往从公游。醉看舞袖卷明月，夜听长笛临高楼。
词源感激泻江海，笔阵顿挫排戈矛。驽骀蹇蹶固已困，勉之尚欲追骅骝。
一朝公归坐廊庙，致君事业如伊周。门阑从卫愈严密，是时愿见应无由。
行当投印佩长剑，梦魂已附西江舟。

诗中所说"韩荆州"，即韩朝宗（686—750）。京兆府长安城（今陕西西安市）人，时任荆州大都督府长史兼判襄州（今湖北襄阳市）刺史、山南东道采访处置使。当时，李白写下《与韩荆州书》一诗，希望得到他的举荐。

诗中所说"伊周"，是指伊尹和周公旦。伊尹，商王朝杰出的思想家、政治家、军事家，中国历史上的第一个贤能相国、帝王之师、中华厨祖。周公旦，西周王朝初期杰出的政治家、军事家、思想家和教育家，被尊为儒学的奠基人。

郑獬看到郭祥正的诗后，十分惊叹于他的天赋，写下《寄郭祥正》诗称颂。诗云：

天门翠色未饶云，姑孰波光欲夺春。

怪得溪山不寂寞，江南又有谪仙人。

诗中所说"谪仙人"，正是指唐代大诗人李白。

熙宁五年（1072），郭祥正任邵州武冈县（今湖南武冈市）县令，权邵州（今湖南邵阳市）防御判官。次年四月，授太子中舍，遭受谤言，罢官。熙宁八年（1075），复授舒州桐城县（今安徽桐城市）县令。

郭祥正性情耿烈，刚直不阿，敢于直言，不谙为官之道。所以，他屡屡受挫，终难摆脱历朝历代文人那种"平生遭际实堪伤"（曹雪芹、高鹗《红楼梦》）的命运。

郭祥正任桐城县县令时，赞成宰相王安石推行新法，但为王安石所不满。

《宋史·郭祥正传》云："时王安石用事，祥正奏乞天下大计专听安石处画，有异议者，虽大臣亦当屏黜。神宗览而异之，一日问安石曰：'卿识郭祥正乎？其才似可用。'出其章以示安石，安石耻为小臣所荐，因极口陈其无行。时祥正从章惇察访辟，闻之，遂以殿中丞致仕。"

熙宁十年（1077），郭祥正徙签书保信军（今安徽合肥市）节度判官。

在政坛上，郭祥正郁郁不得志，自觉实难做人，精神压抑，心灰意冷。熙宁十一年(1078)，他以殿中丞致仕，归隐于当涂县姑孰。

元丰四年（1081），郭祥正复出，任汀州（今福建长汀县）通判，"有善政"（《大清一统志·卷三四六》）。

元丰五年（1082)，郭祥正摄守漳州（今福建漳州市）知州，因顶撞吏部使者被召回京。他行至半途时，遭诬下狱。

元丰七年（1084），郭祥正因曾"刺新法之非"（《四库全书总目提要·卷一五四·集部七·别集类七·青山集》），为参知政事章惇一派所忌恨，被迫停职，归寓于当涂县，后又入狱。

元祐元年（1086），宋哲宗赵煦即位，郭祥正的冤屈得伸。他出狱后，自号"漳南浪士"，后以覃恩转任承议郎。

元祐三年（1088）二月，郭祥正出知端州军州事。在任期间，他为官清廉，为人正直，勤政为民，颇有惠政。

郭祥正为了当好知端州军州事，甚至连诗也不写了。

《肇庆府志》云：郭祥正在端州军"自谓留心政术，以靖蛮方，不宜赋诗。然时吟一篇，世争传之，民乐其诗书之化"。

由此看来，郭祥正只适宜当诗人，不适宜沉浮宦海。

东晋史学家、文学家干宝著《搜神记·卷十六》载，东汉时，苍梧郡广信县（今广东封开县）修里女子苏娥与婢女致富，贩卖丝织品一百二十四。她俩途经苍梧郡高要县，在鹄奔亭（遗址在今阅江楼侧）夜宿。亭长龚寿横生歹念，谋财害命，将她俩杀死，埋尸灭迹。后来，交州（今广东、广西大部分地区和越南北部、中部）刺史何敞巡察高要县，得知案情后，即为她俩申冤。

政事公务之余，郭祥正游览鹄奔亭，挥毫写下两首诗，兴叹意味深长。

其一是《奉和蔡希蘧鹄奔亭留别》诗，这不失为吟咏端州的好诗。诗云：

栏干去天无一尺，帘外三山蘸天碧。樽倾浊酒延故人，拂拂轻寒添暮色。
双鹄飞奔迹已陈，满庭细草自涵春。孤城不复有冤气，法座垂衣逢圣神。
惟君万里分符去，苍梧之邦舜游处。九疑七泽皆相连，墨海濡毫写长句。
又如李白才清新，无数篇章思不群。挺特千松霜后见，孤高一笛陇头闻。
我于诗学非无意，黄芦不并琅玕翠。漫甘薄禄养残年，两鬓垂丝成底事。
声出还吞泪如雨，同气相求别离苦。老来频寄一行书，江边鱼雁无今古。

其二是《鹄奔亭呈帅漕二公》诗，赞美了为民申冤的刺史何敞。诗云：

新江自南来，西与端江汇。寒光入灵羊，一碧浸罗带。
屹然鹄奔亭，遗音溢千载。羽仪莫可见，窈窕想姝态。
遭戕瘗同坎，襦布久不坏。诉冤如生平，隐显一何怪。
雠人阖户戮，化质抟风快。且将忧患辞，浩荡烟霄外。
鸟飞并剑跃，类与神灵会。物变固难穷，抚事增感慨。
周侯昔行部，美绩此尤最。江生引为言，建平平捐罪。
宋兴跨唐虞，乾坤正交泰。皇华命俊哲，枉横无纤芥。
琳琅斯亭篇，证古欲陈戒。杀人贵灭口，覆族竟自败。
奸谀诛既死，潜德发幽晦。坚珉可磨镌，荣光庶长在。

诗中所说"帅漕二公"，是指广南东路转运判官毛渐、吴翼道两人；诗中所说"端江"，是指西江流经康州的端溪至羚羊峡之间的一段；诗中所说"灵羊"，是指西江羚羊峡。

郭祥正的《望峡山》诗，气势磅礴，潇潇洒洒，堪称好诗。诗云：

双峡天开控江水，
水自牂牁来万里。
端州正在双峡间，
石室嵩台压孤垒。

李甘（？—836），字和鼎。唐长庆四年（824），考取进士。又制策登科，举贤良方正异等。太和年间，累官至侍御史。

太和九年（835），朝廷人人争说侍讲禁中郑注将入相，李甘言："宰相代天治物者，当先德望，后文艺。注何人，欲得宰相？"（《新唐书·李甘传》）结果，郑注未当上宰相，李甘亦被贬谪为封州（今广东封开县）司马，卒于任所。

《封州县志》载：李甘贬谪为封州司马后，深感职责重大。为了告诫自己万万不可疏忽懈怠，便建造宅生堂（"寄托生命"的意思），以警醒自己。

宋哲宗时，封州知州李恩纯重建宅生堂。郭祥正对李甘深表同情，赋诗《为李甘题封州宅生堂》，予以讴歌。诗云：

麟麟鸳瓦构新堂，意在黔黎恩泽长。

岘首去思犹洒泪，召南遗爱有甘棠。

水光送月浮珍席，山势和云插画梁。

安得身如张相国，为君重赋宅生章。

诗中所说"甘棠"，乃树名，即棠梨树。南宋著名的思想家、教育家朱熹著《诗集传》云："召伯循行南国，以布文王之政，或舍甘棠之下。其后人思其德，故爱其树而不忍伤也！"说的是西周王朝，召伯为周文王姬昌南巡且栖身于甘棠树下，百姓美誉为"召棠"。后世用"甘棠"一词，称颂惠政于民的地方官吏。

皇祐四年（1052），僚族首领侬智高起兵反抗朝廷。五月，他率军沿西江东下，攻克封州，围攻康州。

侬智高遣使入康州，晓谕赞善大夫、知州赵师旦，劝他投降，免遭战祸。但是，赵师旦不但不投降，还把来使斩首以示决心。赵师旦恪尽职守，以弱抗强，誓死固守。侬军攻破州城，赵师旦被俘，至死不投降，后被侬智高杀害。

治平四年（1067）进士王辟之著《渑水燕谈录·卷四·忠孝》云："贼平，朝廷赠光禄少卿，而康民立祠以祀。丞相王荆公志其葬，博士梅圣俞表其墓尤悉。"

郭祥正赋诗《吊康州赵使君师旦》，既敬仰英雄，又抑制不住悲悼与叹惋！诗云：

群贼鸣金鼓，孤城殒使星。

形骸糜矢石，忠义贯丹青。

皎皎张巡传，新新季子名。

吾诗愧涓滴，何以助南溟。

诗中所说"张巡"（708—757），蒲州河东县（今山西永济市）人。"安史之乱"后，安庆绪于唐至德二年（757）派遣河南节度使尹子琦率领精兵十三万南下，攻打富庶的江淮财赋重地屏障——睢阳郡（今河南商丘市）。御史中丞张巡和太守许远率军数千人，在内无粮草、外无援兵的情况下，死守睢阳郡郡

城，杀死叛军数万，有效地阻遏了叛军南犯之势。但张巡终究是寡不敌众，最后慷慨赴难。

诗中所说"季子"，是指季札（前576—前484）。姬姓，名札，又称为公子札、延陵季子、延州来"季子"。传说，他为避王位"弃其室而耕"于舜过山（今常州市武进县焦溪镇）山下。他不仅品德高尚，而且是一位具有远见卓识的政治家和外交家，对促进华夏文化的发展作出了贡献。

郭祥正的《雨霁小饮示曾令》诗，描写了州官与县官对酌，各自排解思乡愁绪的情景。诗云：

　　岚云送雨一番凉，把酒休言忆故乡。
　　荔子鲥鱼相伴熟，画船捶鼓下灵羊。

诗中所说"曾令"，指高要县县令曾孝杰，泉州晋江县（今福建晋江市）人。

郭祥正知端州军州事期间，自然不会错过一睹风光旖旎的七星岩真容。

元祐三年（1088）三月，郭祥正同友人游览七星岩，挥毫写下《奉和梧守蔡希蘧留题石室》诗。诗云：

　　叠石棱层万寻碧，老仙自作琉璃宅。
　　脩然一径出人寰，北斗三台无咫尺。
　　大岩杳杳吞沧溟，小窦疏疏吐朝日。
　　芙蓉幂沥乳成花，鳞鬣摧颓龙蜕骨。
　　危弦脆管递仙飙，烂锦轻绡变云物。
　　二李能书玉钮悬，偃銀未是真王质。
　　人亡国变今几年，唯有文章记嵯峷。
　　胜游况遇中郎孙，诗拟杜陵相仿佛。
　　洪河喷作三门流，突骑长驱五千匹。
　　令人惊嗟但缩手，近世雄豪无此笔。
　　不唯险韵难追攀，学道输君先得一。

诗中所说"二李"，是指李邕、李绅二人。诗中所说"杜陵"，是指唐代大诗人杜甫（712—770）。

郭祥正的《石室后游》诗，以精警的语言勾勒出石室岩的精华所在。诗云：

　　七星山色碧离离，山下空岩世所稀。
　　不独雾深知豹隐，有时水长见龙归。
　　方床莹洁仙人座，文石纵横织女机。

旋剔苍苔辨陈迹，李邕词翰亦依稀。

郭祥正不仅有丰富的诗歌创作实践经验，而且还喜好谈诗、论诗。他的《故人李端夫昂赴廉州从事，石室致酒留别二首·其一》诗，表明了谈诗、论诗是他的喜好。诗云：

注地银潢两峡开，云林冰净不浮灰。

新诗欲与何人论，旧友今从上国来。

薄酒谩为仙室饮，归鞍无奈夕阳催。

君怀自有骊珠富，合浦休将一颗回。

元祐四年（1089），郭祥正彻底厌倦了官场的生活，灰心失望，意志消沉，遂以年迈为由，请求辞职回归故里。

郭祥正离开端州的前夕，到七星岩一游，写下赋体文《石室游》，且镌刻在石室岩下的石室洞内东壁。石刻高1.1米、宽2.2米，行书，共有二十四行。

原文如下：

戊辰三月晦日，高要曾令孝杰、谢公山人郭祥正同游。

端城之北，径五六里，有石室兮洞开。其上则七山建斗，司天之喉舌；其下则渊泉不流，渟碧一杯，窥之则肌发冰，酌之则烦心灰。四旁则石乳玲珑，中敞圆盖，宵宵万丈，莫穷其厓。孰纳忠兮，嗟肺肝之已露；孰止戈兮，束兵仗而相挨。俨卫士之行列，肃庭臣之序排。纷披披兮蓓萼，粲枞枞兮条枚。安而不可动者为梁为栋，奔而不可止者为虎为豺。龟闯首兮屏息，虬奋鳞兮搏雷。怪怪奇奇兮千变万态，愈视愈久兮惚恍惊猜。何人境之俯近，而仙宇之秘异如此者哉！萝卷风兮窈窕，春渍芳兮不回。或命佳客，或寓幽怀。考二李之劲笔，皆一时之遗才。援玉琴以写咏，怅夕阳之易颓；方谢事以言返，眷兹室而徘徊。云愀容兮泱漭，鸟送音兮悲哀。况百年之将尽，邈乎万里奚复来。

宋元祐戊辰二月廿有八日，当涂郭祥正子功来治州事。即明年，以其日上书乞骸骨，作石室游一首，刻之崖间，记其姓名与山俱尽。

郭祥正回归故里后，"志乐泉石，不羡纷华"（释普济《五灯会元·卷第十九·南岳下十三世·提刑郭祥正居士》），长达二十四年。初时，他居于城关东街

西二条巷寿俊坊。晚年，他隐居青山东麓，宅号为"醉吟庵"，俗称"郭子垅"。

郭祥正在隐居期间，专心礼佛，自号"净空居士"。在居士林中，他最钦服庞蕴大士，先后谒见白云守端、保宁仁勇等禅师，多有省悟。

白云禅师曾书一偈予以郭祥正，曰："藏身不用缩头，敛迹何须收脚。金乌半夜辽天，玉兔赶他不著。"（释普济《五灯会元·卷第十九·南岳下十三世·提刑郭祥正居士》）

政和三年（1113），郭祥正病故，终年七十八岁。

郭祥正的一生经历将近八十个春秋，其中为官仕宦的时间却短于挂冠置闲的日子。他在无官一身轻的岁月里，又并非处于静态的隐居，而是乐山爱水，浪迹名胜，四出漫游，广交贤俊。他与文人名士苏轼、黄庭坚、李之仪、傅尧俞、贺铸等多有交往，而且互有诗作唱和。

在北宋众多的诗人中，郭祥正算是富有才情者，平生不懈致力于诗作，一生写诗达一千四百余首。著有《青山集》三十卷，诗作的数量非常可观，堪称"名家"。但是，他恃才放旷，高傲自负，目中无人，对晚生和后辈不予亲近与提携。后世的史学家、学者评价他是"为人不足道也"（马端临《文献通考·卷二四四·经籍考七十一》），故他的诗作多被淹没在浩瀚的历史中。

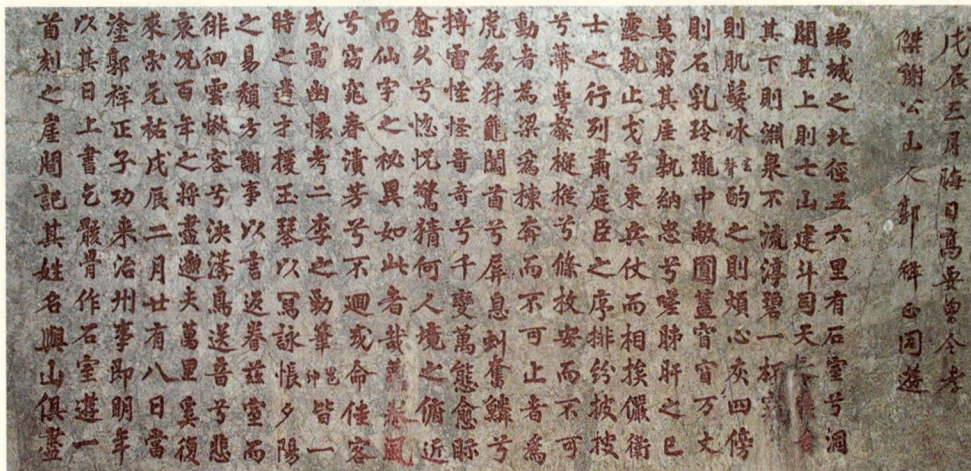

南 宋

辛苦遭逢起一经，
干戈寥落四周星。
山河破碎风飘絮，
身世浮沉雨打萍。
惶恐滩头说惶恐，
零丁洋里叹零丁。
人生自古谁无死？
留取丹心照汗青。

——南宋·文天祥《过零丁洋》

李纲在端州留下足迹

李纲（1081—1140），南宋抗金名臣，与赵鼎、李光、胡铨合称"南宋四名臣"。字文纪、伯纪，别号梁溪先生、梁溪居士、梁溪病叟，邵武军（今福建邵武市）人。北宋崇宁三年（1104），补国子监，名列第一。政和二年（1112），进士及第，选为润州镇江府（今江苏镇江市）教授。政和四年（1114），任国子监学政，转尚书考功郎。次年，升监察御史兼权殿中侍御史。因犯颜直谏，得罪权贵，改任尚书员外郎。宣和元年（1119），任太常寺少卿。上章论六事，建议加强国防、体恤民间疾苦和积聚资财以备国用。宋徽宗认为"所论不当"（《宋史全文续资治通鉴·卷十四》），降为南剑州沙县（今福建沙县）监税。宣和七年（1125）四月，李纲复任太常寺少卿、国史院编修。

是年冬，金兵兵分三路，大举南侵，势如破竹。李纲上书《御戎五策》、《论御寇用兵二十事札》等奏章，坚决主战。同时，他呈上血书给宋徽宗，请求他禅位给太子桓。

赵桓登帝位，是为宋钦宗，改元"靖康"。李纲迁兵部侍郎、亲征行营参谋官，与京畿路（治今河南开封市）、河北路（治今河北大名市东）制置使种师道力主抗战。

金兵初围东京开封府（今河南开封市），宋钦宗欲迁都，李纲极力反对。李纲以尚书右丞任亲征行营使，重整军务，士气大振，击退金兵，取得了东京保卫战的胜利，立下奇功。

金兵退军后，李纲升枢密院事。不久，他遭到主和派唐恪、耿南仲等的排斥与诬陷，贬谪为扬州（今江苏扬州市）知州。旋即，他又被扣上"专主战议，丧师费财"（《续资治通鉴·宋纪九十七》）的罪名，"改差提举亳州明道宫。寻落职，责授保静军节度副使，建昌军安置。寻移宁江"（《靖康传

信录·自序》）。

靖康二年（1127）十一月，金兵攻破开封府府城，宋徽宗、宋钦宗被俘。北宋王朝灭亡，史称"靖康之难"。康王赵构在南京应天府（今河南商丘市南）登帝位，是为宋高宗，改元"建炎"，为南宋王朝第一位皇帝。

李纲被拜为尚书右仆射兼中书侍郎，主张用河东、河北的义军收复失地。谁知，宋高宗只想偏安于江南，宰相黄潜善、汪伯颜等积极附和，李纲又遭到排斥。宋高宗更是以"狂诞刚愎，谋谟弗效"（《续资治通鉴·宋纪九十九》）的罪名，将他罢相，李纲在相位仅七十余天。

建炎二年（1128）十一月，李纲被"责授单州团练副使，万安军安置"（《宋史·本纪·高宗》）。他知道被贬谪的消息后，不等公文到达，便提前上路了。

万安军，即今海南万宁县、陵水县。

李纲从鄂州（今湖北鄂州市）起程，经梧州、康州，前往万安军。他沿途所写的诗，多是悲愤填膺之作，充分表达了忧国忧民的炽烈情怀。

李纲从梧州乘船前往康州，写下《江行即事》诗。该诗表达了他对自然风光的热爱，但更多的是关心国家命运，随时随地都记挂着"江南金陵"的情感。

其一云：

苍梧云物晓凄凉，锦石江山一带长。

雨浥峰峦添黛翠，风吹草木送天香。

渔樵闲话无今古，金鼓喧声震万方。

我欲诛茅寄幽僻，却愁烟水日茫茫。

其二云：

一重一掩翠参差，路入桃源客意迷。

江雾晓分山远近，浦鸥寒送棹东西。

颇因岭表佳泉石，闻道江南多鼓鼙。

稚子候门应念我，提携来共此幽栖。

诗中所说"锦石",是指华表石,又名"锦石山"、"锦裹石",位于今德庆县回龙镇六水村西。此石分为两层,下层为馒头状的土山,上层为圆柱形的石山,海拔为173米。

李纲留寓于康州香山,写下《豁然亭》诗。诗云:

渺渺烟波叠叠山,玉簪罗带自回环。

雨余岚翠浓如滴,地险江流巧转弯。

蟠磴回临飞鸟道,片心聊与白云闲。

峤南有此佳山水,画在贤侯几案间。

《肇庆府志》载:李纲贬谪万安军时,行至康州,身体欠恙,自号"梁溪病叟"。他多有题咏,今所存者,仅有《豁然亭》一篇而已。

《肇庆府志》此说不准确,李纲吟咏康州的诗作,尚存多篇。

李纲的《泊晋康横翠亭,爱其山水秀丽,斐然有作》诗,有一种凄厉之感,表达了他怀念京都的心绪。

其一云:

上主疏封地,中兴启帝图。

江山连肇庆,云物接苍梧。

秀气蟠南极,神功本禹谟。

邦人荣望意,开府映番禺。

其二云:

环抱大江流,层峦翠蔼浮。

神明扶王气,景物冠南州。

来值炎蒸日,翻惊风雨秋。

登临望不极,暮角起城楼。

李纲行至雷州海康县(今广东雷州市),闻万安军不靖,就在海康县滞留约一年。

次年十一月,李纲渡海到达琼州(今海南海口市)。

他命运中最具戏剧性的一幕,就在此时发生了。

李纲在琼州刚待了三天,就接到朝廷允许"自便居住"的福音。为此,他不再前往万安军,于十一月下旬渡海北归。他一路游山玩水,访朋探友,赋诗言情。

建炎四年(1130)五月,李纲经广西抵达封州(今广东封开县)。接着,他顺西江而下,到达肇庆府。

李纲在肇庆府逗留的时间极为短暂,却留下了多首脍炙人口的诗作。

李纲触景生情,睹物思人,写下《次肇庆府有感》诗,抒发了对国土沦亡,以及对宋徽宗、宋钦宗被俘的悲痛情怀。诗云:

仁德如天覆万方，谁知变故在非常。
只因燕地开边隙，故使中原作战场。
侯景南侵幽武帝，禄山西犯走明皇。
运遭九六人徒尔，险失山河事巨量。
一自銮舆游朔漠，空余藩邸在炎荒。
微臣弭棹增悲感，雪涕无因问彼苍。

自唐代起，"西江小三峡"（羚羊峡、大鼎峡、三榕峡）就成为著名的人文景观胜地，羚羊峡更是历朝历代文人墨客的必游之地。李纲流连于羚羊峡秀美的景色，写下《出峡》诗。诗云：

出峡日将暮，绮霞连水明。
山遥欣野阔，海近觉江平。
稍稍洲渚转，霏霏烟霭生。
舟人喜风便，时发桌讴声。

李纲遭到投降派的打击与排斥，心情是很沉重、很悲愤的。但是，他十分喜爱端砚，不辞劳苦，亲自到端溪的砚坑洞中考察。他写下《端石砚》诗，对端砚给予高度的评价。诗云：

端溪出砚才，最贵下岩石。
珍物乃卵生，孕此马肝色。
世传鸲鹆眼，通透盖石脉。
颇同阮步兵，见客作青白。
我来岩中游，幽探偶有获。
温然一片玉，秀润满尺宅。
研成蛟龙池，涩清宜笔墨。
尝观管城翁，沐发散简策。
嗟余好陶泓，收拾积圭璧。
得此余可忘，一生着几屐。

诗中所说"管城翁"，是毛笔的别称。元代画家、诗人朱德润《赠笺纸吕生·其二》诗云："莫问杀青千古事，漆书应让管城侯。"

诗中所说"陶泓"，是砚的别称。金代诗人庞铸《冬夜直宿省中》诗云："陶泓面冷真堪唾，毛颖头尖漫费呵。"

绍兴二年（1132），李纲复起为湖广南路宣抚使兼知潭州（今湖南长沙市）。他多次上疏陈说抗金大计，均未被采纳。

绍兴五年（1135）十月，李纲任江南西路安抚制置大使，兼知洪州（今江西南昌市）。

绍兴九年（1139），颇不得志的李纲愤而辞职，郁郁而终。宋高宗特赠少师，葬于福州怀安县（今福建闽侯县）桐口乡大嘉山麓。绍兴十三年（1143），赠太保。绍兴二十八年（1158），赠太师。淳熙十六年（1189），赠陇西郡开国公，谥"忠定"。著有《论语详说》、《三君行事纪要录》、《梁溪集》、《靖康传信录》、《建炎进退志》、《宣抚荆广记》、《制置江右录》等。

李纲一生爱国爱民，民族英雄林则徐对他敬仰至极，曾撰写一副对联，表达对他的仰慕之情。联曰：

进退一身关庙社；

英灵千古镇湖山。

清廉恤民的陈可大

陈可大（1092—1179），字齐贤，兴化军仙游县（今福建仙游县）人。北宋政和二年（1112），进士及第。授熙州（今甘肃临洮县）司户，官至朝散大夫，累赠中大夫。

陈可大为官多处，无不以清廉恤民、遍施德政而闻名。

宣和元年（1119），陈可大任潮州（今广东潮州市）教授。期间，他以兴办地方的教育为己任，创建书院，培养生员，率先垂范，洁己修礼，有志之士纷纷相随。仅仅一年的时间，当地的风俗教化大为好转。

宣和七年（1125）八月，陈可大任漳州（今福建漳州市）工曹兼右狱推勘，主管刑事案件。期间，他秉公执法，明察是非，不纵不枉，谳狱有声，被时人称为"神明"。

武平县江九等五名罪犯，为了求得轻判，暗地托人行贿。陈可大铁面坚拒，查明罪行后，依法判以重刑。

龙岩县有七名囚犯，因"强盗"的罪名，被判处死刑。陈可大闻知囚犯鸣冤叫屈，及时复查案件，查明囚犯确属无辜后，毅然改判为无罪释放。

靖康元年（1126），陈可大任福州长乐县（今福建长乐市）知县兼县尉。

南宋宰相梁克家撰《淳熙三山志·卷十六·版籍类七·水利·长乐县》云："建炎初，陈可大宰是邑，大修塘、埠、陂、湖。"

陈可大任长乐县知县八年，积极发展农业，兴修水利工程，筑建了多处陂塘灌溉农田。同时，他还致力于创建书院，发展教育事业。百姓感念他的德政惠泽，立下"陈公齐贤碑"，以垂纪念。

南宋绍兴四年（1134），陈可大擢肇庆府知府。期间，他以德施政，执法如山，刚直不阿，宽猛相济，恩威并重，吏治很快得到整肃，赢得了百姓的钦仰，人人称颂，有口皆碑。

文房四宝（笔、墨、纸、砚），砚为其一。在"四大名砚"（端砚、歙砚、洮河砚、澄泥砚）中，尤以端砚最为称著。

肇庆出产的端砚，闻名遐迩。官吏们往往借进贡朝廷之名，肆意索取，强行压制，加收端砚以巴结权贵，百姓怨声载道。陈可大一到任，便深入乡间民

里，察访调查，革除弊政。他决定以库石裁制样式相同的端砚进贡朝廷，限制滥征苛敛，使百姓的负担大为减轻。

陈可大除了清廉恤民、遍施德政外，还采取得力的措施，想方设法除掉当地的各种祸害，让百姓安居乐业。

蛊，相传是一种人工培养而成的毒虫，令人谈之色变。

明代医学家张介宾撰《景岳全书·天集·杂证谟·诸毒》云："蛊毒，共三条蛊之为毒，中土少见之。世传广奥深山之人，于端午日以毒蛇、蜈蚣、蛤蟆三物同器盛之，任其互相吞食。俟一物独存者，则以为蛊，又谓之挑生。凡欲害人，密置其蛊于饮食中，人中其毒，必心腹搅痛如有虫啮，吐下皆如烂絮。若不即治，食人五脏而死；亦有十余日而死者；更有缓者，待以数月，气血羸惫，食尽五脏而后死。"

南宋文学家洪迈撰《夷坚志·治挑生法》云："莆田人陈可大知肇庆府，肋下忽肿起，如生痈疖状，顷刻间大如碗。识者云，此中挑生毒也。俟五更，以菉豆嚼试，若香甘则是已。果然，使捣川升麻为细末，取冷熟水调二大钱连服之，遂洞下，泻出生葱数茎，根须皆具，肿即消。续煎平胃散调补，且食白粥经旬，复常。"

民间传说，陈可大患病痊愈后，注意留心打听，得知府城有一位巫医借为患者治病为名，对患者宣扬"妖魔缠身，邪气太重，神药两解，祛病除灾"等谬论。同时，巫医还把民间的单方、验方与求神拜佛、驱鬼除邪、招魂跳神、念咒画符等混为一体，迷惑百姓，行骗钱财，以致患者因贻误病情而死亡的事例时有发生。

陈可大探出其中的奥妙后，假装不知，不去加以追究，而是以治疗怪病为名，让巫医开出"秘方"医治。他以此为契机，用知府的身份开导巫医，教导其做人要深明大义，不要玩耍骗人的伎俩，令其交出所有的单方、验方。他又将巫医交出的单方、验方印发给民间，且用自己治愈蛊毒的经历现身说法，揭开巫医治病的"面纱"，戳穿巫医的骗术。同时，他还教导百姓要信医不信巫，与巫医的欺诈行为作坚决的斗争，使百姓受惠，地方的病患也得以根除。

传说，绍兴年间的一个晚上，陈可大梦见一尊大佛立于北门外的山冈，毫光数丈，五彩夺目。他以为祥瑞，便在山冈建造庙宇，名曰"净明"，这是当时肇庆府府城最有名气的寺庙之一。

至今，七星岩风景名胜区摩崖石刻还保存着"陈可大题名"石刻。

"陈可大题名"石刻位于石室岩下的石室洞内西壁，镌刻于南宋绍兴十七年（1147）。石刻高0.32米、宽0.65米，楷书。

原文如下：

济南王次张汉老，莆阳陈可大齐贤，绍兴丁卯岁二月二十九日清明同游。

史载，陈可大调离肇庆府时，一如当初到任那样，行李十分简单，连百姓都难以置信。"归日，囊无余资，惟衣衾、书籍而已。"（黄岩孙《宋元方志丛刊·仙溪志·陈可大》）肇庆府府城百姓无不感念他的清廉恤民之恩德，自发集资为他建造生祠，供奉敬若神明。

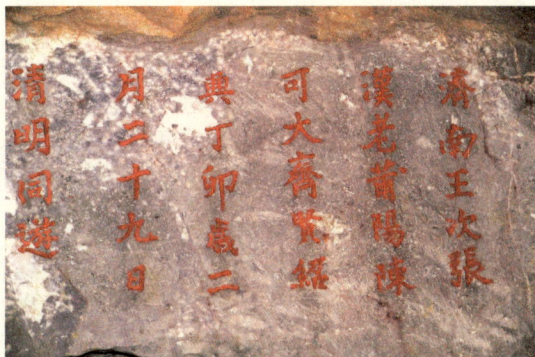

绍兴八年（1138），陈可大致仕返回家乡仙游县。其性不改，其情不变，屡屡带头兴办公益事业，热心造福桑梓，义行善举，誉满乡里。

陈可大慷慨捐资，主持建造仙溪桥（今仙游县城关的南门桥），大大改善了当地的交通条件。

清乾隆年间，《飞钱陈氏族谱》云："可大祖父宋珍善士，始积功累仁，广置祭田，备修南桥，因工程浩大，未能动工兴建。可大父亲奉直大夫，乐善好施，广结善缘，仍未酬其志，直至可大公'始酬双阐'之素志。"

绍兴九年（1139），陈可大捐献家资，发动同族、友人重建县学（今仙游县城文庙），用余款购买土地三十五亩作为"学田"，每年将所收的租粮二十一石专供县学作为费用。

淳熙六年（1179），陈可大以八十八岁的高寿安然辞世。

被贬谪的黄公度

　　黄公度（1109—1156），南宋著名诗人。字师宪，号知稼翁，兴化军莆田县（今福建莆田市）人。绍兴八年（1138），举进士第一。授承事郎，签书平海军（今福建泉州市）节度判官，除秘书省正字。时值秦桧任丞相，因与前丞相赵鼎往来密切，以及贻书台谏评议时政，被加上"讥谤"国事等罪名，罢为主管台州（今浙江临海市）崇道观。绍兴十九年（1149），被贬谪为肇庆府通判、高要县县倅，代摄南恩州（今江门市恩平区）州事。

　　当时，肇庆府可谓是人人畏之如虎的蛮荒之地，而黄公度却怀着坦然甚至有点欣喜的心情，携带家人前往肇庆府赴任，且写下《将赴高要官守书怀》诗。诗云：

　　古来仕路多机窜，我复情田少町畦。

　　回首壮图犹拾渖，惊心往事屡吹虀。

　　不因昏嫁那能许，此去声名敢厌低。

　　但使安闲更强健，何妨流落在途泥。

　　黄公度虽然遭遇不幸，但仍然时时刻刻关心国家的安危。他写下《悲秋》诗，诉别恨，寄愁思，用简洁的言语表达出来，寓悲壮于闲谈中。诗云：

　　万里西风入晚扉，高斋怅望独移时。

　　迢迢别浦帆双去，漠漠平芜天四垂。

　　雨意欲晴山鸟乐，寒声初到井梧知。

　　丈夫感慨关时事，不学楚人儿女悲。

　　黄公度从台州赴肇庆府，途经潮州，过瘦牛岭，身心憔悴，触景伤情，留下绝句《题瘦牛岭》。诗云：

　　自笑年来为食谋，扶携百指过南州。

　　时平四野皆青草，此地何曾解瘦牛。

　　时值中秋佳节，黄公度依然漂泊在外，身处异乡，更显孤寂，顿生思乡之情，写下《中秋西江上》诗。诗云：

　　月色今宵万里，笛声何处孤舟。

　　世事堪惊流水，乡心不忍登楼。

　　在中国的历史中，凡是为国家和百姓做了好事而受到尊敬、爱戴的杰出人物，百姓为了纪念他们，总是为他们建祠立庙，供奉祭祀，敬若神明。

　　北宋清官包拯知端州军州事三年，治理水患，民乐耕桑；凿井清源，驱疫除瘟；建仓储粮，旱涝无荒；兴文办学，教化隆昌；整饬吏治，廉政肃贪；巧断冤案，清白人间；扩建府署，雄镇一方……包拯政绩卓著，誉声昭彰，深受百姓的尊敬与爱戴。

北宋熙宁二年（1069），端州知州蒋绩有感于前任包拯的政绩和民间的声望，代表百姓的意愿，奏请朝廷，在府署仪门的左侧专门修建包公祠，以激励自己和属下的官员勤政为民。

黄公度怀着虔诚的心走进包公祠，来到清心堂，感慨万千，唏嘘不已，写下《和章守三咏·右清心堂》诗。诗云：

千里有余刃，一堂聊赏心。庭虚延远吹，檐敞受繁阴。

休吏帘初下，忘怀机自沉。人间足尘土，无路到清襟。

诗中所说"章守"，乃指肇庆府知府章元振。

章元振（约1091—1155），字时举，建宁军崇安县（今福建武夷山市）人。北宋政和五年（1115），进士及第。任洪州分宁县（今江西修水县）县尉，除暴安良，断案英明。因有政绩，升潭州宁乡县（今湖南宁乡县）县令。任潭州长沙县（今湖南长沙市）县令，改徽州休宁县（今安徽休宁县）县令，授建州泰宁县（今福建泰宁县）县令。升知兴国军（今湖北永兴、通山、大冶三县）州事，迁潮州知州。后任肇庆府知府，升朝议大夫，提举广南东路常平茶事兼东西路盐事。

包拯的明志诗《书端州郡斋壁》，题书在清心堂的墙壁上。至今，它依然让人感受到当年包拯意气风发、清心养身、明理修志的情怀。诗云：

清心为治本，直道是身谋。

修干终成栋，精钢不作钩。

仓充燕雀喜，草尽狐兔愁。

往牒有遗训，无贻来者羞。

包拯深知做官难，上忧君，下忧民，都非易事，故明确提出了自己的为政宗旨。《书端州郡斋壁》诗是他的一篇施政纲领，更是他一生为官的政治准则。

清心堂的背后建有包公堂，开创了肇庆府建造祠庙供奉祭祀名人或官员的先河。

黄公度祭拜包公堂后，吟景抒情，咏物炼意，写下《和章守三咏·右包公堂》诗，表达了对包拯的无限敬仰。诗云：

华堂存绘事，昭代得仪刑。迹与莓苔古，名争兰苣馨。

清风无远近，乔木未雕零。今日断泥手，依然瘦鹤形。

北宋政和三年（1113），兴庆军节度使郑敦义将土城墙拓建为砖城墙，且在北城墙的西段建造战事瞭望台"披云楼"。楼高三层，巍然高耸，雄伟壮观。因常有云雾缭绕，故取其名。

黄公度写下《和章守三咏·右披云楼》诗，给予其高度的盛赞。诗云：

飞楼跨危堞，云雾晓披披。

形胜供临眺，公余来燕宜。

江横睥睨阔，山入绮疏奇。

风月本无价，君侯况有诗。

治事之余，黄公度以读书、著文为乐，留下了大量的墨宝和诗词。

每到严冬，岭南地区的梅花迎风怒放。黄公度常以梅花自许，填写了多首有关梅花的词调。

黄公度的《眼儿媚（梅词二首，和傅参议韵）》词，用了四十八个字，竟然轻易地将梅花的冷艳与幽香勾勒出来。词序及词云：

公时为高要倅，傅参议雳彦济寓居五羊，尝遗示梅词，公依韵和之。初公被召命而西过分水岭，有诗云："呜咽泉流万仞峰，断肠从此各西东。谁知不作多时别，依旧相逢沧海中。"及公遭谤归莆，赵丞相鼎先已谪居潮阳。谗者傅会其说，谓公此诗指赵而言，将不久复偕还中都也。秦益公愈怒，至以岭南荒恶之地处之，此词盖以自况也。

一枝雪里冷光浮。空自许清流。如今憔悴，蛮烟瘴雨，谁肯寻搜。

昔年曾共孤芳醉，争插玉钗头。天涯幸有，惜花人在，杯酒相酬。

词中所说"傅雳"（？—1158），字彦济，临江军（治今江西樟树市）人。南宋建炎元年（1127）六月，迁宣教郎。以假工部侍郎，充通和使，出使金国，献宋徽宗、钦宗二帝衣各一袭，遂留于金国；久之，乃得归。累官至左朝散大夫，知韶州军（治今广东韶关市）州事。

词中所说"赵鼎"（1085—1147），字元镇，自号得全居士，解州闻喜县（今山西闻喜县）人。南宋绍兴四年（1134），迁尚书右仆射兼知枢密院事。次年，擢尚书左仆射、同中书门下平章事兼枢密使。绍兴八年（1138），因力主抗金与秦桧不和，罢相，出知泉州。寻谪兴化军（今福建莆田市），移于漳州、潮州安置，再移于吉阳军（今海南三亚市）。知秦桧必欲杀己，不食而卒。追封为丰国公，赠太博，谥"忠简"。

词中所说"秦"，是指秦桧（1090—1155），字会之，江宁府（今江苏南京市）人。北宋靖康二年（1127），与徽宗、钦宗二帝一起被俘获到金国。南宋建炎四年（1130）南归，任礼部尚书。两任宰相，前后执政十九年，因力主对金国求和，且以"莫须有"的罪名处死抗金英雄岳飞而臭名昭著，与贾似道合称"南宋两大奸臣"。

黄公度的《朝中措》词，很容易使人联想到春秋末期思想家、政治家、教育家、儒家创始者孔子的教导："不患人之不己知，患不知人也。"（《论语·学而》）词及序文云：

幽香冷艳缀疏枝。横影卧霜溪。清楚浑如南郭，孤高胜似东篱。

岁寒风味，黄花尽处，密雪飞时。不比三春桃李，芳菲急在人知。

又（梅词二首，贺方帅生朝，并序）

方务德滋时帅广东，以启谢云："俾尔黄发，欲三寿之作朋；遗我绿琴，顾双金之何报。"尝邀公至五羊，特为开宴，令洪丞相适代为乐语云："云外神仙，何拘弱水。海隅老稚，始识魁星。"又《寄调临江仙》以侑觞云："北斗南头云送喜，人间快睹魁星。向来平步到蓬瀛。如何天上客，来佐海边城。方伯娱宾香作穗，风随歌扇凉生。且须滟滟引瑶觥。十年迟凤沼，万里寄鹏程。"及高要倅满，权帅置酒，令洪内相景卢迈作乐语，有云："三山宫阙，早窥云外之游；五岭烟花，行送日边之去。小驻南州之别业，肯临东道之初筵。"时二洪迭居帅幕下，又云："欲远方歆艳于大名，故高会勤渠于缛礼。"洪时摄帅司机宜。

玄冥司柄，雪敷南亩之丰登；庾岭生辉，梅报东君之消息。当一

阳之来复，庆维岳之降神。某官节莹冰霜，家传清白。遐荒草木之细，皆知威名；调和鼎鼐之功，终归妙手。愿乘毂旦，即奉芝函。某望棨戟以趋风，适桑蓬之纪瑞。自惟弱植，方沾雨露之深恩；强缀芜辞，用祝椿松之遐算。敢靳采览，第切兢惶。

屑瑶飘絮满层空。人在广寒宫。已觉楼台改观，渐看桃李春融。

一城和气，宾筵不夜，舞态回风。正是为霖手段，南来先做年丰。

词中所说"方滋"，时任广东路经略使。字务德，睦州桐庐县（今浙江桐庐县）人。宋高宗赵构南渡后，三为监司，七领节帅。知镇江府（今江苏镇江市）时，金人犯淮，淮民渡江，人近数十万。他日夜奔走于江滨操劳，指挥安抚工作。"为开旧港泊舟，使避风涛"，令"饥者皆得食，比去，无不感泣"（韩元吉《南涧甲乙稿·卷二十一·方公墓志铭》）。

词中所说"洪适"（1117—1184），南宋金石学家、诗人、词人。名造，字温伯，又字景温，晚年自号盘洲老人，饶州鄱阳县（今江西波阳县）人。入仕后，改名为适，字景伯。累官至尚书右仆射、同中书门下平章事兼枢密使，封为魏国公。卒，谥"文惠"。与弟洪遵、洪迈皆以文学盛名，有"鄱阳英气钟三秀"之称，与欧阳修、赵明诚并称"宋代金石三大家"。

词中所说"洪迈"（1123—1202），是南宋著名的文学家。字景卢，号容斋，洪适的弟弟。淳熙十三年（1186），拜为翰林学士。绍熙元年（1190），授焕章阁学士，知绍兴府。次年，上章告老，进龙图阁学士。嘉泰二年（1202），以端明殿学士致仕。卒，赠光禄大夫，谥"文敏"。

古往今来，梅花因"神、韵、姿、香、色"俱佳，被国人推崇备至。对梅花风骨神韵的推崇，尽在"疏影横斜"（林逋《山园小梅》）四个字中道尽矣！

在《一剪梅》词中，黄公度写出了自己在绝望中有着一种自信，也有着一种超然。词云：

冷艳幽香冰玉姿。占断孤高，压尽芳菲。

东君先暖向南枝。要使天涯，管领春归。

不受人间莺蝶知。长是年年，雪约霜期。

嫣然一笑百花迟。调鼎行看，结子黄时。

黄公度的《自恩平还题崧台宋隆馆二绝》诗，字里行间流露出对肇庆府、恩平州秀丽山河的梦绕魂牵之情。

其一云：

四山如画古端州，州在西江欲尽头。

漫道江山解留客，老夫归思甚东流。

其二云：

松菊壶山手自栽，二年羁宦客嵩台。

无端却被东风误，又作恩平一梦回。

时值重阳佳节，乃肇庆府知府章元振的生日，黄公度作《满庭芳》词以祝贺。词序及词云：

高要太守章元振重九日为生朝，公以此词贺之，并序。公尝有和章守三咏，所谓包公堂、清心堂、披云楼，诗见集中。

熊罴入梦，当重九之佳辰；贤哲间生，符半千之休运。弧桑纪瑞，篱菊泛金。辄敢取草木之微，以上配君子之德。虽词无作者之妙，而意得诗人之遗。式殚卑悰，仰祝遐寿。

枫岭摇丹，梧阶飘冷，一天风露惊秋。数丛篱下，滴滴晓香浮。不趁桃红李白，堪匹配、梅淡兰幽。孤芳晚，狂蜂戏蝶，长负岁寒愁。

年年重九日，龙山高会，彭泽清流。向樽前一笑，未觉淹留。况有甘滋玉铉，佳名算、合在金瓯。功成后，夕英饱饵，相伴赤松游。

黄公度的《满庭芳》词，描写了西园的景色宜人、如诗如画，让人陶醉不已。词序及词云：

公自高要倅，摄恩平郡事。郡有西园，乃退食游息之地，先尝赋诗，其一曰："清樾才十亩，炎陬别一天。华堂依怪石，老木插飞烟。长夏绝无暑，乘风几欲仙。心闲境自胜，底处觅林泉。"其二曰："意得壶觞外，心清杖屦间。簿书休吏早，花鸟向人闲。旧隐在何许，倦游殊未还。天涯赖有此，退食一开颜。"和者甚多。

一径叉分，三亭鼎峙，小园别是清幽。曲阑低槛，春色四时留。怪石参差卧虎，长松偃蹇拏虬。携筇晚，风来万里，冷撼一天秋。

优游。销永昼，琴尊左右，宾主风流。且偷闲，不妨身在南州。故国归帆隐隐，西昆往事悠悠。都休问，金钗十二，满酌听轻讴。

黄公度的《浣溪沙（时在西园偶成）》词，写出了岁月的流逝和岁月的悠悠，带来了无限长思的感叹。词云：

风送清香过短墙。烟笼晚色近修篁。夕阳楼外角声长。

欲去还留无限思，轻匀淡抹不成妆。一尊相对月生凉。

至今，七星岩风景名胜区摩崖石刻还保存着"黄公度题诗"石刻。

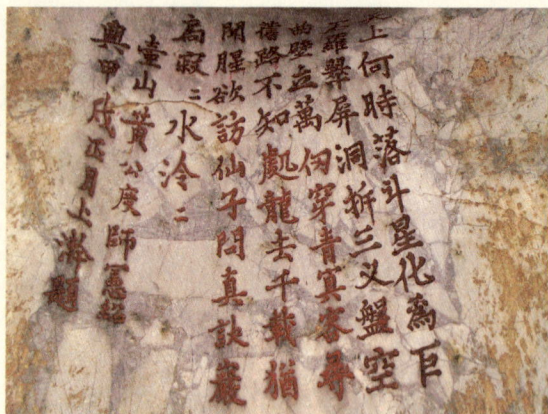

"黄公度题诗"石刻位于石室岩下的石室洞内东壁，镌刻于南宋绍兴二十四年（1154）。石刻高0.6米、宽0.7米，楷书，共有八行。

原文如下：

天上何时落斗星，
化为巨石罗翠屏。
洞折三叉盘空曲，
壁立万仞穿青冥。
客寻旧路不知处，
龙去千载犹闻腥。

欲访仙子问真诀，
岩扃寂寂水泠泠。
壶山黄公度师宪，绍兴甲戌正月上浣题。

"未觉旅怀孤"（《冬日道间》），是黄公度忙碌政务的结果；"每逢佳节倍思亲"，也是他闲来情真意切的体验。他常常怀念故土，希望早日离开苦热的蛮荒之地。在《思归》诗中，他的这种思想表现得尤为淋漓尽致。诗云：

醉眼乾坤大，归心日夜长。风霜岁云暮，尘土鬓成苍。
俗物犹能在，危机只自防。可无田种秫，三径未宜荒。

黄公度在肇庆府任职期间，以宽仁为政，安抚百姓，秉公断案，清除苛政，减轻税赋，移风易俗，兴学育人，任贤选能，政绩斐然。他深受百姓的拥戴，被供奉祭祀于学宫中。

绍兴二十五年（1155）十月，秦桧病死。十二月，黄公度被朝廷召回京都临安府（今浙江杭州市）。黄公度对此并未表现出太多的兴奋，而是显得十分淡然，写下《将归》诗。诗云：

北首寒犹浅，南辕暑正深。马蹄长道路，鹿性本山林。
客至能相勉，愁来可独禁。功名竟何物，造化久冥心。

历经两个多月，跋涉数千里，年近半百的黄公度终于回到了家里。
黄公度的《还家》诗，直抒回到家里的感受和喜悦的心情。诗云：

黎明呼赢僮，拄策渡野水。轻岚翳初日，古道步平砥。
麦陇黄四出，松竹翠相倚。人间春告尽，岩色秀未已。
眼入故乡明，语还亲旧喜。印非朱买臣，金无苏季子。
窃笑免妻孥，相过动邻里。富贵岂吾谋，薄游聊尔耳。

诗中所说"朱买臣"（约前174—前115），字翁子，会稽郡（今江苏苏州市）人。家贫好学，卖薪自给，妻崔氏弃之另嫁。汉武帝刘彻时，得同乡庄助的推荐，拜为中大夫，任会稽郡太守。归于故里，见旧妻与夫治道迎官，遂以车载其夫妇，接至官署，给食一个月，旧妻惭愧而自缢。

诗中所说"苏季子"（？—前317），即苏秦，战国时著名的纵横家。《战国策·秦策一》云：苏秦"读书欲睡，引锥自刺其股"。他如此坚持一年，再次周游列国，终于说服齐、楚、燕、韩、赵、魏国"合纵"抗衡秦国。

黄公度来到京都，宋高宗赵构当即召见。

《续资治通鉴·卷一百三十一·宋纪》云："左朝奉郎、通判肇庆府黄公度引见，帝曰：'卿官肇庆，岭外有何弊事？'公度曰：'广东西路有数小郡，如贵、新、南恩之类，有至十年不除守臣者。权官苟且，郡政废驰，或不半年而去。监司又复差人，公私疲于迎送，民受其弊。'帝曰：'何不除人？'公度曰：'盖缘其阙在堂，欲者不与，与者不欲。'帝曰：'若拨归部，当无此弊。'遂以公度为考功员外郎。"

可惜的是，天不假年，命也。黄公度任考功员外郎之职未及一年，便病逝于官所。赠正奉大夫（正二品衔），葬于莆田县枫莲山。

综观黄公度短暂的一生，其居官清正，为人正直，忧国忧民，忠于职守。

黄公度尤工诗善词，著有《知稼翁集》十一卷，《知稼翁词》一卷。

清代末期著名的词学家陈廷焯在《白雨斋词话·卷一》云："黄师宪《知稼翁词》气和音雅，得味外味，人品既高，词理亦胜。《宋六十一家词选》中载其小令数篇，泂风雅之正声，温韦之真脉也。"

《四库全书总目提要·卷一百五十八·集部·十一知稼翁集》云："《书录解题》载公度集十一卷。卷端洪迈《序》称公度既没，其嗣子知邵州沃收拾手泽，汇次为十有一卷。""其诗文皆平易浅显。在南宋之初，未能凌跞诸家。然词气恬静而轩爽，无一切涊涩龌龊之态，是则所养为之矣。"

建造石头庵的张宋卿

张宋卿（约1124—1166），字恭父，又称恭甫。世居绍兴府，迁于惠州（今广东惠州市）金带街。

张宋卿天生警敏强记，史书中有"尝借书于人，一阅则成诵不忘"之说。用今天的观点来看，他就是神童了。

民国年间《博罗县志》载，在惠州博罗县（今广东博罗县）罗浮山的水帘洞，张宋卿寒窗苦读十年，志存高远，厚积薄发。南宋绍兴二十七年（1157），"以春秋魁南省"，后进士及第。

罗浮山，又名东樵山，道教十大洞天（王屋洞府、委羽洞府、西城洞府、西玄洞府、青城洞府、赤诚洞府、罗浮洞府、句曲洞府、括苍洞府、林屋洞府）之第七洞天，七十二福地之第三十四福地。被誉为"岭南第一山"，以药市而闻名于世。内有大小山峰432座、飞瀑名泉980多处、洞天奇景18处、石室幽岩72个，拥有9观、18寺、32庵，葛洪、黄大仙、鲍姑、吕洞宾、何仙姑、铁拐李等都在这里留下胜迹。

《续资治通鉴·卷一百三十一·宋纪》云：南宋绍兴二十七年（1157）"三月，丙戌，帝御射殿，引正奏名进士唱名。先是汤鹏举以御史中丞知贡举，上合格进士博罗张宋卿等，帝亲策试。既而，以手诏宣示考试官曰：'对策中有鲠亮切直者，并置上列，以称朕取士之意'"。

宋元之际著名历史学家马端临编撰的《文献通考·卷三十二·选举考五·举士》云：南宋绍兴"二十七年，进士四百二十六人，省元张宋卿，状元王十朋"。

清代著名的地理学家徐松辑录《宋会要辑稿·选举一·贡举》云：南宋绍兴"二十七年正月九日，以御史中丞汤鹏举知贡举，中书舍人王纶、起居郎赵逵同知贡举，合格奏名进士张宋卿以下二百四十三人"。

明嘉靖年间，《惠州府志》称："惠之才人至宋始着闻，盖自古成之起河源，张宋卿起博罗，遂为南粤倡。"

张宋卿进士及第后，除秘书省正字。

隆兴二年（1164）十一月，张宋卿迁校书郎。"正色立朝，刚而有礼，名重诸公"，"权贵欲纳交者，悉谢绝"。他深得一些大臣的赏识，名相周必大亦有"张宋卿名冠淡墨"，"仕未甚显，已而俱为名侍从"之语。

不久，张宋卿被资政殿学士胡铨、魏国公张浚推荐，"才堪大用"，出守于肇庆府。

鹄巢亭，旧址位于今肇庆市端州区的阅江楼侧，始建于东汉，后改称鹄奔亭。相传，唐宝应年间，"石头和尚"希迁返回家乡，曾在鹄奔亭弘法。

五代时，著名的道教学者、隐士陈抟为寻访"石头和尚"希迁的旧迹，云游到"石头和尚"的故里，在东门外的石头岗题书"福寿"两个大字。

隆兴元年（1163），肇庆府知府张宋卿巡视石头岗，看到陈抟题书的"福寿"两个大字，改鹄奔亭为"石头庵"，以纪念"石头和尚"希迁和保护陈抟的墨迹。至今，七星岩风景名胜区摩崖石刻还保存着"张宋卿题名"石刻。

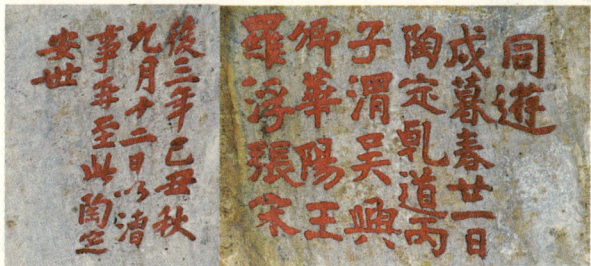

"张宋卿题名"石刻位于石室岩下的石室洞内石鼓上方石壁，镌刻于南宋乾道二年（1166）。石刻分为两块，第一块高0.3米、宽0.4米，第二块高0.9米、宽0.8米，行书。

原文如下：

罗浮张宋卿，华阳王子渭，吴兴陶定，乾道丙戌暮春廿日同游。

后三年己丑秋九月十二日，以漕事至此，陶定安世。

史料记载，肇庆最早修志始于宋代。隆兴年间，张宋卿与高要县县令缪瑜修撰《崧台志》和《崇台记》，这是肇庆最早的地方志之一。

张宋卿出守肇庆府期间，为官清廉，"礼贤兴学，政务毕修"（《肇庆府志》）。平时，他自奉勤俭，捐俸修桥筑路、赈灾救民，颇有政声。

为此，明代方志学家叶春及万分感慨："余故习之故志，第言太守礼贤兴学而簿无传，无得而称焉。"

可惜的是，未几，张宋卿卒于官，年仅四十二岁，遗物只有布衣几套。肇庆府府城的百姓对他敬仰有加，祠之名宦，崇祀于乡贤祠。

相传，张宋卿出生时，父亲梦神人赠诗一首。诗云：

白莲池上白莲儿，一举成名天下知。

四十二年闲富贵，满船空载明月归。

为了应验梦诗，家人用船只运载张宋卿的灵柩返回故里，葬在罗浮山麻姑峰下，面对着白莲池。乃知梦中之句，无一不合。

在古代中国，如此神奇的故事比比皆是，无不寄托着后人对前贤的思念与敬仰。由此可见，在百姓的心目中，张宋卿已非凡人。

后人为了纪念张宋卿，在白莲池旁侧修建九曲桥、白莲轩。

明代名士郑民瞻写下《过张宋卿墓》诗，流露出深深的惋惜之情。诗云：

朱明洞口水南流，流到莲池总是愁。

惆怅麻姑山下路，苇荷枯折露涛秋。

郑起沃与题名石刻

郑起沃，字汝说，兴化军莆田县（今福建莆田市）人。南宋庆元二年（1196），进士及第。庆元年间，任潮州揭阳县（今广东揭阳市）县令。嘉定十六年（1223），授南剑州（治今福建南平市）通判。后转肇庆府通判，迁肇庆府知府。

《闽书·卷一零五·英旧志·兴化府·莆田县》云："宋科第，庆元二年丙辰：郑起沃，伯玉孙。尉会昌，宰揭阳，历广东提举。据官清介，辍己俸以补军需，移私财以供公用。"

至今，七星岩风景名胜区摩崖石刻还保存着两幅"郑起沃题名"石刻。

第一幅"郑起沃题名"石刻位于石室岩下的石室洞口西侧，镌刻于南宋宝庆元年（1225）。石刻高1.2米、宽0.88米，楷书，共有十行，保存较为完好。

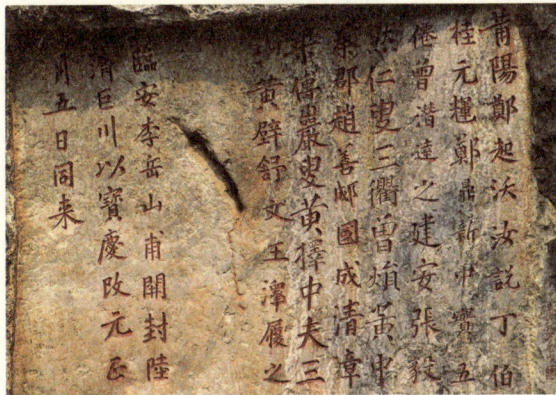

原文如下：

莆阳郑起沃汝说、丁伯桂元辉、郑鼎新中实，五仙曾潜达之，建安张毅然仁叟，三衢曾煃黄中，秦郡赵善邮国成，清漳梁傅岩叟、黄择中夫、三山黄璧舒文、王泽履之，临安李岳山甫，开封陆济巨川，以宝庆改元正月五日同来。

丁伯桂（1171—1237），南宋诗人，第一部《肇庆府志》撰修者。字元晖，一字符晖，兴化军莆田县人。嘉泰二年（1202），进士及第。开禧年间，授泉州永春县（今福建永春县）县尉。官福州宁德县（今福建宁德市）县丞，迁广州南海县（今佛山市南海区）县令、番禺县县令，擢肇庆府通判。宝庆年间，知循州（今广东龙川县）。端平元年（1234），除秘书省少监。端平三年（1236），迁起居舍人。嘉熙元年（1237），兼给事中。

郑鼎新，字仲宝，兴化军仙游县（今福建仙游县）人。嘉定十六年（1223），进士及第。知泉州晋江县（今福建晋江市）县令，建问政堂。寻通判处州（今浙江丽水市），累官至朝奉郎。"少受业勉斋，而与杨信斋游，故深于礼乐。"（黄宗羲《宋元学案·通判郑先生鼎新》）著有《礼学举要》、《礼学从宜集》。

赵善邮，字国成，时任肇庆府高要县县令。

第二幅"郑起沃题名"石刻位于石室岩下的石室洞口东侧，镌刻于南宋宝庆三年（1227）。石刻高0.8米、宽0.9米，楷书，共有十行。石刻的下半部分埋于土中，字迹已残缺难辨。

原文如下：

宝庆丁亥二月既望，古端守郑起沃，郡丞陈道□，高要县令赵善邮，劝耕于郊，因访星岩。同僚陈显伯、吴昭嗣、孙瑞、□应时、邓夔、黄择、王良佐、赵公堪、陈璇皆从。是日也，宿雨阁霁，光风吹林，井亩兴锄，畜牧被野，此字民者之志也。

鼎湖山是"岭南四大名山"（肇庆鼎湖山、仁化丹霞山、博罗罗浮山、南海西樵山）之一，山水秀丽，风景如画，历史悠久，人文底蕴深厚。

唐仪凤三年（678），禅宗第六祖慧能"十大弟子"（法海、志诚、法达、神会、智常、智通、志彻、志道、法珍、法如）之一的智常禅师，在鼎湖山西南部的老鼎创建"白云寺"。

当时，白云寺可谓香火缭绕，梵音回响，高僧云集，游僧众多。为此，白云寺的周边建有三十六招提之多，其中之一就是"云栖庵"。

南宋宝庆年间，郑起沃将云栖庵改名为"跃龙庵"，取意于"飞龙在天"（《易·乾》）。

步入鼎湖山风景名胜区的云溪景区，经老龙潭，沿溪水拾级而上，可见一座青砖绿瓦的寺庵，这就是跃龙庵，亦称"观音庙"。

跃龙庵在"文革"期间遭到破坏，于1979年重修。庵为砖木结构，单檐硬山顶。前列的中间为韦陀殿，两侧是厢房和厨房。后列的中间为正殿，供奉汉白玉石的观音菩萨雕像，两侧各有偏殿两间。庵前植有树龄达350余年的鸡蛋花、丹桂各一株。

跃龙庵前的溪畔有圣僧桥遗址，崖壁镌刻"圣僧桥"三个楷书大字，为清代藏书家孔广陶于同治二年（1863）题书。

有这样一个传说：一天，一个小和尚早起，遥见桥上有几个身形魁伟的和尚将行李卸于桥上，至桥下濯足。小和尚慌忙地回到寺庵披上袈裟出门相迎，几个和尚却不知去向，自此这座桥便得名"圣僧桥"。

北宋清官包拯知端州军州事时，曾在府署西侧建"枕书堂"。

南宋宝庆年间，郑起沃将枕书堂改名为"鉴止堂"，取意于"何以致祥，上天鉴止"（《宋史·乐志八》）。

肇庆府学宫，又称肇庆文庙、高要学宫，位于今肇庆市市区正东路42号。1985年8月27日，被定为"广东省文物保护单位"。

北宋庆历年间，知端州军州事朱显之创建"端州州学"（地址在今肇庆市人民政府大院内），是肇庆最早的学宫之一。

崇宁年间，兴庆军节度使郑敦义迁端州州学于城东，即今正东路的肇庆府学宫和对面的朝圣路。

政和四年（1114），郑敦义再度出任兴庆军节度使时，将端州州学改为"兴庆府学"。

重和元年（1118），兴庆府知府古革将兴庆府学改为"肇庆府学"。

南宋绍定四年（1231），郑起沃增建肇庆府学。

赵崇垓与题字唱和诗石刻

赵崇垓（1186—1267），乃汉王赵元佐的第九世孙。字德畅，号三州。十一岁时，随父亲赵汝敬由吉州（今江西吉安市）南迁至广州，寓居于西城德星坊。南宋嘉定十六年（1223），进士及第。昭封奉直大夫，授吉州将领。端平二年（1235），权通判端州。后迁广南东路，领三州牧，辖南恩州（治今广东阳江市）、广州新会县（今江门市新会区，古称"冈州"）、德庆府（今广东德庆县，古称"康州"），故号曰"三州"。

明末清初著名学者、诗人屈大均撰《广东新语·卷三·山语·七星岩》云："七星岩，在沥湖中，去肇庆城北六里。……七峰两两离立，不相连属。二十余里间，若贯珠引绳，璇玑回转，盖帝车之精所成，而沥湖则云汉之余液也。"

七星岩风景名胜区由五湖（仙女湖、中心湖、波海湖、青莲湖、里湖）、六岗（犀牛岗、狮岗、象岗、万松岗、蕉园岗、榄岗）、七岩（阆风岩、玉屏岩、石室岩、天柱岩、蟾蜍岩、仙掌岩、阿坡岩）、八洞（石室洞、莲花洞、碧霞洞、鹿骨洞、双源洞、金津玉液洞、旋螺洞、出米洞）组成。湖中有山，山中有洞，洞中有河，美如人间仙境。

中华人民共和国开国元勋叶剑英的《游七星岩》诗，勾勒出七星岩风景名胜区的秀丽景色。诗云：

借得西湖水一圜，更移阳朔七堆山。

堤边添上丝丝柳，画幅长留天地间。

南宋端平二年（1235），赵崇垓携家与曾纯等同游七星岩，不禁被奇峰突兀、山环水绕、绿堤纵横、山水相映、秀丽清幽的景色所迷倒，留下了题字和唱和诗石刻。

"赵崇垓题字"石刻位于石室岩下的石室洞内东壁，镌刻于南宋端平二年（1235）。石刻宽1.04米、高0.83米，楷书，共有十行。

原文如下：

端平乙未嘉平朔后二日，权郡贰、羊石赵崇垓德畅，侍母。偕权理曹新，兴宁令、清源曾纯景亮，法椽、三山赵彦蟠源叔，权纠高要簿、清源赵铮夫君玉，寓公提属、清源庄世雄钟杰，携家同游。

源叔子辫夫，德畅子心锌侍。

聊记岁月云。

石刻中所说"曾纯"，字景亮，太原府清源县（今山西清徐县）人，时任循州兴宁县（今广东兴宁市）县令。

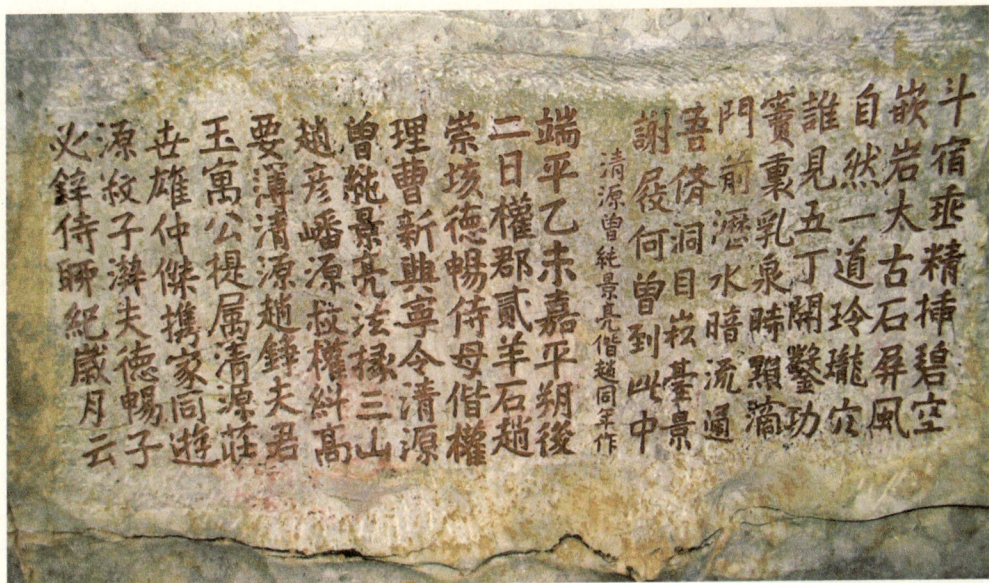

　　赵崇垓、曾纯两人游意甚浓，诗兴大发，即时作诗唱和，相互应答酬谢。

　　"赵崇垓、曾纯唱和诗"石刻位于石室岩下的石室洞内东壁，镌刻于南宋端平二年（1235）。"赵崇垓诗作"石刻宽0.8米、高0.75米，"曾纯诗作"石刻宽0.72米、高0.83米，楷书，共有十八行。

　　曾纯诗作原文如下：

　　斗宿垂精插碧空，嵌岩太古石屏风。

　　自然一道玲珑穴，谁见五丁开凿功。

　　窦里乳泉时点滴，门前沥水暗流通。

　　吾侪洞目崧台景，谢屐何曾到此中。

　　清源曾纯景亮偕赵同年作。

　　赵崇垓诗作原文如下：

　　地秉乎阴窍本空，岩名以斗古传风。

　　世人适意为行乐，造物何心着巧功。

　　弱水蓬莱仙境界，石桥方广佛神通。

　　达观不作尘寰看，笑揖天浆乐在中。

　　浚仪赵崇垓德畅和曾同年。

　　诗中所说"五丁"，是指战国后期蜀国第十二世开明王朝时期（？—前316）的五位力士。

北魏地理学家、散文家郦道元撰《水经注·沔水》引三国蜀汉学者来敏著《本蜀论》云："秦惠王欲伐蜀，而不知道。作五石牛，以金置尾下，言能屎金。蜀王负力，令五丁引之成道。秦使张仪、司马错寻路灭蜀，因曰石牛道。"

赵崇垓致仕后，始迁于广州城北的大冈村。后来，几经辗转，他定居于南恩州阳江县乔马四图紫罗山（今广东阳东县新洲镇官山村一带），隐度晚年。他主持纂修族谱，以留后世；修建宗祠，名曰"祥光堂"。

赵崇垓卒后，葬于紫罗山狮子鼻，墓穴地名曰"翻山凤"，俗称"凤山"。

明 代

当年草草构荒朝，
五虎犹然斗口嚣。
一夜桂花零落尽，
沙虫猿鹤总魂销。

辛苦何来笑澹翁，
遍行堂集玷宗风。
丹霞精舍成年谱，
又在平南珠履中。

——清·全祖望《肇庆访故宫》

文武兼备的叶盛

叶盛（1420—1474），字与中，号蜕庵，自号为白泉，又号泾东道人、澱东老渔，苏州府昆山县（今江苏昆山市）千墩乡人。"自幼颖异，博学强记，下笔如神，且其志不可量"（徐成《皇明臣言行录·叶盛》），常使乡人惊异。明正统十年（1445），考取第二甲第二十九名进士，授兵科给事中。历仕正统（1436—1449）、景泰（1450—1457）、天顺（1457—1464）、成化（1465—1487）四朝，官至吏部左侍郎。

正统十四年（1449）秋，在"土木堡之战"中，蒙古瓦剌军大败明军，明英宗朱祁镇被俘。瓦剌军逼近北京城，朝廷一片哗然，群臣恐惧慌乱。

明代翰林学士尹直撰《謇斋琐缀录·卷五十三·翰林故事》云："时大臣有奏留边将守京城者，兵科给事中叶盛上言：'今日之事，边关为急。往者独石、马营不弃，则六师何以陷土木？紫荆、白羊不破，则虏骑何以薄都城？即此而观，边关不固，则京师虽守不过仅保九门无事而已。其如陵寝何？其如郊社坛壝何？其如田野之民荼毒何？急遣固守宣府、居庸为便。'"

《明史·叶盛传》云：叶盛"率同列请先正扈从失律者罪，且选将练兵，为复仇计。郕王即位，例有赏赉，盛以君父蒙尘辞，不许。也先迫都城，请罢内府军匠备征操。又请令有司储粮科给战士，遣散卒取军器于天津，以张外援。三日间，章七八上，多中机宜"。

叶盛协助兵部尚书于谦，调集重兵，主动出击，在北京城外击退瓦剌军，迁兵科都给事中。他向明代宗朱祁钰进言："劝惩之道，在明赏罚。敢战如孙镗，死事如谢泽、韩青，当赏。其他守御不严，赴难不力者，皆当罚。"（《明史·叶盛传》）

景泰二年（1451），叶盛擢山西布政司右参政，督宣府镇（今山西大同市）钱饷。次年，巡边御史李秉推荐他辅佐独石、马营、龙门、卫所四城的军务。期间，他整顿吏治，兴利除弊，修饬武备，开垦耕稼，岁丰食足。

明代文学家何孟春著《余冬序录》云："国朝叶文庄公盛巡抚宣府时，修复官牛，官田之法，垦地日广，积粮日多，以其余岁易战马千八百余匹。其屯堡废缺者，咸修复之，不数月，完七百余所。"

大罗山，今称罗壳山，亦称螺壳山。位于今广宁县东北部的北市镇与赤坑镇之交界。平均海拔为800米，主峰海拔为1 339米，被誉为"粤西第一山"。大罗山气势磅礴，恢宏壮丽，重峦叠嶂，群峰吐翠。民谣曰："罗壳山高，离天三尺；人过低头，马过贴脊。"东、西、北三面皆为大山脉环绕，海拔落差较大，属南岭余脉。史载，当年这里是瑶民起义军集结的地方。

洪武十四年（1381），四会县大罗山瑶民起义军攻打肇庆府府城，被肇庆府千户所千户徐旺率军击败。

洪武十六年（1383）九月，泷水县（今罗定市）罗旁山瑶民不满地方官吏的盘剥，毅然奋起反抗，被朝廷派遣军队镇压。

洪武二十二年（1389），泷水县红豆山（今云安县镇安镇、罗定市金鸡镇一带）瑶民首领刘第二，率领瑶民反抗朝廷，被广东指挥使刘备率军焚山夺寨，捕杀数百人。朝廷升肇庆府千户所为肇庆府卫所，统领千户所五个，推行屯田生产。

洪武三十一年（1398），德庆州西山（今属郁南县）瑶民首领盘穷肠等，再次率领瑶民起义，被广东指挥使王浚率军收剿。

由于瑶民与朝廷派遣的官吏屡次发生冲突，为此，朝廷开始委任当地的瑶民首领作为"瑶官"，统领"抚瑶甲总"，建立封建政权的基层组织，实行"羁縻"和"怀柔"政策。

所谓"羁縻"，就是一方面要"羁"，用军事手段和政治压力加以控制瑶民；另一方面是"縻"，对瑶民施以经济和物质方面的利益，予以抚慰。

所谓"怀柔"，就是用温和的政治手段对瑶民进行笼络，且施以小恩小惠，使他们臣服而归附朝廷。

明英宗正统年间，情况发生了变化。由于地方官吏对瑶民巧取豪夺，加重盘剥，无恶不作，再次引发了瑶民大骚乱。

正统十一年（1446），泷水县瑶民不堪地方官吏的盘剥，首领赵音旺自称"天贤将军"，联合逍瑶山瑶民首领"大将军"凤广山，率领瑶民，张旗鸣鼓，攻陷泷水县县城，德庆州抚瑶判官冯述被杀。

正统十三年（1448），赵音旺、凤广山联合藤州岑溪县（今广西岑溪市）等地的瑶民，响应广州地区农民起义军首领黄萧养，千军万马，声势浩大，影响范围波及肇庆府、雷州府（今广东雷州市），以及岑溪县等地。

黄萧养（1410—1450），广州地区农民起义领袖。原名懋松，广州府南海县人。因事下狱，领导同囚的数百人越狱举旗起义。明正统十四年（1449），率众

十余万，船千余艘，围攻广州府。自称"顺民天王"，年号"东阳"，以广州府城南的五羊驿为行宫，封部下为公、侯、伯、太傅、都督、指挥等官爵。起义的烈火，如燎原之势席卷珠江三角洲地带。

次年，高要县东南境（今佛山市高明区一带）瑶民首领邓宗远聚众起义，占据杨梅、大幕、清泰、上仓、下仓等都。同时，他还接受黄萧养建立"大东国"的封职。

景泰四年（1453）六月，瑶民首领凤广山被巡按御史盛昶招降。

次年三月十三日，都察院副都御史、两广总督马昂率军攻破瑶民首领赵音旺的山寨。

虽然部分反抗被镇压了，但"野火烧不尽，春风吹又生"。蓄之已久，其发必速；压迫愈深，反抗愈烈。

天顺元年（1457）四月，凤广山之子弟吉，自号"凤二将军"。他继承父辈之志，联络各地瑶民，举起造反大旗，攻陷城邑，烧毁衙署，吓得地方官吏纷纷向朝廷请求救援。

次年四月，叶盛擢都察院右都御史兼两广总督，巡抚广东。

当时，"两广盗蜂起，所至破城杀将。诸将怯不敢战，杀平民冒功，民相率从贼"（《明史·叶盛传》）。

其时，是阶级矛盾、统治政权内部矛盾和民族矛盾相互激化的时代，也是"时势造英雄"的时代。

正是在这样的背景下，叶盛顺应时代潮流，抓住历史机遇，积极活跃在政治舞台的前沿，殚精竭虑地治理辖地，干出了一番事业。

当时，两广总督的主要职责是协调两广地区的兵马镇压瑶民反抗，但当时大多数总督都不愿意亲赴前线，故以肇庆府为大本营。

天顺二年（1458），叶盛调集两广地区的兵马，在德庆州开建县连滩（今封开县东北）成立"中军都督指挥"，兵分阳春、岑溪、鸡笼岭、罗旁水口四路并进，对各地瑶民起义军进行围剿。

同年，德庆州下城山瑶民首领盘观得起义，自称"天青将军"，率领两千余人，攻袭古蓬、古赠、罗旁山等地。

同年春，高要县瑶民首领邓钺被肇庆府知府黄瑜招降。

八月，新兴县瑶民首领萧韶、萧满、丁乌咀等，响应广西僮族起义军，攻克县城。

次年三月，德庆州鸡笼岭瑶民联合广西僮族起义军，攻陷开建县县城，杀死知县朱鸢一家和典史苏善，夺取库银而去。

四至五月，广西僮族起义军攻陷肇庆府府城，西江流域各州、县的瑶民群起响应，泷水县罗旁山瑶民和德庆州鸡笼岭瑶民的反抗斗争尤为炽烈。四会、广宁、新兴等县原来已经受抚的瑶民，重新揭竿而起，朝廷下令全力镇压。

叶盛奉命再次派兵镇压瑶民起义，于六月攻克泷水县和德庆州部分瑶民的山寨，捕杀三百四十余人。"凤二将军"弟吉被俘，解送京城处死，罪名是"伪称总管，焚毁衙门，劫掠乡村，杀虏人财"。

广大瑶民并没有因为朝廷的镇压而被吓倒，也没有被打垮，与朝廷的斗争反而愈演愈烈。

十月壬戌，泷水县逍瑶山瑶民配合广西僮族起义军，攻克德庆州州城。

德庆州知州周刚委罪于都指挥佥事韦俊："不理军事，日淫酗为乐，闻贼将至，辄先弃堡入城。及贼临城，又携妾媵弃城先遁，遂至城陷。"朝廷下诏，将韦俊斩首示众，"以为主将弃守者之戒"。

天顺四年（1460）五月，广西僮族起义军攻克德庆州封川县城（今封开县江口镇）。

今肇庆市端州区西郊的睦岗街道办事处兰龙村赵氏祖屋原来悬挂一块匾额，是叶盛授于天顺二年（1458）的，镌刻的文字是横一行、竖二行的楷书："武略骑尉；兵部尚书兼都察院右都御史，总督两广爵部堂叶；兵部侍郎兼都察院右副都御史，广东巡抚部院。"

那么，赵氏祖屋为何存有这块"武略骑尉"匾额呢？

笔者猜想，可能是赵氏的族人曾经跟随叶盛镇压瑶民起义，作出了贡献，或立下了战功。因此，叶盛为表彰他们的功绩，特授予匾额作为嘉奖。

明代中叶，西江流域各州、县的瑶民起义不断，此起彼伏，非常活跃。但是，他们都遭到朝廷血腥的征剿和频繁的洗劫，死者难计其数，成为广东瑶族史中血迹斑斑的一页。

叶盛的《肇庆府》诗，写出了镇压瑶民起义凯旋的喜悦心情。诗云：

寒城十里夜云开，树有微霜岸有苔。

远水回环通桂岭，好山飞舞近崧台。

数声铜角盐船去，一点红旗哨马回。

圣代只今多俊乂，莫言老包不重来。

叶盛所著《水东日记》共有四十卷，主要内容是军政、粮储、墩台、设备，以及赋役、官制、边陲地理、道路远近、置备设防等，言之甚详。它还记录了不见于史传的时人轶闻逸事，博涉宋、元代的行事和碑志，还收录了一些宋、元、明代的诗文和奏议等，具有较高的史料价值。

叶盛所著《水东日记·卷三十一·集句成谶》，真是一语成谶。其实，古往今来，这种事情是很多的，既不可全信，也不可不信。谶云：

天顺七年，予在广东肇庆军前，用旧韵集赵子昂诗五绝句，寄永熙致之群公。首章云："我来君去若相违，萧索山川树影稀。知己如今居鼎鼐，休文何事不胜衣。"时永熙甫自关北迁兵部也。

明年五月，予入议。过浙时，永熙迁官，在藩司留连数日，别去矣。

夫孰知不久，而予再为关北之行。又不久，而永熙起巡二广，而此诗竟成前谶耶？不偶然也。

近又捡《交游集》，景泰中，予在赤城，钦谟自史馆集唐诗二首见寄，首章亦曰："南征复北还，离居不可道。封侯竟蹉跎，志士白发早。平生一片心，未得展怀抱。"斯又谓之偶然可乎？吁！亦异矣。

谶中所说"赵子昂"，即赵孟頫（1254—1322），元代著名画家，乃"楷书四大家"（欧阳询、颜真卿、柳公权、赵孟頫）之一，号松雪、松雪道人，又号水精宫道人、鸥波，湖州路吴兴县（今湖州市吴兴区）人。博学多才，能诗善文，工书法，精绘艺，擅金石，通律吕，解鉴赏。特别是书法和绘画的成就最高，开创元代新画风，被称为"元人冠冕"。其书法尤以楷、行书著称于世。

谶中所说"永熙"，是指韩雍（1422—1478），奉旨接替叶盛任两广总督，字永熙，苏州府长洲县（今江苏苏州市）人。明正统七年（1442），考取第二甲第五十名进士。景泰二年（1451），大学士陈循推荐，任都察院右佥都御史、广东按察司副使，代巡抚江西。天顺元年（1457），改山西按察使司副使。天顺四年（1460），巡抚宣府镇、大同府。天顺七年（1463），授兵部右侍郎。成化元年（1465），为兵部尚书王竑保荐，授都察院左佥都御史、赞理军务，镇压广西大藤峡瑶民起义。功成后，迁都察院左副都御史，总督两广军务。

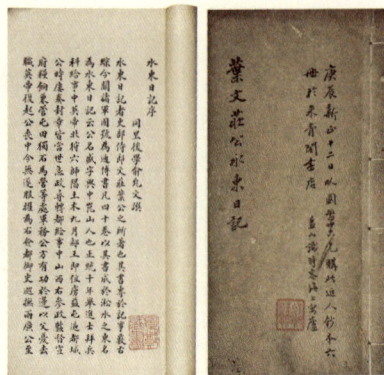

客观地评价叶盛，笔者认为其还是有可取之处。

一是实行盐政改革，推行均徭法，重视文化教育，兴利革弊，澄正风俗，使两广地区稍为安宁。整治地方土官，使土官遵守朝廷纲宪，百姓得以生息。

二是作为一位朝廷官员，他清正廉明，勤俭朴素。据说其性尤俭约，不好奢侈，布衣素食。天顺七年（1463），他从广东回京，行李十分简单，只有三大篾碑刻，题为"五岭奇观"。

叶盛被召回京后，转都察院左佥都御史、巡抚宣府镇。成化三年（1467），迁礼部右侍郎。成化八年（1472），擢吏部左侍郎。成化十年（1474），病卒，终年五十五岁，谥"文庄"。

叶盛素好读书，未尝一日不读书。清代学者钱大昕著《江雨轩集跋》云："文庄藏书之富，甲于海内。服官数十年，未尝一日辍书，虽持节边徼，必携钞胥自随。每钞一书成，辄用官印识于卷端，其风流好事如此。"

叶盛还是著名的藏书家，经过几十年的辛勤搜集与抄写，拥有藏书四千六百多册，近两万三千卷。其著作有《水东日记》四十卷、《水东诗文稿》四卷、《文庄奏疏》四十卷和《卫族考》、《秋台诗话》、《宣镇诸序》、《经史言天录》各一卷，以及编有《菉竹堂书目》六卷、《菉竹堂稿》八卷、《两广奏草》十六卷等。

清代文学家朱彝尊著《静志居诗话》云："文庄储藏之目为卷止二万余，然奇秘者多亚于册府。二百年子姓蕃衍，瓜分豆剖，难以复聚。今披《菉竹堂目》，商盘泗鼎，要非近代物，惜不可得而睹矣。"

叶盛在生前欲建楼专门庋藏这些图书，取南宋哲学家、教育家朱熹著《诗经集传》中"以绿竹始生之美盛，兴其学问自修之进益"之意，命名为"菉竹堂"。"菉"通"绿"字。

但是，叶盛因清贫而未能建成"菉竹堂"。他去世后，孙恭焕竟其遗志，最终建成"菉竹堂"。

叶盛撰写的《书橱铭》非常有意思，值得一读："读必谨，锁必牢，收必审，阁必高。子孙子，惟学敩，借非其人亦不孝。"

秉正做事的硬汉陈选

陈选（1429—1486），字士贤，台州府临海县（今浙江临海市）城关人。"以克己求仁为进修之要，故自号克庵。"（黄宗羲《明儒学案·诸儒学案·布政陈克庵先生选》）

黄宗羲（1610—1695），明末清初经学家、史学家、思想家、教育家、地理学家、天文历算学家，绍兴府余姚县（今浙江余姚市）人。《明儒学案》是黄宗羲的代表作之一，成书于清康熙十五年（1676）。它是一部系统总结、记述明代学术思想的发展演变和流派的学术史著作，共有六十二卷，记载了两百一十位学者。

《明儒学案·诸儒学案·布政陈克庵先生选》载：明天顺四年（1460），陈选"试礼部，丘文庄得其文，曰：'古君子也。'置第一。及相见而貌不扬，文庄曰：'吾闻荀卿云，圣贤无相，将无是乎？'"

《明史·陈选传》云：天顺四年（1460），陈选授监察御史，巡按江西。他刚直耿介，无所畏惧，"尽黜贪残吏"，风纪大振。时人语曰："前有韩雍，后有陈选。"

明宪宗朱见深即位，陈选"尝劾尚书马昂、侍郎吴复、鸿胪卿齐政，救修撰罗伦，学士倪谦、钱溥。言虽不尽行，一时惮其风采"（《明史·陈选传》）。

陈选督学南畿（今江苏南京市）时，学问博洽，很有作为，是当时著名的提学官。"颁冠、婚、祭、射仪于学宫，令诸生以时肄之。"（《明史·陈选传》）"试卷列诸生姓名，不为弥封，曰：'吾且不自信，何以信于人邪？'每按部就止学宫，诸生分房诵读，入夜灯火萤然。先生以两烛前导，周行学舍，课其勤惰，士为之一变。"（黄宗羲《明儒学案·诸儒学案·布政陈克庵先生选》）

南宋哲学家、教育家朱熹主持编著的启蒙读物——《小学》，内篇计有"立教"、"明伦"、"敬身"、"稽古"四个部分，外篇计有"嘉言"、"善行"两个部分。这是一部以伦理、教化、处世等为内容的浅显读物，很适合儿童启蒙学习。

陈选在注解《小学》时，根据启蒙读物的要求，按原文指陈大义，务求浅近易读。他用该书教育诸生，以达到培养诸生德行、实学的目的，而克服诸生忽视实学、靠默记背诵八股文争取科第的弊病。因此，陈选撰写的《小学集注》很受欢迎，被广泛采用，产生了较大的影响。

成化六年（1470），陈选任河南按察司副使。未几，改督学政。

汪直（？—1487），浔州府桂平县（今广西桂平市）大藤峡人，瑶族。明成化三年（1467），入宫阉为宦人，伺奉宪宗朱见深的宠妃万贵妃。后得到宪宗的宠信而领西厂提督，兼司礼监掌印。与万贵妃垄断朝纲，时人戏称为"天下只识汪太监"。因监军于辽东有功，总领京兵精锐"十二团营"，开内臣掌禁军之先河。揽政期间，任意罗织罪名，屡兴大狱，肆意横行，士大夫"益俯首事直，无敢与抗者"（《明·商辂传》），"先后凡六年，冤死者相属"（《明史·志第七十一·刑法三》）。后被东厂提督尚铭等人弹劾，贬逐往应天府（今江苏南京市），后因病而亡。

《明儒学案·诸儒学案·布政陈克庵先生选》载，适逢势焰熏天的宦官汪直出巡，凡御史以下的官员见之，无不惶恐跪拜。而陈选只是站在远处一揖而已。汪直对此火冒三丈，"怒曰：'尔何官，敢尔？'先生曰：'提学。'愈怒曰：'提学宁大于都御史耶？'先生曰：'提学宗主斯文，为士子表率，不可与都御史比。'直既惮其气岸，又诸生集门外，知不可犯，改容谢曰：'先生无公务相关，自后不必来。'先生徐步而出"。

《明史·陈选传》载，后来陈选擢河南按察使，严治贪官，整顿吏治，政绩显著。他"决遣轻系数百人，重囚多所平反，囹圄为空。治尚简易，独于赃吏无所假。然受赂百金以上者，坐六七环而止。或问之，曰：'奸人惜财亦惜命，若尽挈所赂以货要人，即法挠矣'"。

陈选"闻母丧，即日奔归。士民泣送者数千人，立生祠祀之"（焦竑《国朝献徵录·卷九十九·广东布政司左布政使赠光禄卿谥恭愍陈公选传》）。

陈选服母丧期满后，授广东布政司右布政使。次年，迁广东布政司左布政使。

史料记载，成化十五年（1479）夏，西江大水。翌年夏，西江大水。成化十八年（1482）夏五月，西江大水；六月，大饥。翌年夏，肇庆府干旱、大饥，斗米值五百钱。天灾连年不断，肇庆府的百姓苦不堪言。

成化二十一年（1485）夏五月，西江大水，肇庆府饥荒严重。陈选开仓赈灾百姓，被宦官韦眷诬陷致死。《明儒学案·诸儒学案·布政陈克庵先生选》对此事作了详细的描写：

肇庆大水，先生上灾伤状，不待报，辄发粟赈之。市舶奄韦眷横甚，番禺知县高瑶发其赃钜万，都御史宋旻不敢诘。先生移文奖瑶，眷深憾之。番人贸货，诡称贡使，发其伪，逐之外。使将市狻猊入贡，又上疏止之。皆眷之所不利者也。眷乃诬先生党比属官，上怒，遣刑部员外郎李行会巡按御史徐同爱共鞫。两人欲文致之，谓吏张裒者，先生所黜，必恨先生，使之为诬。裒曰："死即死耳，不敢以私恨陷正人也。"爱书入，诏锦衣官逮问，士民数万人夹舟而哭。至南昌，疾作，卒于石亭寺，年五十八。

韦眷（？—1495），字效忠，庆远府宜山县（今广西宜州市）人。广东市舶太监，权宦梁芳的党羽。"纵贾人通诸番，聚珍宝甚富。"（《明史·韦眷传》）撒马儿罕（今乌兹别克斯坦共和国第二大城市）使者"请泛海至满剌加市狻猊以献，市舶中官韦眷主之，布政使陈选力陈不可，乃已"（《明史·西域四》）。诬奏陈选，遭逮问且死于押解的途中。广州府番禺县知县高瑶揭发其通番之事，且没收巨资于官。诬奏高瑶，竟谪戍永州府（今湖南永州市）。与都察院右都御史朱英不睦，撼奏朱英专权玩贼。明成化二十三年（1487），天方国（指阿拉伯国家）阿力携宝物入贡，侵克。阿力赴京上诉，惧怕，先夤缘于内，乃逐阿力。弘治年初，妄举李父贵冒充纪太后之族，降左少监，撤回京城。

翰林院编修、友人张元祯为陈选治丧，"殓以疏绤，或咎其薄"。同时，他给予陈选高度的评价："公平生清苦，殓以时服，公志也。"（黄宗羲《明儒学案·诸儒学案·布政陈克庵先生选》）

《明史·陈选传》云，张裒闻陈选死，哀悼，乃上书申辩：

臣闻口能铄金，毁足销骨。窃见故罪人选，抱孤忠，孑处群邪之中，独立众憎之地。太监眷通番败露，知县瑶按法持之。选移文奖厉，以激贪懦，固贤监司事也。都御史宋旻及同爱怯势养奸，致眷横行胸臆，秽蔑清流。勘官行颐指锻炼，竟无左证。臣本小吏，讹误触法，被选黜罢，实臣自取。眷意臣憾选，厚赂啖臣，臣虽胥役，敢昧素心。眷知臣不可诱，嗾行等逮臣致理，拷掠弥月。臣忍死吁天，终无异口。行等乃依傍眷语，文致其词。劾选勘灾不实，擅便发仓，曲庇属官，意图报谢。必如所云，是毁共姜为夏姬，诟伯夷为庄蹻也。

顷年，岭外地震、水溢，漂民庐舍。属郡交牒报灾，老弱引领待哺。而抚、按、藩臬若罔闻知。选独抱隐忧，食不下咽。谓展转行勘，则民命垂绝，所以便宜议振，志在救民，非有他也。选故刚正，不堪屈辱，愤懑旬日，婴疾而殂。行幸其殒身，阴其医疗。讫命之日，密走报眚，小人佞毒，一至于此！臣摈黜罪人，秉耒田野，百无所图，诚痛忠良衔屈，而为圣朝累也。

《明史·列传第四十九》评价："陈选，冤死为可哀。读张裒书，又以见公正之服人者至，而直道之终不泯也。"

弘治年初，工部主事林沂上疏奏言陈选蒙冤。明孝宗朱祐樘下诏，陈选复官礼葬。

正德年中，陈选被追赠光禄寺卿，谥"忠愍"。

陈选不但以刚烈著称，更是以节俭名世。他"既贵，唯服先人故衣带。客至，瓦器蔬食，相对未尝有愧色。自河东闻丧还，行李萧然，惟车一辆而已"（吴肃公《明语林·卷一·德行上》）。他任广东布政使时，每次外出，唯骑一驴，不带随从，清约同寒士。

无限敬仰包拯的黄瑜

　　黄瑜，字廷美，南京府华亭县（今上海松江区）人。明正统九年（1444），考中举人。天顺六年（1462），授肇庆府知府。辑有《书学会编》四卷。

　　北宋康定元年（1040），包拯任知端州军州事。包拯主政端州军三年，勤政为民，造福端州，政绩斐然，深得百姓的爱戴。包拯不畏权贵，不徇私情，清正廉洁，他的清官形象和故事，可谓家喻户晓，历久不衰。

　　明成化元年（1465），肇庆府知府黄瑜出于对包拯的无限敬仰，写下《请祀包孝肃疏》，奏请朝廷。疏云：

　　黄瑜建言，为崇祀贤臣事。谨按图志载，宋孝肃公包拯，康定初由殿中丞出守端州，以清心直道为治本。地方千里，不识贼盗。水蛋山猛，熟化奔走。恩威并著，岁乃大和，称为神明之政。官满归之日，不持一砚。其有功于端民者固多，至今非独端民称颂，普天之下，虽妇人、孺子，无不知包待制之名。夫有功于民，则祀之。故肇庆旧有包公祠，在府治内东南隅。考之碑石，前代有祭。今历年久，祠宇虽在，祀典不闻。如蒙准言，乞即敕该部计议，合无每岁于春、秋仲月，支给官钱买办牲醴，择日致祭。仍乞降与仪注祭文，刻石永为令典，则不惟前代贤臣有功于民者。得庙祀于无穷，将使今日与后之任郡邑者，有所感发而兴起矣。

　　黄瑜任肇庆府知府期间，正值朝廷对西江流域各州县的瑶民、僮民起义实行"剿抚并用"政策，以及广西僮民纷纷起义反抗朝廷压迫且进军广东的非常时期。

　　天顺七年（1463）冬，广西参将范信驻守浔州（今桂平市）、梧州一线，无力抵御广西僮民起义军的进攻。十一月，起义军攻克梧州，杀死已致仕在家的原湖广布政司布政使宋钦。范信乃向起义军妥协，放起义军进入广东。

　　在肇庆府德庆州、四会县一带，黄瑜与广东布政司右布政使张暄严密防守。到次年，广西僮民起义军仍未能够攻陷肇庆府府城。

　　成化元年（1465）正月，初登帝位的明宪宗朱见深授赵辅为征夷将军、充总兵官，韩雍为都察院金都御史、赞理军务，起兵十六万，对西江流域各州县的瑶民、僮民起义进行镇压。

　　是年，瑶民、僮民和广西僮民起义军仍然活跃在西江流域一带。

三月，广东按察司副使毛吉围攻肇庆府恩平县（今广东恩平市），被起义军杀死。

五月，广西僮民起义军攻打泷水、新兴等县，杀死泷水县主簿陈衍，且引发了广东雷州、廉州（今广西合浦县）、高州、肇庆、韶州等府的瑶民起义。起义军再次攻打肇庆府府城，被黄瑜与张暄率军击败。

成化十年（1474），朝廷不再对西江流域各州县的瑶民、僮民实行打打停停的"剿抚并用"政策，决心以武力实施"改土归流"的治理政策。在归顺瑶民、僮民较多的地方，朝廷新置县、乡政权，以加强对边远地区瑶民、僮民的统治。

次年，两广总督吴琛出兵镇压肇庆府高要县东南境（今佛山市高明区一带）的瑶民首领邓宗远。绅耆麦茂等人，陈请黄瑜，奏准朝廷，析高要县杨梅、大幕、清泰、上仓、下仓等二十四都设置新县，县治设在明城的青玉山。因此，山原是高明巡检司的驻地，故取名"高明"，隶于肇庆府。

西江源远流长，横跨滇（云南）、黔（贵州）、桂（广西）、粤（广东）四个省、区，流经肇庆府府城境内河段达二十七公里。西江流经三榕峡后，分为三条水道，滔滔向东，昼夜不息。主干流由肇庆府府城出羚羊峡；一条支流经高要县金渡都后，再沿宋隆河流向高要县金利都、高明县明城都；一条支流沿北岭山脚的桂林都，经七星岩流向高要县水基都一带，到了罗隐涌后，再与出羚羊峡的主干流汇合。

每逢天降大雨，西江中上游常常河水暴涨，汹涌澎湃，顺流而下，宣泄不及，泛滥成灾。自古以来，肇庆府府城的百姓最怕"西水"。

史料记载，成化年间，朝廷为了集中力量镇压西江流域各州县瑶民、僮民的反抗，下令在南江口（今属广东郁南县）至泷水（今属广东云安县）的西江两岸，开山伐木，立营固守。大量的开山伐木，破坏了西江沿岸的自然生态环境，西江河床不断增高，洪水泛滥日趋严重。

成化三年（1467）秋九月，西江河水大涨，冲毁水矶（水基）堤围。洪水退后，黄瑜亲自主持和组织人力加高培宽堤围。

成化五年（1469），加高培宽水矶堤围的工程竣工，解除了这一带的水患灾害，保护了农田。

经过历朝历代的修建，水矶堤围现已成为景福围的其中一段，由羚山峡口至北岭山脚，全长0.88公里。

北宋绍圣三年（1096）三月，宋哲宗封弟赵佶为端王，封地为端州。

元符三年（1100）正月，哲宗驾崩于汴京（今河南开封市），无嗣，赵佶登上皇帝宝座，是为宋徽宗，改元为"建中靖国"。

十月二十二日，宋徽宗颁诏，改端州军为兴庆军（徐松《宋会要辑稿·方域·州县陞降废置》）。诏云：

惟高要之奥区，乃南国之旧壤。土风淳厚，民物伙繁。朕诞受多方，绍承大统，顾启封于兹土，实赐履于先朝。茅社之荣，是为基命；节旄之重，宜赐隆名。可升端州为兴庆军。

政和三年（1113），宋徽宗降钱八万贯，嘱兴庆军节度使郑敦义将土城墙拓建为砖城墙。驸马都尉王诜趁机劝说宋徽宗，将兴庆军升格。

十一月初六，宋徽宗将兴庆军升格为兴庆府。

政和七年（1117），朝奉郎、广南东路转运判官燕瑛奏请朝廷："兴庆府元系端州，寅缘陛下潜邸旧封，荐蒙赐以军额，申锡府号。臣近巡历到彼，窃见府城规摹未至宏壮，欲望亲洒宸翰，特改见今军府额，赐以美名。"（徐松《宋会要辑稿·方域·州县陞降废置》）

同时，燕瑛还提议将兴庆府改名为肇庆府，寓"开始带来吉庆"之意。

重和元年十月二十一日（1118年12月5日）己亥，宋徽宗欣然挥笔题写"肇庆府"三个大字，制作成匾额，派遣钦差送往广东。燕瑛欣喜异常，陪同钦差前往兴庆府。

为谢主龙恩，兴庆府知府古革、同知冯齐荀在府署前面大兴土木，修建高台，上盖楼宇，供奉御书墨宝，取名"御书楼"，即今天的丽谯楼。

明洪武二年（1369），肇庆府知府步从信修复御书楼，置钟、鼓、刻漏于楼上，以报时刻。"永乐己亥，继加葺治，大抵皆仍其旧，而未有改为也。"（王璵《肇庆府新建丽谯楼记》）

成化六年（1470）冬，黄瑜仿照京城皇宫午门的格局，重建御书楼。次年八月，新楼落成，更名"丽谯楼"，意为"美丽的城门望楼"。

成化八年（1472）十月，黄瑜立下《肇庆府新建丽谯楼记》碑，以垂永志。碑高1.74米、宽0.92米，今存于肇庆市第一人民医院（原肇庆府府署旧址）。碑额为篆书，正文为楷书，晕首，紫端砚石。

原文如下：

肇庆府新建丽谯楼记

赐进士及第、朝列大夫、南京国子祭酒、前翰林学士、同修国史同兼经筵讲官、晋陵王𤩱撰，中议大夫、赞治尹、赐食三品、肇庆知府、云间黄瑜书，户部照磨、修职郎、羊城李优篆。

　　成化七年秋八月，广东肇庆府新建丽谯楼成。太守华盖黄侯瑜，合寮采盛宾客落之。明年三月，以书来南京，属记。盖肇庆，古端州也。宋徽宗由端王入正大统。重和初，升州为府，更名肇庆，仍大书肇庆府额赐之。守臣即府治前筑台高二丈许，覆之以屋，而以御书揭焉。国朝洪武己酉，知府步从信修复之，置钟、鼓、刻漏其上。永乐己亥，继加葺治，大抵皆仍其旧，而未有改为也。天顺六年，黄侯由兖郡移守于兹。今上即位之元年，始作皋门于其南，前临通衢，额揭于门。六年冬，募工伐石高要山中。撤台之旧甓，周垒以石，下为重门，门结以拱。高丈五尺，中为广道，袤四丈有奇。台之上建楼三间二挟，扁曰丽谯。楼高二丈七尺，纵广称之。其材皆铁力木，其藻饰皆金碧，丹雘皆岭南异产。价虽赢而资费于公，不以伤民财。功虽巨而偿直于佣，不以妨农时。自是邦人士之聚处于斯，氓隶之奔走于斯，商旅之往来游憩于斯。但见斯台之营与斯楼之成，翼翼言言，凌虚切云，为据一方之胜，而有以称瓌奇杰特之观。殊不知，侯之所以为是者，其意固有在也。肇庆居广东上游，据三江，当五州要冲，诚控扼之地。往年，蛮寇窃发于邕、桂之间，转掠他境，雷、廉以东，连数十城，民无完居。朝廷闻之，既命将出师，歼厥渠魁，以宁厥疆。而复命都宪、姑苏韩公抚临之。自顷以还，虽号辑宁，然而调发供需之久困于民，则肇庆亦已甚矣！补残缺未完之境土，治疮痍未疗之人民，侯于斯时，容可不加之意乎！吾知其一登斯楼，观山川之险阻，则思所以为保障之计；视原野之衍沃，则思所以为垦治之务；睹间阎井邑之联络栉比，则思所以为劳徕拊循之政。凡触乎目，感乎心，皆思以为其民，以勤其官，以懋于化理，使比境无虞。蒸庶熙然，安土乐生，以奋激乎义，而煦育乎仁。如龚遂之在渤海，张忠定之在益州，则是役也。岂徒为严峇刻，警昏旦，设将不与筹边熙春诸名争雄于寓内哉？

大明成化八年壬辰冬十月朔旦，肇庆府同知马襄，通判李敏，经历全中，知事唐绍，照磨郑宁，检校韦英，同立石。府吏黄杲镌。

碑文所说"龚遂"，字少卿，西汉山阳郡南平阳县（今山东邹城市）人。汉宣帝时，他被拜为渤海郡（今河北、辽宁的渤海海湾沿岸一带）太守。当时，该郡正逢饥荒，民不聊生，盗贼纷起。龚遂到任后，开仓廪，济贫民，选良吏，施教化，劝农桑，把该郡治理得井井有条，人民安居乐业。数年后，该郡大治，呈现出一派升平殷富的景象。

碑文所说"张忠定"（946—1015），即张咏，字复之，自号乖崖，北宋濮州鄄城县（今山东鄄城县）人。他是宋太宗、真宗两朝的名臣，卒谥"忠定"。他两知益州（今四川成都市），"其为政，恩威并用，蜀民畏而爱之"（《宋史·张咏传》）。宋仁宗时，士大夫甚至将他与政治家赵普、寇准并列。

丽谯楼落成后，黄瑜亲自题书匾额"古端名郡"四个大字，并题书对联，镶嵌在拱道的门前两侧。对联颂扬了包拯在知端州军州事时的惠民德政，以及"不持一砚归"（《宋史·包拯传》）的清廉之风。联曰：

星岩朗曜光山海；
砚渚清风播古今。

同时，黄瑜还出于对包拯的无限敬仰和情感寄托，赋诗《披云楼》。他以西周王朝的召公姬奭巡行乡邑而栖身于甘棠树下，以及百姓"爱屋及乌"的典故，比喻包拯在知端州军州事时的惠民德政和黎民百姓对他的爱戴。诗云：

乘暇来登城上楼，宦情乡思共悠悠。
京华北望几千里，岭表南来第一州。
倦鸟孤飞天不尽，晴山叠出雨初收。
包公尚有甘棠泽，清誉令人仰未休。

政事公务之余，黄瑜游览了七星岩，挥毫写下《七星岩》诗。诗云：

峭壁千寻独倚空，天开一室玉玲珑。
丹炉火冷幽扃合，龙井云深小窦通。
安石山中淹沛雨，醉翁亭上把高风。
不知洞里春多少，谩把榆花访葛洪。

诗中所说"葛洪"（284—343或364），东晋道教学者、著名炼丹家、医药学家。字稚川，自号抱朴子，丹阳郡句容县（今江苏句容市）人，世称"小仙翁"。曾受封为关内侯，后隐居南海郡博罗县的罗浮山炼丹。

诗中所说"醉翁亭"，坐落在今安徽滁州市的琅琊山山麓，与北京市陶然亭、长沙市爱晚亭、杭州市湖心亭并称"中国四大名亭"，北宋文学家、史学家欧阳修曾写下传世的不朽之作《醉翁亭记》。

成化八年（1472）夏，知府黄瑜、府学训导傅珍等纂修《肇庆府志》。次年，该志成书，黄瑜请刑部尚书乔新南作序，盛赞了黄瑜纂修该志的功绩。

序云：

肇庆为郡，介乎广之东、西，统州一县八。其地在《禹贡》为扬州之南境，在秦为南海郡，在汉为苍梧、合浦郡，在唐为端州，在宋为肇庆府。据三江之口，当五州之冲，实岭南之要郡也。其山则有石室、铜鼓、顶湖之雄峻，其水则有端溪、阳江、龙池之澄深，其物产则有银、锡、布、漆、翡翠、孔雀之属，其名宦则有冯拯、包拯、留正、黄公度诸君子，其人物则有莫宣卿之高第、梁顺孙之恩信、李积中父子之学业，亦岭南他郡所鲜者也。

郡旧有志，盖出于前太守王君鏊与教授伍宁所茸，然采掫未备，讹缺者多，览者病之。成化八年夏，太守华亭黄君瑜、同知南海马君襄、通判广昌李君敏，惧世代弥远，文献无所于稽，乃属郡学训导傅珍、阳春县学训导陈孜搜录旧闻，旁询故老，因旧志而加诠次焉。讹者正之，缺者补之。凡境内一州八县疆域、城廓、山川、风土、物产之详，廨宇、贡赋、户口、寺观、祠庙、台榭之概，名贤、达士、孝子、节妇之始终，以至仙翁、释子之可纪者，骚人墨客词章之可取者，罔不毕载，厘为十卷。将锓梓，以传书来属予序之。

夫郡之有志，犹国之有史也。史载天下之事，其所书者简而严。志纪一郡之事，其所书者详以尽。然而，史之所书，多本于志之所录，则其所系亦重矣。为政者岂

可忽而不之究耶。昔宣宗唐之英君也，命词臣纂次诸州境土风物为分处语，故能成大中之治。萧何汉之贤相也，收秦图谱，具知天下扼塞户口多寡之处，故能成佐命之功。彼为天子相天下者且然，况于郡之守佐，于其境内山川之险易、风俗之淳漓、贡赋户口之登耗、人物之盛衰，皆当究而知之，以为出治之资者也。能究而知之，则所以施诸有政者，不出户庭而得之矣。诸君之倦倦修葺，其亦有志于此乎。

黄瑜任肇庆府知府期间，剔蠹除弊，百废渐兴，颇有政声，深得民心。都察院右都御史、两广总督韩雍嘉奖其行，奏请朝廷，予以升职，以广东布政司参政继续署肇庆府府事，前后历十五年。

李璲与唱和诗题咏石刻

李璲，台州府天台县（今浙江天台县）人。明天顺元年（1457），考取第二甲第九十四名进士。成化十四年（1478），知肇庆府。

肇庆府知府屠英修，名士江藩、胡森、黄培芳纂于清道光年间的《肇庆府志》载，李璲"学问赅博，胸次豁达。常督儒生讲学。躬行畎亩，劳民劝耕，士民乐业"。因朝廷诏令各地进贡异禽，太监到处索取，骚扰百姓。他"奏请免之，民甚称快。而璲竟以刚介获谤去官，归舟行李萧然，士论惜之"。

古宋城墙坐落在今肇庆市端州区的宋城路南侧，南邻西江，周长2 800米。

史料记载，北宋政和三年（1113），兴庆军节度使郑敦义在旧城的基础上，周密规划，精心设计，重筑扩建，将土城墙改建为砖城墙。

明成化十六年（1480），李璲在披云楼近护城濠之处，增建楼下的砖城墙，并加大部分城墙的厚度。他还亲自题书东、西、南、北四门，东门为"庆云"，西门为"景星"，南门为"南薰"，北门为"朝天"，且制作成石匾额镶嵌在城门之上。

至今，七星岩风景名胜区摩崖石刻还保存着四幅"李璲唱和诗、题咏"石刻。

第一幅是"李璲唱和诗"石刻，位于石室岩下的石室洞内璇玑台前左侧石壁，镌刻于明成化十四年（1478）。石刻高0.6米、宽0.6米，行书，共有八行。

原文如下：

寻真步入洞中天，日暖芳菲散紫烟。

一自金丹还九转，不知尘世几千年。

山花含笑迎新客，洞水无声谒旧泉。

闲伴白云岩际宿，傍人疑我亦神仙。

天台李璲和。

第二幅也是"李璲唱和诗"石刻，位于石室岩下的石室洞内璇玑台前左侧石壁，镌刻于明成化十四年（1478）。石刻高0.72米、宽0.6米，行书，共有九行。

原文如下：

登高无力强跻攀，直到蓬壶绝顶间。

笑拨白云寻古洞，坐延红日上东山。

谁将丹灶炉中药，点作莓苔石上斑。

仙客不来春自老，马蹄香趁落花还。

天台李璲和。

第三幅是"李璲、黄浩唱和诗"石刻，位于石室岩下的石室洞内璇玑台前左侧石壁，镌刻于明成化十四年（1478）。石刻高0.81米、宽0.83米，草书，共有八行。

原文如下：

携樽载酒访仙岩，数若从容醉未酣。

剧到花前月痕入，不知人老在江南。

南海黄浩。

乘闲常到七星岩，洞里看花酒半酣。

记得天台行乐处，一般春色在江南。

李璲次韵。

第四幅是"李璲题咏"石刻，位于石室岩下的石室洞内璇玑台对面石壁下侧，镌刻于明成化十七年（1481）。石刻高0.59米、宽0.71米，行书，共有十二行。

原文如下：

星岩古书院，□□岩前结。

隙地久荒芜，青山仍布列。

洞口坐莓苔，爱此空中洁。

四顾寂无声，寒泉响呜咽。

捉笔纪胜游，适值中和节。

天风吹玉泉，散作晓空雪。

上有丹凤巢，下有神龙穴。

我欲舞长剑，恐惊山石裂。

我欲调素琴，叹嗟弦久绝。

洗爵倒金樽，谩教驰驷铁。

时有共游人，喧呼恣欢悦。

酒酣踏月归，马上看圆缺。

成化辛丑三月初吉，赐进士出身、中宪大夫、肇庆知府、天台李璲次韵。

张诩与《宋包孝肃新祠记》碑

张诩（1456—1515），明代学者。字廷实，号东所，广州府南海县人。少年好学力行，受业于思想家、教育家陈献章。成化十年（1474），考中举人。成化二十年（1484），考取第二甲第五十五名进士。

张诩才高且素性耿介，鄙弃名利，有官不做，以乞养母病而归于穗（今广东广州市）。他买下唐代仁王寺旧址的西圃，辟为"竹坞"，且筑建别业"看竹亭"（位于今大德路市场）而居，还立下《咏竹诗碑》。路人经过此处，常常可以听到他的吟诵之声。

明代著名学者焦竑撰《国朝献徵录·卷六十七·南京通政司·参议·南京通政司左参议张公诩传》载，张诩回穗后，都察院都御史、两广总督屠滽"俾有司促之仕，遂北上，授户部主事"，"寻丁艰归，隐居二十余年"。弘治十四年（1501），巡按御史费铠上疏，以"学问优长，操履端慎，杜门高尚"推荐张诩，"部书下，有司速驾"，他以疾辞之。正德年初，御史程材、王旻上疏，"少从陈献章，……为岭南学者所宗，师友渊源，践履纯笃，闭门养痾，读书求志，可大用。"部书再下，他辞之如前。继而，吏部以"敦庞博雅，绰有古风，恬静清修"而被推荐，他亦不就。正德七年（1512），巡按御史周谟上疏，称他"议论明正，事体疏通，言不忘道，志不忘君"。次年，御史高公诏上疏推荐他："学有体用，不为一偏之行，以闻有旨起用之。"正德九年（1514），召为南京通政司左参议，檄下，他先具疏辞，不得已，抱疾赴京。

《明史·儒林二·张诩传》云：张诩"一谒孝陵即告归。献章谓其学以自然为宗，以忘己为大，以无欲为至"。可见张诩对名利的淡泊，可比得上南宋宰相崔与之。

北宋熙宁年间，端州军始建包公祠。这是知端州军州事蒋绩深感前任包拯的政绩和民间的声望，奏请朝廷，在府署仪门的左侧修建一座包公祠，以激励自己和属下的官员勤政为民。

随着包拯的形象在民间的日益

神化，包公祠的香火也越来越旺。

明成化年间，肇庆府知府黄瑜深感包公祠设在府署里面，对于百姓来说瞻谒祭祀包拯极为不便。为此，他奏请朝廷，易地迁建包公祠。

弘治十七年（1504），两广总督潘蕃、金宪许恒委托肇庆府知府黄颙，按照黄瑜奏请朝廷"易地迁建"的计划，在府署西侧的一里之处（原肇庆市第十九小学校址）兴建包公祠。该祠于次年正月初六动工，落成于四月初一。

包公祠落成之日，黄颙向张诩征文以记。张诩写下《宋包孝肃新祠记》，黄颙刻碑立于包公祠内。

原文如下：

端之名宦，每以宋包孝肃公为首称。而公之善政，每以清正为之本。观其自赋诗云"清心为治本，直道是身谋"，可知。按史，公立朝刚毅，贵戚宦官，为之敛手。平居无私书，故人、亲党皆绝之。至比其笑为黄河清，又相目为阎罗包老。虽古之遗直，弗过也。虽贵，自奉如布衣时。遗戒后裔，出仕有犯官者，生不得归本家，死不得归祖葬。虽古之直清，弗过也。故其守端也，往往以直清著。端产土砚，前守缘贡，悉取数十倍以遗权贵。公命制者才足贡数，皆本乎直中来也。及官端而归，一砚不持，皆本乎清中来也。坐是，地方千里，民乐耕桑，水蜑山猺，趋庭向化。端之父老，至今传诵之不衰。祭法曰："法施于民，则祀之。"若公者，非其人耶？端旧有祠以祀公，在郡署仪门之左。宋熙宁中，郡守蒋绩新建。其后，修废不一。皇明成化乙丑，知郡事黄瑜，始疏入祀典。岁春、秋，缋以少牢之礼。弘治甲子，总督都宪潘公，以祠限郡署内，凡东、西往来瞻谒者，弗之便也。乃委郡守黄侯，于郡署外之西百步许，相地而改祠焉。金宪许公，实交襄之。告成之日，黄侯征诩文以记。诩窃尝叹夫今昔生民之不幸也，莫甚于官吏之贪，亦莫甚于政刑之弗平。盖贪则朘民膏血，而凋瘵其本矣。政刑勿平，则赋敛繁，而下疲于供应。法网密，而民无所措手足矣。生意沮而廉耻丧，礼让衰而盗贼起，职此之徭也。又窃尝怪夫世之贪夫佞士，事苞苴，总货宝，脂韦泚洇，趋炎附势，以争怜取宠为计。纵富敌郿坞，贵穷公卿，不旋踵祸败相继，卒之身名俱丧。间有幸而免者，亦贻殃于子孙。其

112

视公之清风直道，浩然天地之间；尸祝俎豆，名流百世之远，得失相去，奚啻霄壤哉！然则救其敝，当若何？是故，惟直可以塞邪枉之路，惟清可以澄贪虐之源。昔舜命伯夷为秩宗，曰："直哉，惟清夫！"交神明，且不能外是而他求焉，则以之而正心治人，孰谓其不可哉？此我都宪公注意乎是。祠之迁也，岂但寓怀贤之意而已耶？将俾食禄与夫官游而道出于兹土者，造祠登拜之顷，睹庙貌之焕然，瞻遗像之如在，肃然兴其仰止之心，勃然笃其思齐之志。殆见播清风而秉直道，济济乎其人也。则于世道，端有赖焉。都宪名蕃，字廷芳，崇德人。佥宪名恒，字景辉，开化人。黄侯名颐，字伯望，莆田人。观其好尚，可以知其政矣。祠经始于是年正月六日，落成则四月朔日也。

弘治十八年，岁在乙丑四月。

设置广宁县的王钫

王钫（？—1566），字子宣，号印岩，宁波府奉化县（今浙江奉化市）人。六岁时从师读书，勤奋好学。明嘉靖二年（1523），考取第二甲第一百二十三名进士。授南京工部都水司主事，改为荆州府（今湖北荆州市）税务，迁刑部员外郎，转刑部郎中。

王钫任刑部郎中期间，因审案周详缜密，不枉曲无辜，也不放纵罪犯，判决合乎情理，迁邵武府（今福建邵武市）知府。

王钫任邵武府知府，职掌一方政事，很有政声。他办案迅速准确，蒲鞭悬而不用，百姓望如神明。任满考绩，他被称为"清操士"。

据说，王钫任邵武府知府期间，得罪了福建巡按御史白贲。因此，白贲在他判决的刑事案件中，挑三拣四，吹毛求疵，寻找破绽与疏漏，欲借此弹劾他。结果，白贲不仅一无所获，反而为他判案的严谨和为官的清廉所感动，打消了诬陷他的念头。此外，白贲还向朝廷推荐他。后来，王钫升福建路转运使兼福州府（今福建福州市）知府。

未几，王钫升云南布政司左参政，进按察司按察使，转布政司右布政使。迁广东布政司左布政使，擢都察院右副都御史，提督南赣、汀漳军务。

嘉靖三十一年（1552）冬，以冯天恩、李汝瑞（一说"李汝端"）等为首的瑶民不满朝廷的剥削压迫，揭竿起义，拥众万余固守于肇庆府四会县（今广东四会市）大罗山。二人在扶溪、葵洞一带建立据点两百余处，队伍日渐壮大，曾攻打到广州府三水县（今佛山市三水区）西北部。

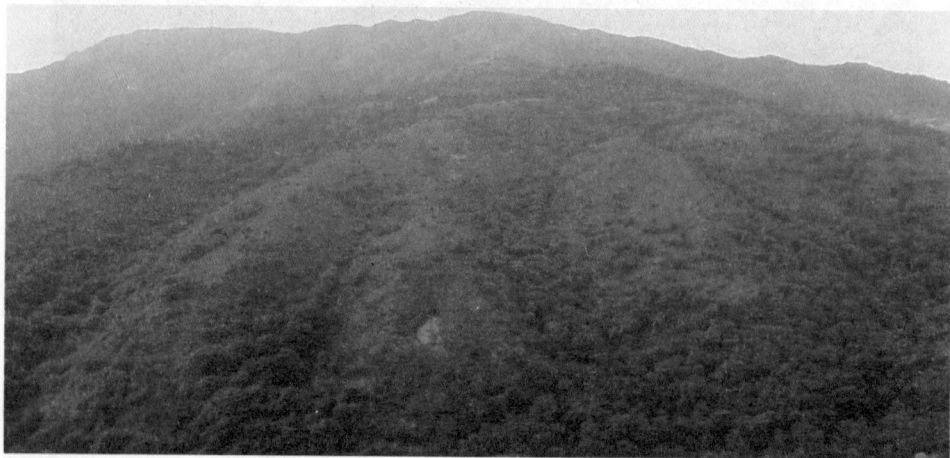

　　嘉靖三十六年（1557），冯天恩占据扶溪（今北市、葵洞、赤坑、螺岗一带），李汝瑞占据雷乡（今江屯一带），梁汝中、欧广海占据顾水（今古水、洲仔、木格、石咀、清桂、上林等地），设立大小寨栅两百七十余处。他们聚众万余，出没怀集县、四会县、肇庆府城等地，"金坚蔓织，角奔为患"，抢劫掳掠，先后斩杀四会县典史李逢时、巡检杨庆、驿丞戴以文等。

　　起义队伍的此举，震动了朝廷。两广提督谈恺和提督南赣、汀漳军务王钫先后集兵七万，分为岭西、岭南两路，围攻起义队伍。在激战中，冯天恩、李汝瑞阵亡，官兵捕杀卓文昌、马五奇、马延稳等八千六百余人。

　　嘉靖三十八年（1559），王钫与巡按御史徐仲楫、肇庆府知府卢璘等参议，奏准朝廷，析四会县西北境的永集乡太平都、永义都和清泰乡大圃都、重山乡柑榄都等地，取"广泛安宁"之意，设置"广宁县"。

　　同时，王钫还将原守御于四会县的千户所官兵和肇庆府卫所的中、前二所屯军，移至广宁县境的龙口水屯扎，立为千户所，借以震慑瑶民。

　　因战功显赫，朝廷嘉奖王钫，赐白金、文绮，录荫一子。

　　明代方志学家郭棐纂修《（万历）广东通志·卷六·藩省志》云："嘉靖三十六年丁未……提督恺罢以兵部侍郎，王钫代之。"

　　嘉靖三十七年八月初八（1558年9月13日），王钫以肇庆府署为督抚行台，令肇庆府同知吕天恩等，镇压肇庆府泷水县后山的瑶民起义。王钫兵分三路：一路由泷水江（今称"罗定江"）的沙田登陆，进剿山枣坪等地的瑶民诸巢；一路由肇庆府高要县的南岸登陆，进剿铁场等地的瑶民诸巢；一路由高要县的南岸登陆，进剿石人背等地的瑶民诸巢。朝廷官兵攻破瑶民诸巢，捕杀盘永贤、刘世正、梁德业等六百七十余人。

　　是年，倭寇由海道入侵福建，屡次进扰潮州府揭阳县（今广东揭阳市），盗掠纵火，无恶不作，气焰嚣张。倭寇的入侵，闹得百姓叫苦不迭，人心惶惶，鸡犬不宁。王钫与同僚精心谋划，调兵遣将，挥军出击，奇袭智取，俘斩倭寇七百余人，救还被劫男、女数十人。

　　十月，倭寇自漳州府平和县（今福建平和县）突犯潮州府饶平县（今广东饶平县）黄冈都，占据土城。王

钫到潮州府后，即令副使林懋和知府李春芳、参将钟绅秀调集官兵，分路出击围剿，俘斩倭寇近一百五十人。

是年冬，王钫遣兵镇压嘉庆州长乐县（今广东五华县）、兴宁县（今广东兴宁市）等地的侗民暴动。

《明世宗肃皇帝实录》云，嘉靖三十八年（1559）三月，"广东苏罗瑶民约结和平、龙川、河源各贼徒，流劫惠州府归善县等处，惠州府通判洪章纠乡夫数百迎剿之。比遇贼，乡夫奔溃，章为贼所执，既而放还。提督两广侍郎王钫以闻，诏以章付巡按御史逮问，同知何宗鲁等俱停俸，戴罪杀贼"。

未几，王钫擢都察院右都御史，掌院事。因他廉洁自律，刚正不阿，不趋炎附势，故官场风纪肃然，权贵敛手，属吏惮之。

后来，王钫改任工部尚书。因年事渐高，他退职还家，年七十余岁无疾而终。赠太子少保，谥"简恭"。著有《印岩集》。

至今，浙江奉化市的乡间还流传着一则脍炙人口的故事。

据说，明世宗对王钫大为赞赏，恩宠有加。一天，明世宗在后殿赐宴，问王钫的家乡浙东有何风物。王钫以"青柴白米岩骨水，嫩笋绿茶石斑鱼"之句作答，真是精妙绝伦，更让明世宗器重。

"谈恺镇瑶"与《平岭西纪略》碑

在历史上,有"谈恺镇瑶"之说。那么,谈恺又是何人呢?

谈恺(1503—1569),字守教,号十山,常州府无锡县(今江苏无锡市)人。自幼受父教诲,知情达理,办事严谨。明嘉靖四年(1525),考中举人,次年考取第二甲第八十三名进士。授户部主事,迁户部员外郎,擢户部郎中,出任山东按察司副使。"时开马场湖,值岁饥,恺藉工寓赈,旬余而毕。坐事谪信宜典史,五迁而后为四川副使。蜀地多盗,民被诬引,辄窜伏。恺尽释之,复其故业"(《无锡金匮县志》)。

未几,谈恺迁福建布政司右布政使,擢广东布政司左布政使。

嘉靖三十二年(1553)七月,谈恺迁都察院右副都御史,提督南赣、汀漳军务。"赣贼李文彪、海寇徐碧溪各攻陷沿海城邑,恺开诚布信,降文彪,平碧溪"(《无锡金匮县志》)。

次年十二月,因平乱有功,谈恺升兵部右侍郎兼都察院右佥都御史,提督两广军务,兼理巡抚。

由于历朝历代的封建统治者大多推行大汉族主义,实施民族歧视和民族压迫,导致民族矛盾越来越尖锐。

古语云:官逼民反。哪里有压迫,哪里就有反抗。

在嘉靖年间,西江流域各州县瑶民、僮民反抗封建压迫和民族压迫以及抗衡朝廷的斗争,一直没有间断与停息。而且,瑶民、僮民的反抗斗争到了白热化的程度,极为激烈,极为残酷,极为悲壮。

史料记载,嘉靖元年(1522),肇庆府封川县归仁乡僮民首领蒙公高聚众三千多人,攻打县城。都察院右都御史、两广提督张嵿率军讨伐,连战不克,于是改为招安。

嘉靖三年(1524),蒙公高接受朝廷招抚。

是年,广东兵备副使王大用在肇庆府新兴县县城屯兵,镇压瑶民起义。

次年七月,守备指挥使李松巡视肇庆府德庆州,与德庆州判官陈琚合谋。二人拟在西江南岸的罗旁、渌水等地开设交易墟市,将毒药混合在货物中,再售卖给瑶民,意欲毒杀瑶民。此事被肇庆府泷水县瑶民首领赵木子侦知,假意为二人"上寿",暗藏武器在身,骗得二人屏去卫兵后,将二人杀死。

嘉靖五年(1526),西江流域各州县的瑶民、僮民群起反抗,会合广西僮族起义军,袭击肇庆府的州城、县城。五月,被两广提督姚镆所破。

为此,朝廷分割肇庆府高要县东境的十七图、广州府南海县境内的三十四

图，以及肇庆府新兴县、阳江县和广州府新会县（今江门市新会区）等地受抚瑶民、僮民所居之地，设置新县。因珠江的两大支流北江、西江与绥江汇流于此处，取"三水合流"之意，定县名为"三水"（今佛山市三水区），隶于广州府。

嘉靖七年（1528），泷水县瑶民首领赵木子兵败德庆州，被朝廷官兵杀死。都察院左都御史、兵部尚书王守仁令南宁府（今广西南宁市）推官冯衡、南宁卫指挥使王佐，提着赵木子的首级拜祭李松、陈琚，场面相当血腥。

次年，都察院右佥都御史、两广提督林富和太监、总镇张赐，以及威宁侯、总兵仇鸾等，攻打封川县石砚、都罗和德庆州鸡峒、归源等地的瑶民首领盘古子、侯弟晚，杀死一千余人。

嘉靖十年（1531），阳春县、新兴县、德庆州等地爆发大规模的瑶民起义。

是年，林富率领官兵围攻新兴县黄三坑和石壁的瑶民首领盘晚太、邓大弟、盘世宽，德庆州东山、南乡瑶民首领全师安、凤二、盘僧堂，以及阳春县西山的瑶民首领赵林花、唐观政、唐朝用等。因部将盘胜富、郭安富、禤文安、黎广雄等作战不力，围攻失败，致使高州府府城被赵林花为首的瑶民起义军攻克，林富被撤职。

嘉靖十二年（1533）九月，都察院右佥都御史、两广提督陶谐调兵六万余人，兵分泷水县罗银、新兴县弯口、阳春县凤凰三路，镇压德庆州东山瑶民首领全师安、新兴县石壁瑶民首领盘世宽、阳春县西山瑶民首领赵林花的反抗。朝廷官兵攻破村寨上百个，杀死瑶兵约三千八百人，捕捉瑶民三千七百余人。

嘉靖二十一年（1542），广东参将武鸾受命镇压德庆州都城乡僮民首领郑公音，旋即受贿，称已"招降"。嘉靖二十三年（1544）九月，德庆州知州吴汝新以"犒赏"为名，伏兵诱杀泷水县罗旁山瑶民邓北烂等四十余人。

十月，封川县归仁、艾德两乡僮民，推举蒙公高余部的苏公乐、张公蕊、左公珠、李公靖、陈公说等人为首领，借以麒麟、白马两山为根据地，重新起兵反抗朝廷。广西巡抚张岳命副总兵程鉴等，屯兵守住山口。

次年，张岳与分守参政张烜、分巡佥事陆子明、副总兵程鉴、参将武鸾等，率军八万，兵分两路，镇压封川县麒麟、白马两山的僮民起义。九月，朝廷官兵捕杀僮民两千余人，事平。

嘉靖二十七年（1548），两广提督欧阳必进查获商人苏祥将盐、盔甲、器械等售卖给瑶民，遂明令严禁与瑶民通商，企图以此困死瑶民。

嘉靖三十年（1551），新兴县等地瑶民重新爆发武装起义，斗争持续六年，惊动了朝廷。

嘉靖三十三年（1554）六月，肇庆府同知、署德庆州州事陈露杀死瑶民流寇张快马、黄海龙等。

嘉靖三十五年（1556）一月二十六日，两广提督兼理巡抚谈恺、征蛮将军王瑾以肇庆府为行台，"会兵于端州"。二人率军三万，分道镇压"承天霸王"陈以明、"清江侯"朱尖游、"天王"郑任客、"铁蛇将军"冯贵、"飞虎将军"伍廷章、"北峰侯"李元良、指挥白德元等领导的瑶民、僮民起义。朝廷官兵前后斩杀瑶民、僮民五百五十余人，招抚两千五百余人。功成后，谈恺镌刻《平岭西纪略》碑记载其事，现存于肇庆市市区梅庵的前廊西壁。

该碑由三块高1.9米、宽1米的端砚石镌刻而成，字体为行书。

原文如下：

平岭西纪略

岭西故多盗，新、恩之间尤甚。宋以谪罪者，其所由来久矣！迩年，风靡俗散，盗日以繁，御史郭文周请讨之。制曰：可。越二年，恺奉命督抚。谕以言，弗听；怀以德，弗服。乃诘戎兵，峙糇粮，既有备。卜以正月丙戌，会兵于端州。越翼日丁亥，克沙峒，诸盗震骇。蚁聚于双石顶，据险以拒。利镖毒矢，炮石窳箦，莫敢先登。我兵午夜蓐食，分三道衔梅以进。天忽大雾，逾险，盗尚未觉。爰举火，三道兵集，杀声振山谷，俘馘千余。二月丁巳，克塘茶。四月丙申，克良塘。三穴素称天险，自昔用兵，罔有至者。天威所临，势如破竹。于是，青蓝角有十三寨，布平、小水诸村，相率面缚乞降。凡数千人，悉为编氓。

是役也，督饷则参政王国祯，督军则金事林应奎，纪功则金事经彦采，统军则参将朱昇，领哨则指挥宋俊等。若同知宗周，通判吕天恩，知县张济时、陆汤臣、魏希贤、尹思，主簿刘叔芳，皆与有劳焉！凯旋之日，士民壶浆以迎。金谓不可无纪，遂书诸石。

嘉靖三十五年乙卯，赐进士出身，通议大夫，兵部右侍郎兼都察

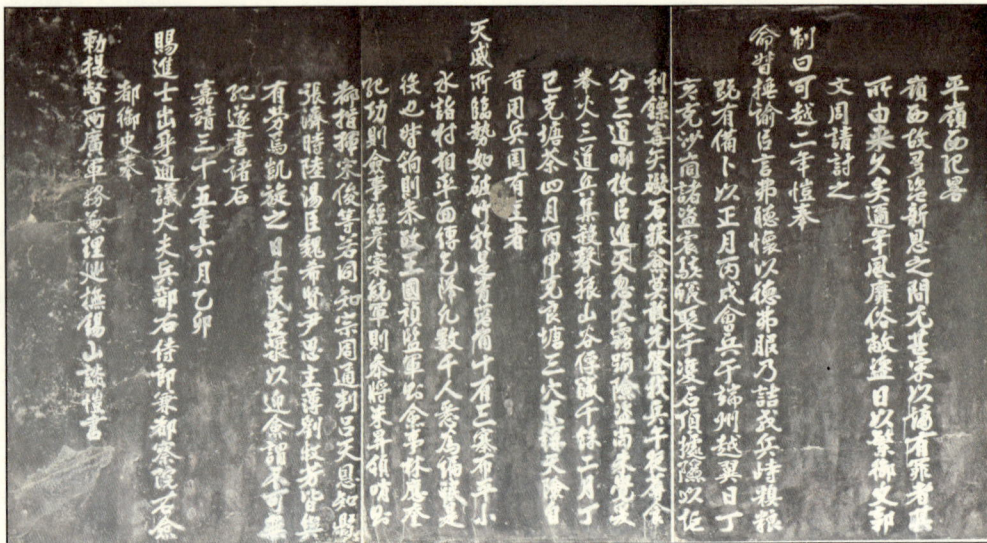

院右金都御史，奉敕提督两广军务兼理巡抚，锡山谈恺书。

碑文所说"郭文周"，字景复，号东山，福宁州福安县（今福建福安市）人。明嘉靖二十三年（1544），考取进士。历中书舍人，改监察御史，硬直有风度，被誉为"铁面御史"。巡按广东，复命应代，粤人肃然。擢顺天府（今北京）府丞，因上书弹劾工部尚书赵文华，冒犯华盖殿大学士严嵩而致仕。著有《东山文集》七卷、《东山诗集》两卷等。

因镇压瑶民、僮民起义有功，谈恺功加一等，擢都察院右都御史（正二品衔），"诏荫恺一子为国子生"（《明世宗实·卷四四一》）。

纵观历史，客观地说，"谈恺镇瑶"虽然残酷与血腥，但对当地的社会格局却起到了深远的影响。它加速了民族的融合，使瑶民不断地汉化，开始走出大山，学习汉族的语言、文化和生产技术。两百多年间不断出现的汉民、瑶民混战，给百姓带来了无数的灾难与痛苦。随着战事的结束，时间慢慢地医治着创伤，社会环境逐渐平静下来，社会趋于稳定。

《太平广记》是李昉、扈蒙、李穆、徐铉、

赵邻几、王克贞、宋白、吕文仲等十二人奉宋太宗之命编纂的，始于太平兴国二年（977），完成于次年。全书五百卷，目录十卷，取材于汉代至北宋王朝初的野史、小说和释藏、道经等，以及小说家为主的杂著等，属于类书。因成书于太平兴国年间，和《太平御览》同时编纂，故叫"太平广记"。

嘉靖四十五年（1566），谈恺依据《太平广记》传钞本加以校补重印，称为"谈恺本"，成为现存最早的版本。

谈恺善于文墨，著有《十山文集》四卷、《前后平粤录》四卷、《孙武子》以及《奏议文集》等。

抗倭名将俞大猷与肇庆

国家历史文化名城——肇庆，绵亘的北岭山在这里崛起，蜿蜒的西江从这里穿过，风光旖旎，山水钟灵。可歌可泣的民族英雄俞大猷，曾在这里留下了足迹。

俞大猷（1503—1580），明代抗倭名将。字志辅，又字逊尧，号虚江，泉州府晋江县（今福建晋江市）人，迁居泉州府（今福建泉州市）北门。好读书，知兵法。嘉靖十三年（1534），考中武举人。翌年，登武进士第五名。历仕嘉靖（1522—1566）、隆庆（1567—1572）、万历（1573—1620）三朝，一生坎坷多难，或因上级夺功、委罪，或被文官诬告、弹劾，屡屡遭受挫折。时而受重用，名声显赫；时而受贬责，沦为囚徒。戎马生涯四十七年，四为参将，六为总兵，累官至右都督。卒，赠左都督，谥"武襄"。

俞大猷一生戎马舟楫，转战南北，战功显赫，威镇东南。在山西抵御蒙古俺答的侵扰，在广西击败安南国（今属越南）范子仪的进犯，尤其是率领所部转战苏、浙、闽、粤之间，平息倭寇之患，保卫了祖国的海疆与边陲。

俞大猷是爱国名将、抗倭英雄，与戚继光齐名，被誉为"俞龙戚虎"。

《明史·俞大猷传》云，"大猷负奇志"，"忠诚许国，老而弥笃"。文武双全，精通"六经"（《诗经》、《尚书》、《周礼》、《乐经》、《周易》、《春秋》），博学宏文，善于写诗。所著《正气堂集》是一部集军事理论、兵器发明和武术训练于一体的巨著，为我国珍贵的军事文化遗产。

自嘉靖二十六年至三十一年（1547—1552）、嘉靖四十三年到隆庆四年（1564—1570），俞大猷在两广地区奔走近十年，其中多以肇庆府为落脚点。他对倭寇和安南国的入侵，采取坚决打击的策略，而对土著民族的造反者，则以招抚为主。

阅江楼坐落在今肇庆市市区正东路东端的石头岗上，居高临下，南临西江，气势雄伟。

宣德六年（1431），肇庆府知府王罃将"石头庵"改建为书院，名曰"崧台"。当时，崧台书院的前面是码头，乃停泊水师战船的地方。在这里，俞大猷曾训练出威震中外的广东水师。

　　嘉靖二十八年（1549），两广总督欧阳必进在肇庆府设置行台，与广西都指挥佥事俞大猷部署反击安南国的入侵者，大胜，歼敌一千二百多人。

　　史载，嘉靖四十一年（1562），福建成为倭患的中心，地方官员连连告急。

　　《明史·俞大猷传》云：嘉靖四十三年（1564），"潮州倭二万，与大盗吴平相犄角，而诸峒蓝松三、伍端、温七、叶丹楼辈日掠惠、潮间。闽则程绍禄乱延平，梁道辉扰汀州。大猷以威名慑群盗，单骑入绍禄营，督使归峒。因令驱道辉归，两人卒为他将所灭。惠州参将谢敕与伍端、温七战，失利。以'俞家军'至，恐之，端乃驱诸酋以归。无何，大猷果至，七被擒。端自缚，乞杀倭自效。大猷使先驱，官军继之，围倭邹塘，一日夜克三巢，焚斩四百有奇。又大破之海丰。倭悉奔崎沙、甲子诸澳，夺渔舟入海。舟多没于风，脱者二千余人，还保海丰金锡都。大猷围之两月，贼食尽，欲走。副将汤克宽设伏邀之，手斩其枭将三人。参将王诏等继至，贼遂大溃。乃移师潮州，以次降蓝松三、叶丹楼。遂使招降吴平，居之梅岭。平未几复叛，造战舰数百，聚众万余，筑三城守之，行劫滨海诸郡县。福建总兵官戚继光袭平，平遁保南澳。四十四年秋，入犯福建，把总硃玑等战没于海中。大猷将水兵，继光将陆兵，夹击平南澳，大破之。"

　　嘉靖四十四年（1565），在广东"海丰战役"中，俞大猷大败倭寇，回师肇庆府，写下五言诗，抒发了豪情满怀的英雄气概。至今，七星岩风景名胜区摩崖石刻还保存着"俞大猷题咏"石刻。

　　"俞大猷题咏"石刻位于石室岩下的莲花洞璇玑台右侧石壁，镌刻于明嘉靖四十四年（1565）。石刻高1.66米、宽0.95米，行书，共有四行。

　　原文如下：

　　　胡然北斗宿，化石落人间。

　　　天不生奇石，谁擎万古天。

　　　嘉靖乙丑，闽俞大猷识。

　　在七星岩风景名胜区摩崖石刻中，俞大猷留下的题诗是写得最有气魄的一首，颇显豪迈与大气。字体为行书，用笔圆转流利，浑实奔放，颇有气势，字如其人。

　　1961年12月，著名作家郭沫若游览七星岩风景名胜区时，特别推崇俞大猷的题诗。他说："该诗采用自问自答的手法，达到借景言志的目的。作者将奇异挺拔的七星岩比作天上的北斗星座，暗喻自己要擎住明王朝天下的志

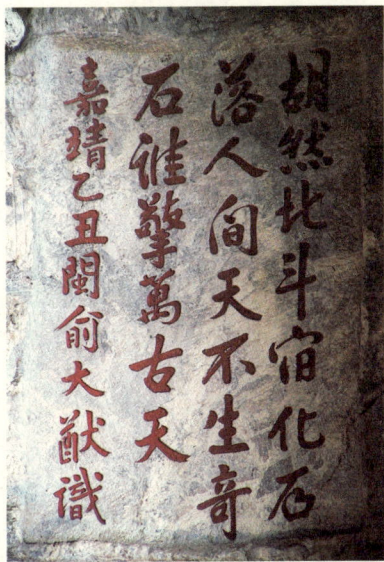

气，表达了自己忠诚为国的胸怀。"

很多人以为，敢于挑战少林武功的俞大猷是一个"大老粗"，想不到他一生勤于写诗。在戎马倥偬期间，他写下了大量的诗作，自说："欲写心中无限事，不论工拙不论多"（《普照寺》之一）。

嘉靖四十年（1561），俞大猷奉命南征，取道河南嵩山少林寺。"僧自负精其技者千余人，咸出见呈技。余视其技，已失古人真诀，乃明告住持小山上人及众僧。小山慨然曰：剑诀失传，示之真诀，是有望于名公。予曰：此必积岁月而后可得。众乃推少年有勇力者二人，一曰宗擎，一曰普从，随予南行。出入营阵之中，时授以阴阳变化真诀。三载余，二人乞归。普从物化，独宗擎回寺，以所教之技转授寺众，得其再传者近百僧。"（《新建十方禅院碑》）

僧人宗擎临别时，俞大猷赋诗《少林寺僧宗擎学成予剑法告归》相赠。诗云：

神机阅琥再相逢，临别叮咛意思浓。

剑诀有经当熟玩，遇蛟龙处斩蛟龙。

俞大猷撰《新建十方禅院碑》载，一晃又过了十多年，到了万历五年（1577），俞大猷奉命到北京神机营提调兵车。一日，忽有一位僧人求见，原来是宗擎。宗擎禀报云："回寺以剑诀、禅戒传之众僧，所得最深者近百人，其传可永。"俞大猷甚喜，"复授之剑经，勉以益求其精之意"，且赠予《诗送少林寺僧宗擎》。诗云：

学成伏虎剑，洞悟降龙禅。

杯渡游南粤，锡飞入北燕。

能行深海底，更驾高山颠。

莫讶物难舍，回头是岸边。

在《咏牡丹》诗中，俞大猷表明了自己虽屡遭冤屈，但报国之心忠诚坚定，永不改变。诗云：

闲花眼底千千种，此种人间擅最奇。

国色天香人咏尽，丹心独抱更谁知？

俞大猷的《试剑石》诗，写得更是刚毅勇烈，让人感觉威风扑面。诗云：

名剑渊沉谁得知，无端自跃欲何为。

只从贼子斩顽石，莫若终沉在水时。

俞大猷的《舟师》诗，是我国古代最早描写海战的佳篇，语言铿锵，气势雄

壮，情景交融，声色并茂。同时，该诗还表达了胜利后的喜悦心情和归功于将士的豁达襟怀。诗云：

倚剑东溟势独雄，扶桑今在指挥中。
岛头云雾须臾净，天外旌旗上下冲。
队火光摇河汉影，歌声气压虬龙宫。
夕阳影里归蓬近，背水阵奇战士功。

南普陀寺乃福建厦门市著名的古刹，坐落在名山五老峰前，背倚秀奇的群峰，面临碧澄的海港，风景绝佳。该寺始建于唐代末五代初，始称"泗洲院"。北宋时，僧人文翠改建寺院，称为"无尽岩"。元代，寺院废毁。明代初，重建寺院，改名"普照寺"。明代末，诗僧觉光和尚迁建寺院于山前，殿堂院舍齐备，住僧常达百余。清代初，寺院废于兵祸；康熙二十三年（1684），

靖海侯施琅收复台湾后，驻镇台厦兵备道（今福建厦门市），捐资修复寺院旧观，增建大悲阁供奉观音菩萨塑像，更名"南普陀寺"。至民国初年，寺院已成为近代闽南最具规模的名刹。

晚年，俞大猷为普照寺题写《普照寺》七绝四首。读之，悲悯之风扑面而来，远胜于那些无病呻吟的文人骚客所写的诗作。

其一云：
壁上旧诗拭目看，纲常从昔一肩担。
驰驱四十年来事，莫报君恩只自惭。
其二云：
扶桑东去更无山，天外浮云独往还。
剑履半生湖海遍，老僧赢得百年闲。
其三云：
借问浮云云不语，为谁东去为谁西。
人生踪迹云相似，无补生民苦自迷。

其四云：

未工诗字书赢壁，待得工时事若何。

欲写心中无限事，不论工拙不论多。

此外，俞大猷还善于填词。

俞大猷的《满江红》词，风格豪放，旷达洒脱，表达了捍卫祖国边疆、保卫百姓安宁的爱国情怀。词云：

蛇舞龙飞，寒光剑，试锋何缺？演兵法，万千横纵，武威雄烈。动地惊天烽火起，横刀跃马狼烟灭。望旌旗，百战志冲霄，蹄无歇。

追穷寇，腾热血。同戚虎，掀魔穴。整河山，闽浙粤苏倭绝。赤县长宁疆海靖，英雄神勇人中杰。镇九边，浩气筑长城，谁能越！

词中所说"戚虎"，是指戚继光（1528—1588），明代著名的抗倭英雄、军

事家。字元敬，号南塘，晚号孟诸，登州府（今山东蓬莱市）人。率领"戚家军"于浙、闽、粤沿海诸地抗击来犯的倭寇，历时十多年，历经大小八十余战，终于结束了持续达两百多年的倭患。隆庆二年（1568），以左都督总理蓟州（治今天津蓟县）、辽东（治今辽宁辽阳市）、昌州（治今北京昌平县）、保定（治今河北保定市）四镇练兵事务，节制四镇兼蓟镇总兵官，守边十六年。卒，谥"武毅"。著有《纪效新书》、《练兵实纪》等。

万历八年（1580），俞大猷病逝于任上，终年七十八岁，归葬故乡，赠左都督，谥"武襄"。

吕天恩与题咏石刻

吕天恩，字仁甫，别号湖泉，桂林府灌阳县（今广西灌阳县）人。明嘉靖二十六年（1547），考取进士，任广州府从化县（今广东从化市）知县。授肇庆府通判，迁肇庆府同知，擢韶州府知府。

嘉靖三十三年（1554），为抵御流寇、贼匪的侵扰，肇庆府通判吕天恩提议，将开平县的唐宅堡修筑为城垣，设置参将衙门，移高肇韶广参将常驻此处。此提议上呈给兵备参政王国祯，转呈提督府，会同总兵府上奏。

兵部复议，唐宅堡为广州府、肇庆府的喉舌要冲，为地方的长治久安之计，同意在唐宅堡的旧址修筑城垣，创建衙门。同时，令高肇韶广参将钟坤秀屯兵千余名于此。如有警时，由钟坤秀督调该堡官兵截杀流寇、贼匪。

广州府新宁县（今台山市）、新会县和肇庆府新兴县、恩平县等的交界之处，山高林密，径道险阻，历来为瑶民居住之地。其时，瑶民聚众万余于天露山举旗起义，推举陈以明为首领。

天露山，又称"水源山"，山脉呈南北走向，位于肇庆府新兴县、开平县、高明县的交界之处。主峰为双石顶，海拔为1 137米，为历代州、县官员遇旱祈神求雨的场所。

史料记载，早在唐贞观元年（627），僧人定慧就在天露山麓建造岱山寺。新州（今广东新兴县）参军杜位曾写下《天露仙源》诗，形神俱备地勾画出天露山的美景。诗云：

天露东山仙迹传，白云深锁断云烟。

桃花沿水千年落，药蔓粘云万古悬。

窈窕巧通三岛路，幽深别有一壶天。

其中想是无人到，若有相逢客羽仙。

陈以明自称"承天霸王"，设将军、指挥等职，率领起义军流劫肇庆府高要、阳江等县。朝廷官兵进山讨剿，数战皆败。

嘉靖三十五年（1556）春，两广提督谈恺、征蛮将军王瑾、肇庆府同知宗周、肇庆府通判吕天恩等，遣兵镇压新兴、恩平等县的瑶民起义。起义军退守天露山，据险抵抗。历时近一个月，起义军弹尽粮绝，朝廷官兵攻破双石顶、沙峒、塘茶、石塘等山寨，斩杀陈以明和"飞虎将军"伍廷章、指挥白德元等。

嘉靖三十八年（1559），王钫和巡按御史徐仲楫继续剿杀大、小罗山起义的瑶民，捕杀首领冯天恩、李汝瑞、梁汝忠等。

八月，肇庆府通判吕天恩呈上《添设县治疏》，奏准朝廷，析肇庆府四会县西北境的永集乡太平都、永义都和清泰乡大圃都、重山乡柑榄都等地，设置"广宁县"。同时，将原守御于四会县的千户所官兵和肇庆府卫所的中、前二所屯军，移至广宁县境的龙口水屯扎，立为千户所，借以震慑瑶民起义。

十月，倭寇三百余人从海口入侵潮阳县，被乡兵击退后，肆掠凤山、钱岗等都。十二月，倭寇又掠扰棉湖寨。驻守在潮州府（今广东潮州市）的军门派遣肇庆府同知吕天恩、佥事经彦采等率领乡兵合击倭寇，斩杀首领一人，俘获多人，倭寇大败。

《大明世宗肃皇帝实录·卷五四一》云，嘉靖四十三年（1564）十二月，粤北南韶山贼马五集众两千余作乱，"流劫乳源、江湾等处。守备贺铎、纳级指挥蔡允元督兵迎战，为贼所执，骂贼不屈而死。"

消息传到京城，明世宗朱厚熜"令桂芳等严兵刻限擒剿"。为此，两广提督吴桂芳令失职的兵备佥事刘稳、肇庆府知府吕天恩停俸戴罪杀贼。

半年后，刘稳等率领官军"大破之，俘百余人，斩四百余级"（谈迁《国榷·卷六十五》），遂平定"马五之乱"。

至今，七星岩风景名胜区的摩崖石刻还保存着"吕天恩题咏"石刻。

"吕天恩题咏"石刻位于石室岩下的石室洞内石鼓上方，镌刻于明嘉靖三十七年（1558），高1米，宽0.9米，行书。

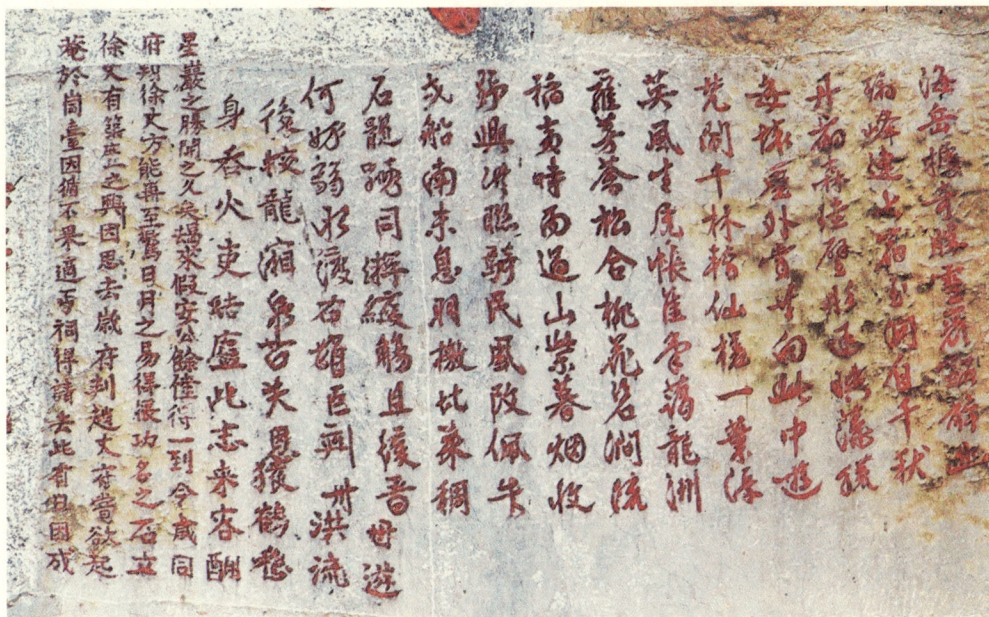

原文如下：

海岳据奇胜，灵岩豁静幽。

嶙峰连七宿，玉洞自千秋。

丹扇森珪壁，彤廷映藻疏。

每作尘外赏，共向此中游。

梵间千林转，仙槎一叶浮。

英风生虎帐，佳气蔼龙洲。

萝蔓苍松合，桃花碧涧流。

稻黄时雨过，山紫雾烟收。

寻兴供联骑，民风改佩牛。

戈船南未息，羽檄北来稠。

石髓深洞悬，缀觞且后留。

何妨弱水渡，自有巨仙舟。

灌阳吕天恩。

端溪书院创始人李材

李材（1519—1595），明代理学家。字孟诚，号见罗，南昌府丰城县（今江西丰城县）人。嘉靖四十一年（1562），考取第二甲第十二名进士，授刑部主事。"素从邹守益讲学。自以学未成，乞假归。访唐枢、王畿、钱德洪，与问难。"（《明史·李材传》）

李材作为明王朝的官员，在岭南地区多有建树，为朝廷屡立军功，是一个具有文韬武略的人物。他崇尚学术，创立"止修学说"，是"广东四大书院"之一端溪书院的创始人。

李材一生的三次落难，都与兴学有关。他的一生充满了悲剧的色彩，反映了明王朝恶劣的政治环境和社会生态。

隆庆五年（1571），李材由兵部郎中迁广东按察司佥事。次年，李材在肇庆府城西的龟顶山脚修建西教场，在周围修建营房二百八十六间，游击将军属下的左、中、右三个营驻守于此处。

嘉靖年间，两广地区的瑶乱不断，其中反抗最猛烈、规模最大的，要数肇庆府泷水县罗旁山的瑶民起义，此起彼伏，持续不断，官兵疲于奔命。

罗旁山瑶民起义的猛烈程度，达到"广东十府残破者六"（丘浚《两广事宜疏》）、"两广守臣皆待罪"（韩雍《平大藤峡寇》）的地步。瑶民谚语曰："官有万兵，我有万山；兵来我去，兵去我来。"

嘉靖四十四年（1565），兵部右侍郎、两广提督吴桂芳奏准朝廷，在肇庆府开建县南江口（今属广东郁南县）至罗旁山设立十个兵营，每营一两百人。

史载，隆庆年间，周高山、谢汝政、陈金莺、林翠兰等，在肇庆府恩平县镇安屯（今广东开平市金鸡镇）一带聚众起义，并联合以怀、宁、苔三个村寨为主的十三个村寨，共同反抗朝廷。

隆庆六年（1572）七月，都察院右佥都御史、两广提督殷正茂令李材统兵破贼。他约请副总兵梁守愚、游击王瑞等，以汤鼎瑞等为向导，分兵两路，一路从赤水口出击，一路从白蒙迳出击。官兵出其不意，一举攻陷怀、宁、苔三个村寨，"夜半斩贼五百级，毁庐舍千余，空其地，募人田之"（《明史·李材传》）。

《明史·李材传》云，隆庆六年（1572），李材"袭破之周高山，设屯以守"。

万历元年（1573），为了扩大"战功"，李材统兵将其余十个村寨逐一加以围剿屠戮。

事后，为了长治久安，李材下令重修镇安屯，加固城墙。另外，他还在苍步村（今苍城镇）发动民工、兵丁，从山上运来石头，筑成石垣，围以竹木，外掘深堑为池塘，建成城屯。城屯命名为"开平屯"，取"开通敉平"之意，屯兵为营，扼守这个军事要地。

隆庆六年（1572），倭寇五千余人攻陷高州府电白县（今广东电白县）县城，大肆洗劫，扬长而去。李材"追破之石城，设伏海口，伺其遁而歼之，夺还妇女三千余"（《明史·李材传》）。

万历元年（1573）五月，倭寇大举入侵雷州府海康县（今广东雷州市）等地。李材闻讯后，与高州府知府吴国伦议曰："高、雷相去六百里，从陆路进剿，'蝴蝶兵'（倭寇，编者注）必知，封元拒（倭首，编者注）一定逃跑。若从海道围剿，一日可到达。出奇不意，乘其不备，必然歼灭。"于是，他集中战舰六十艘，扬风抵达海康县。当时，"蝴蝶兵"正在民居暴饮狂欢，明军包围并放火焚烧民居，将烂醉如泥的"蝴蝶兵"活活烧死。

次年，李材因剿贼平寇有功，擢广东按察司副使。

李材一生喜办书院，酷爱讲学。他所到之处，皆以讲学为务，即使是身在军中，依然乐此不疲。

万历元年（1573），李材在肇庆府府学宫西侧的鼓铸局旧址（今广东肇庆中学西北角），即分巡岭西道署的左侧，创办端溪书院。

端溪，原本是溪名，处在肇庆府城东郊的烂柯山中。唐代，端溪一带所产的端砚极负盛名，深受文人墨客的喜爱，故李材以"端溪"命名书院。

次年，都察院右佥都御史、两广提督殷正茂强行将端溪书院落榜，改为"监军道"。李材因此事而负气，辞职离开肇庆府府城。

清代，端溪书院享有"岭南第一学府"之称。

邑人马呈图于民国年间纂修《（宣统）高要县志》云，李材"好讲学，所至辄聚生徒，辟书院。而端溪书院在郡中，总督殷正茂落其榜，遂拂衣去，学者称见罗先生"。

此外，李材还在多处地方创办书院与讲学。

隆庆年间，李材在故里创建"莲槎书堂"，又另建"吴皋清墅"作为讲学之所。万历二年（1574），李材在阳江县倡建"鼍峰书院"。它为阳江历史上最早的书院，位于阳江县学宫后面的鼍山西麓。

万历十一年（1583），李材在永昌府保山县（今云南保山市）"集郡邑吏士讲于黉学，相从者众。谋筑宫而师事焉，知府陈严之、副总兵邓子龙捐俸买民居建"（《保山县志稿》）。

万历十四年（1586），郧阳府（今湖北十堰市）知府沈鈇增建"郧山书院"，但地址不够理想。其时，李材任都察院右佥都御史，抚治郧阳府。他笃行讲学于书院，以为抚事之重。"遣部卒供生徒役，卒多怨。又徇诸生请，改参将公署为学宫。参将米万春讽门卒梅林等，大噪驰入城，纵囚毁诸生庐，直趋军门，挟赏银四千，汹汹不解"（《明史·李材传》）。事闻于朝廷，令李材还籍候勘。

明清之际的著名思想家、史学家黄宗羲撰《明儒学案·卷三十一·止修学案·中丞李见罗先生材》云，万历十六年（1588），"云南巡按苏瓒逢政府之意，劾先生破缅之役，攘冒蛮功，首级多伪。有旨逮问，上必欲杀之。刑部初拟徒，再拟戍，皆不听。言者强诤，上持愈坚，法吏皆震怖"。

《明史·李材传》云，李材"系狱时，就问者不绝。至戍所，学徒益众"。

万历二十三年（1595），李材在兴化府莆田县（今福建莆田市）梅峰寺的旁侧建"梅峰学馆"，且在"明宗书院"讲学多年。

史载，李材曾讲学于江西庐山的白鹿洞书院，今存有《参政李材示洞生说》，以及"东林后六君子"（周起元、黄尊素、缪昌期、周顺昌、周宗建、李应升）之一的李应升撰于天启二年（1622）的《白鹿洞书院志》，均有记载。

万历二十一年（1593）五月，李材来到福建的武夷山，寻胜探幽，流连忘返。在八曲溪的活水洞，他留下"涵翠岩"题字石刻。在一曲溪的水光石上，他留下"修身为本"题字石刻。

李材题字"修身为本"，充分表达了他的理学思想，在当时有着重要的影响。

李材所倡导的"止修"之学，卓然自成一家之说。"止修者，谓性自人生而静以上，此至善也。发之而为恻隐四端，有善便有不善。知便是流动之物，都向已发边去，以此为致，则日远于人生而静以上之体。摄知归止，止于人生而静以上之体也。然天命之真，即在人视听言动之间，即所谓身也。若刻刻能止，则视听言动各当其则，不言修而修在其中矣。使稍有出入，不过一点简提撕修之工夫，使之常归于止而已。故谓格致诚正，四者平铺。四者何病？何所容修？苟病其一，随病随修。"（黄宗羲《明儒学案·卷三十一·止修学案·中丞李见罗先生材》）

万历二十四年（1596），督学使徐即登为迎接其师李材在武夷山长期寓居、讲学与著述，在九曲溪建造"武夷山房"。

明代史学家郭子章著《武夷山房记》云："万历中，丰城李孟诚先生被谗谤，居镇海，往来兹山，益修明朱子之学；四方朋来，屦满户外。"

清代学者董天工著《武夷山志》载，武夷山房"在后溪山坡上，万历二十四年督学徐即登建，迎其师中丞李见罗材讲学于此，亦名星村精舍"。

李材去世后，弟子们在南昌府（今江西南昌市）的百花洲建"李见罗祠"奉祀，改武夷山房为"见罗书院"。

郡人黎汉杰于民国年间纂修《星岩今志》载，在唐、宋代，游人仅限于游览石室一岩。明万历元年（1573），李材开发玉屏岩、阆风岩等景点，修道筑台，广辟洞阁。

至今，七星岩风景名胜区摩崖石刻还保存着两幅"李材题字"石刻。

阆风岩，旧名为"石角岩"，乃七星岩的最东峰。西麓有揽胜牌坊、栖云亭、蓬壶径，径下有"流霞岛"，又名"钏鼓洞"。洞内的钟乳下垂若帐幔，其中有一块石，相传是歌仙刘三姐的化身；水满时，洞内滴水叮咚作响，如听仙乐。

第一幅"李材题字"石刻位于阆风岩的栖云亭右侧石壁，镌刻于明万历元年（1573）。石刻高0.35米、宽1.14米，楷书。

原文如下：

阆风岩。

明万历元年,豫章李材鼎辞并书。壬戌从士(印)。

第二幅"李材题字"石刻位于阆风岩的含珠洞右侧,镌刻于明万历元年(1573)。石刻高0.4米、宽1.14米,楷书。

原文如下:

流霞岛。

明万历元年,豫章李材鼎辞并书。壬戌从士(印)。

李材一生勤于研究,著述甚丰。《明史·艺文志》载,其著有《孝经疏义》、《论语大义》、《教学录》、《南中问辨录》、《将将记》、《兵政纪略》、《经武渊源》等,涉及孝经、四书、兵家等类,达一百二十四卷,逾百万余字。哲学著述主要有《大学约言》、《道性善编》、《论学书》、《知本同参》等。

李宠与《肇庆府题名碑记》

李宠，黄州府麻城县（今湖北麻城市）人。明嘉靖十七年（1538），考取第二甲第八十五名进士。嘉靖二十九年（1550），任肇庆府知府。

至今，七星岩风景名胜区摩崖石刻还保存着两幅"李宠题字、题咏"石刻。

第一幅是"李宠题字"石刻，位于石室岩下的石室洞内石鼓壁上方，镌刻于明嘉靖二十九年（1550）。石刻高1米、宽2.2米，行书。

原文如下：

七星岩。

嘉靖庚戌夏，龙桥李宠题。

第二幅是"李宠题咏"石刻，位于石室岩下的石室洞璇玑台对壁上侧，镌刻于明嘉靖二十九年（1550）。石刻高0.64米、宽1.03米，楷书，共有十行。

原文如下：

星辰万古垂沧海，石室千年隐翠微。

岭表月明奔鹄下，苍江烟湿顶龙归。

溪流洞渚荒仍旧，城廓人民半已非。

聊歇簿书寻鹤侣，平林野色夕霞晖。

时嘉靖庚戌年，肇庆府知府、麻城李宠题。

清乾隆元年（1736），李宠的第七世孙李模在肇庆府任职，命人将该诗摹归故里。

《肇庆府题名碑记》由李宠撰写，重新镌刻于明万历十三年（1585），高2.02米，宽1.12米。碑额为篆书，正文为楷书，晕首，紫端砚石，现存原肇庆府府署遗址（今肇庆市第一人民医院）。

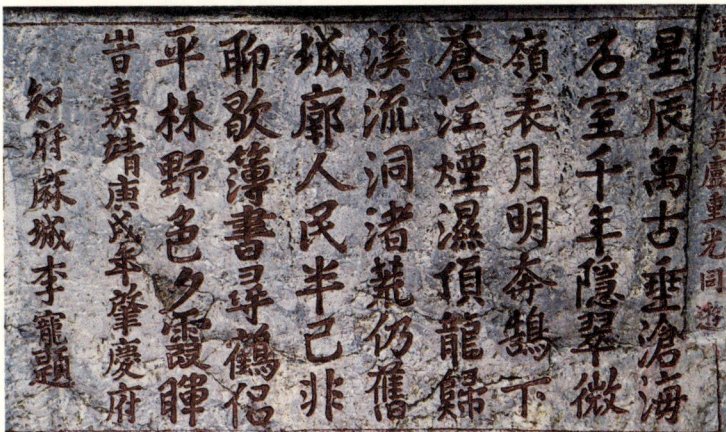

原文如下：

肇庆府题名碑记

今制府即古侯国，规方千里，汉重守选，秩二千石。僚佐以下，可窥测矣。肇，古端州也。隍廓枕夷夏之交，山川襟桂岭之要，形势雄于岭表，古昔用武之地。我圣祖混一宇内，取而郡之，领县十州一。设官分职，知府一员，同知一员，督粮、捕盗、通判各一员，推官一员。

本朝百八十余年，莅兹土者不知更几十人矣。旧无碑记可考，即欲缕数其名氏，且弗易得，矧其出处、履历之详乎？宠承乏来守是邦，失今弗亟图，惧将□□益漫也。用是翻阅案牍，博询父老。惜世远名湮，录弗□详，仅得若干人，命工砻石，悉刻诸碑。年序而阶列，名揭而迹疏。且名虚其下方，以俟来者。予窃惟府之有题名碑，顾将勒金石，备文献，以树不朽。抑以俟起问者定厥品评、劝戒，微意实寓乎其中。夫守，吏民之师。帅贤否，系生民之休戚，蟭蟟齐民，至愚而神。由数十载之后，尚论数十载之前，是非好恶，靡弗明且公也。碑之在民口也，弗尤严与？吾侪其何以自解于多口，以永终令闻？毋亦同寅协恭，交儆互励。务归长厚，聿修六事：田畴芜秽，思之辟之；校鲜楗材，思以兴之；蝟讼健嚚，思以简之；盗贼蔓滋，思以弭之；赋役繁重，思以均之；户口虚耗，思以增之。夫田畴辟，民生可厚矣；学校兴，民性可复矣；嚚讼简，狡者无以售矣；盗贼弭，良者恃以宁矣；赋役均，困苦苏矣；户口增，国本实矣。如龚遂之渤海，孝肃之守兹郡，斯庶几乎？否则，秕政日多，黔首缺望。予将覆悚之是虞也。后之人，指其碑而议曰："某，循吏也；某，俗吏也；某，良吏也；某，酷吏也。"纵或面从，退亦有后语矣，宁惟知德者属厌焉。虽有刚愎自用，弗恤天下之公议者，视此能以觍颜也耶？诗云：他山之石，可以攻玉。兹碑也，顾有砥砺之道乎哉？宠不佞，记之以告同志。

嘉靖三十年岁次辛亥秋九月谷旦，麻城李宠撰。

碑文所说"龚遂"，字少卿，山阳郡南平阳县（今山东邹城市）人。因通晓儒家经典，选为昌邑王刘贺的郎中令。西汉元平元年（前74），刘贺立为帝（汉废帝），不行帝之责，却"日益骄溢，谏之不复听"（《汉书·卷八十九·循吏传第五十九》）。他为人忠厚，刚正不阿，屡屡力谏，常常跪地不起。刘贺即位二十七日，"卒以淫乱废"（《汉书·卷八十九·循吏传第五十九》）。汉宣帝刘询时，他被拜为渤海郡（今河北、辽宁渤海沿岸一带）太守。当时，该郡正逢饥荒，民不聊生，盗贼纷起。他到任后，开

仓廪，济贫民，选良吏，施教化，劝农桑，把该郡治理得井井有条，人民安居乐业。数年后，该郡大治，呈现出一派升平殷富的景象。

邑人马呈图于民国年间纂修《（宣统）高要县志》载，《肇庆府题名碑记》重新镌刻后，明万历十三年至清康熙年间（1585—1722）履任肇庆府知府的官员都被补刻了姓名。

履任肇庆府知府的官员姓名均镌刻于《肇庆府题名碑记》，那么，他们的功过是非昭然在目，不可掩饰，接受后人的评点。正如北宋政治家、文学家、史学家司马光撰《谏院题名记》云："后之人将历指其名而议之曰：'某也忠，某也诈，某也直，某也曲。'呜呼，可不惧哉！"

可见，对于履任肇庆府知府的官员来说，《肇庆府题名碑记》是无声的警钟，起着提醒、鉴戒的作用。

古代的官德文化，是一笔十分宝贵的历史经验。而且，它对于今天的执政者来说，仍然具有一定的现实意义。官德不仅体现了官员的人格品质、思想境界，而且直接影响到执政的能力与效能。

环境保护意识较强的两位大员

　　在七星岩风景名胜区石室岩下的石室洞口东侧最显眼的地方，有一块巨大的石刻，镌刻于明万历二十七年（1599）。石刻高3米、宽1.64米，楷书，共有三行。

原文如下：

泽梁无禁，岩石勿伐。

总督两广军门戴凤岐题。

万历己亥八月廿六日，副使李开芳书。

　　泽，即水域；梁，就是筑在水中的堰。"泽梁无禁，岩石勿伐"这句话的意思是：湖中捕鱼，不加禁止；砍伐树木，破坏山岩，决不允许。

　　戴凤岐（1542—1628），即戴燿，字德辉，漳州府长泰县（今福建长泰县）人。明隆庆元年（1567），考中举人。次年，考取第三甲第七十六名进士。初任南昌府新建县（今江西新建县）知县，主持兴修水利，节用减税，政绩显著。万历元年（1573），调任户部主事。未几，晋户部郎中，任南昌府（今江西南昌市）知府。万历八年（1580），迁四川布政使。任江西布政司参政，授云南提刑按察使。万历二十年（1592），任陕西布政使。万历二十六年（1598），迁都察院右都御史，总督两广军务。天启元年（1621），授资德大夫。

　　李开芳，字伯东，别号还素，人称鹏池先生，泉州府永春县（今福建永春县）人。明万历十一年（1583），考取第二甲第六十一名进士。授户部主事，晋户部郎中，督理北平（今北京）粮储。万历二十六年（1598），任分巡岭西道副使。进资治少尹、大中大夫，累官至太仆寺卿。工书画，著有《天风堂集》、《苍霞余草》、《书史会要》等。

　　那么，戴凤岐、李开芳两位大员为何要镌刻"泽梁无禁，岩石勿伐"这八个大字呢？

　　在端砚的家族中，除了以紫色为主调外，白端石以纹理细润、洁白如雪、莹润如玉而别具一格，卓然不群，闻名遐迩。

　　明末清初文学家屈大均著《广东新语·石语·锦石》云："锦石，出高要峡。青质白章，多作云霞、山水、人物、虫鱼诸象，以为屏风、几案，不让大理石，但质微脆耳。其纯白者产七星岩，名白端。为柱、为础，及几、案、盘、盂，皓然如雪，皆可爱。盖七星岩内外纯是白石，亦有白质青文，然望之苍黑如积铁，以岁久风雨剥蚀也。最白者，妇女以之傅面，名为干粉，与惠州画眉石、始兴石墨，皆闺阁所需。"

两广总督阮元于清道光年间主持纂修的《广东通志》亦云："白端石出七星岩，石理细润而坚，不发墨，工人琢为珠砚及几案、盘盂之类。其质理粗者，为柱，为础。海幢寺佛塔、将军署前石狮，皆白端石也。其最白者，碎为粉，妇女以之傅面，名'旱粉'。"

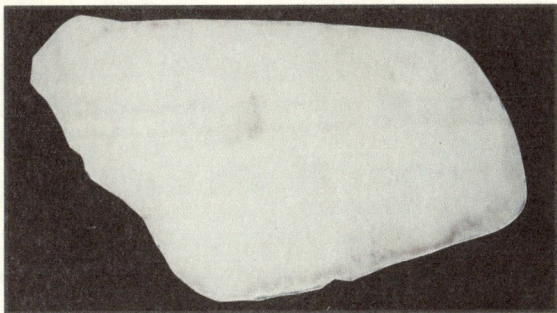

在肇庆市区，白端石数量最多的，要数七星岩风景名胜区。而质量最好的，要数玉屏岩的白端石。

玉屏岩，因状如屏风，石如白玉，故名。

清代，市场出售的肇庆干粉、惠州眉笔、始兴石墨，皆为畅销的妇女化妆品。而肇庆干粉，就是以玉屏岩优质的白端石炼取而成的。稍次的白端石，可作雕刻用材，制作笔架、观音、坐佛、寿星公等工艺品。

清顺治七年（1650）秋末，平南王尚可喜、靖南王耿继茂攻下广州府府城。随后，他俩在城内大兴土木，建造"东西相望，备极雄丽"（钮琇《觚賸·粤觚下·白石狮》）的两座藩王府邸。

清代文学家钮琇著《觚賸·粤觚下·白石狮》云："靖藩性尤汰侈，谓门前两狮，必用白石琢成，而石以星岩者为良。乃飞檄肇庆，行高要县取之。时浙中杨自西雍建为邑令，承命开凿，督促频繁。斧斤丁丁，昼夜不得暂息，仅获胚石二具。驾以艨艟，行至峡口，舟不胜载，与石俱沈。复命更取，其督愈亟，藩官日喧詢于堂，令唯俯首隐忍而已。未几，雍建内擢兵垣，疏言粤东不堪两王，条其累民之弊二十余事，因迁耿于闽。今其府已改将军第，而狰狞列峙于门者，犹是杨公经营之石也。"

从玉屏岩的北坡沿小石林西行，离"醉石"五十余米之处，有一个落水坑，长四十余米，宽一米，深约二十米。坑顶镶嵌两块巨石，一大一小，欲坠不坠，称为"双珠径"。古时，此坑称为"玉石湖"，那是开采白端石的地方。

在玉石湖东侧约十米的下方，有一个长数米的狭窄深坑，称为"叮咚井"。据说，此处也是开采白端石所形成的条状深坑。

在玉屏岩登马鞍亭的磴道口西侧，有一个浅岩洞，过去也是开采白端石的地方。

元末至明初，战乱不断，律令松弛，致使七星岩出现了大量开采白端石的现象。进入明末至清初烽火动荡的年代，律令又现松弛，引发七星岩出现更大量、更大规模开采白端石的行为。

历朝历代的高官题字，多以卖弄文采为能事。而戴凤岐、李开芳这两位大员合作完成的题字石刻，却是以保护七星岩为内容，简简单单，朴实无华，谆谆之心若然。题字石刻体现了他们保护环境的意识和务实的作风，重整律令，以警后人。

新中国成立后，政府对七星岩风景名胜区的保护工作十分重视，强调必须保护一石一木。因此，数十年来，名胜区严禁开采岩石，树木郁郁葱葱。

今天，玉屏岩的"双珠径"和"叮咚井"作为古代采石的遗址，成为一个旅游景点，供人们参观、游览。

戴凤岐与题字石刻

在七星岩风景名胜区石室岩下的石室洞口西侧，离地高约30米之处，有一幅"戴凤岐题字"石刻。石刻镌刻于明万历二十七年（1599），高6.1米，宽1.5米，篆书。

原文如下：

万仞具瞻。

万历己亥，戴凤岐题，李开芳书。

仞，古代的计量单位，"一仞"相当于周制八尺，约合1.8米。

万仞，乃形容山峰多而高，险且峻。

戴凤岐任两广总督前后达十三年之久，励精图治，功名显赫：

一是建立固若金汤的南海长城，保障了东南半壁江山的百姓安居乐业。两广地区处于江海的要冲，幅员辽阔，蕃寇经常进犯，内乱外患不断，百姓生灵涂炭。戴凤岐具体分析情况，采取有效的措施：对内乱实行分化瓦解，教育团结，安定民心；对付外患，则身先士卒，官兵一心，同仇敌忾，狠狠地打击。

二是理政不求苛细，仅求大体。在经济上，戴凤岐弃掉无名之费，豁免不急之役，严惩贪污，减赋于民，促使民力舒张。

三是修道造林，造福后代。原来两广地区的驿道延绵数百里，赤土一片。在烈日下，行人汗如雨下，酷热难耐。戴凤岐组织百姓在驿道的两旁栽种松树，形成林荫大道，这些松树也被誉为"戴公松"。

李开芳与题字题记唱和诗石刻

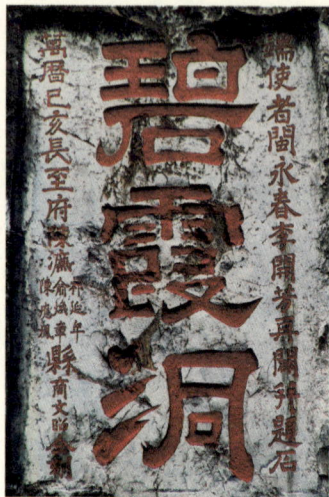

李开芳任分巡岭西道副使期间，对七星岩的开发和保护十分重视，先后在阆风岩、玉屏岩等修道筑台，广辟洞阁。

至今，七星岩风景名胜区摩崖石刻还保存着多幅"李开芳题字、题记、唱和诗"石刻。

石室岩，俗称黑岩，或称观音岩。它在七座岩峰中排行"老三"，下有石室洞，洞内东有黑岩水洞，西通碧霞洞，北连莲花洞。

走进石室洞，行旱路，往左拐，再向前行几步，就是"碧霞洞"。它是七星岩风景名胜区最长最美的旱洞，洞中有洞，洞内有岩。

碧霞洞中段的洞口外壁还保存着"李开芳题字"石刻，镌刻于明万历二十七年（1599）。石刻高1.9米、宽1.18米，楷书，分为三行。

原文如下：

碧霞洞。

端使者，闽永春李开芳再辟，并题石。万历己亥长至，府陈濂、祁延年、余焕章、陈应凤，县商文昭同刻。

陈濂，字道源，泉州府惠安县（今福建惠安县）人。明万历十四年（1586），考取第二甲第二十九名进士。万历二十七年（1599），任肇庆府知府。万历三十一年（1603），迁广东按察司副使，分巡岭西道。万历三十四年（1606），擢广东布政司参政。

明代书法家朱谋垔撰《书史会要续编》云，李开芳"好以篆隶八分作署书，自谓得斯、邈遗意"。

所说"邈"，是指程邈，秦王朝书法家。字元岑，东海郡下邳县（今江苏邳州市）人。相传，他首行将篆书改革为"隶书"。

唐代书画理论家张怀瓘著《书断》云："传邈善大篆，初为县之狱吏，得罪始皇，系云阳狱中。覃思十年，损益大、小篆方圆笔法，成隶书三千字。始皇称善，释其罪而用为御史，以其便于官狱隶人佐书，故名曰'隶'。"

所说"斯",是指李斯(约前284—前208),战国末年楚国上蔡(今河南上蔡县西南)人,秦王朝著名的政治家、文学家和书法家。

李斯采用程邈创造的书体,打破了篆书曲屈回环的形体结构,形成新的书体——隶书。从此,隶书作为官方的正式书体,始于秦王朝,盛于汉代。中国的书法五大书体(篆、隶、楷、行、草)中,篆书、隶书共占了五分之二,李斯之功及于千秋。

阆风岩是七座岩峰的"老大",位于最东端,仿佛巨大的铁门横锁于天的东方,是传说中的仙境之门。旧名为石角岩,以"昆仑山三角,其一角干辰之辉,名曰阆风巅"(东方朔《十洲并序·三岛·昆仑》)之说得名。

阆风岩的东部有含珠洞,又名蛟龙窟。洞中幽深,可容小舟数只,雨打不到,风吹不侵,故石洁如流云堆玉,让人叫绝,令人感叹!

至今,含珠洞口左侧的石壁还保存着两幅"李开芳题字"石刻,镌刻于明万历二十七年(1599)。

第一幅"李开芳题字"石刻高0.4米、宽0.6米,篆书。

原文如下:

龙门,开芳。

第二幅"李开芳题字"石刻高0.7米、宽1.8米,篆书。

原文如下:

龙宫。

含珠洞内还保存着"李开芳、史继偕唱和诗"石刻,镌刻于明万历二十七年(1599)。

史继偕(1560—1635),字世程,号联岳,一说是莲岳,泉州府晋江县(今福建晋江市)人。明万历二十年(1592),考取殿试第一甲第二名进士(榜眼),授翰林院编修。历宦神宗、光宗、熹宗、思宗四帝,共四十余年。加赠少师兼太子太师,谥"文简",赐祭葬。石刻高0.48米、宽0.97米,隶书。

原文如下:

潋滟青螺一窦通,扁舟曲入蜿龙宫。

云蒸谷口抟泥紫,石啮波头漏日红。

坐觉天工成鼎下,惊春人语在壶中。

飞觞不怕明蟾去,为有骊珠照夜同。

中秋夜游龙宫,赋似李使君伯东世丈薪政,友弟史继偕世程隶书。

龙渚涵虚一线通,波光荡漾水晶宫。

天门跃去明珠冷,汉使衔来照乘红。

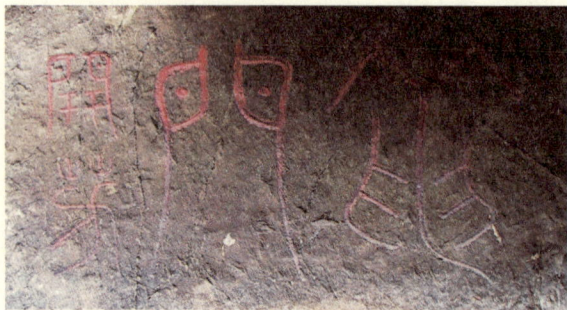

亚瓒流倾当夜半，冰轮邀落正秋中。

海东忽下山东诏，共喜车书万里同。

奉和天使史学士世程先生见示龙宫韵，时在龙飞万历二十七年己亥八月十五日。闽温陵李开芳伯东八分书，并勒石。

至今，石室洞口东侧还保存着李开芳撰写的《题重修星岩记》石刻，镌刻于明万历二十九年（1601）。石刻高2.02米、宽0.93米，楷书。

原文如下：

题重修星岩记

世无古今，人心自为古今也。曷以故？粤稽古封山浚川，投珠抵璧，关讯不征，泽梁无禁。假令是数者，毋改其旧，虽虞、夏、殷、周即世，即是何古非今嗟？嗟！封浚抵伐，风貌难追。倘亦有征之，禁之之心耶？职是今以不古耳。或曰：撑回世道在人。幸两台用两道，请檄四生，重辑《星岩志》。良以岩为雄镇，重将因志以传耳。夫誌者，志也。志三代之英也。余尝冥搜隐索逸迹，自北海，先后而来得若干贤守令，无论鸟迹。刘生克平，既搜以补郡志，遂偕朱生完绘图。苏生景熙，区生怀瑞，相讨论经纬之。余曰：岩之衣冠楚楚矣，维石则岩之骨，水则岩之乳。石重水涸，冥峙曷流。是则居民凿淤而为暴于岩也者。余甫观兵于端，今且行省江右。四载间，化诲销弭。再四檄诸长吏，遍丈山塘。向不载产，明为官所主，而非民之所得私己。业树四界石，登之志，以杜后之为暴者。长使弋猎者往焉，渔藕者往焉，慎毋伐石，民依官固守之，毋为岩暴。即不能共游太古，其犹行古之遗乎？

明万历二十九年辛丑七夕之朝，端使者、闽永春李开芳伯东父题并书。

李开芳撰写的《题重修星岩记》，简简单单，平实无华，但保护七星岩的谆谆之心若然。万历二十七年（1599），李开芳在石室岩南口的西面建造三元阁，今已无存。楼阁建成后，他宴请群僚，欢庆竣工，开怀畅饮。席间，他的心情特别舒畅，兴奋不已，即兴赋诗《三元阁经始燕集》，以作纪念。诗云：

神殿空中起，三星落翠微。

龙从深洞出，珠向九天飞。

斛石云迷树，搴林雪满衣。

浮槎酣绝岛，仙客浑忘归。

此诗语言清新雅致，语句工整，将三元阁的宏伟表现得淋漓尽致。

屠杀起义瑶民的凌云翼

凌云翼，字延年，名汝成，号洋山，太仓州（今江苏太仓市）人。明嘉靖二十二年（1543），考中举人。嘉靖二十六年（1547），考取第二甲第三十一名进士，授南京工部主事。隆庆六年（1572），任都察院右佥都御史，抚治郧阳府（今湖北十堰市）。"疏论卫所兵消耗之弊，凡六事，多议行。"（《明史·凌云翼传》）

万历元年（1573），凌云翼升都察院右副都御史，巡抚江西。万历三年（1575），迁兵部左侍郎兼右佥都御史，提督两广军务，部院署驻于肇庆府。

《肇庆府志》载："两广总督部院署在府城东门内。"嘉靖四十三年（1564），两广提督吴桂芳在部院署建正堂五间、穿廊一间、后堂五间，左、右两廊的耳房各五间。隆庆五年（1571），两广提督李迁建"谷阴亭"于部院署内。

万历五年（1577），凌云翼在两广提督部院署重建后堂五间，名曰"广益堂"；建东、西两廊各七间，名曰"大观楼"；又建仪门、大门，门外左侧为坐营司赏功所，右侧为中军厅火药局。

凌云翼任两广提督期间，疏请操练土兵以减少客兵（浙兵）。游击将军属下留驻肇庆府的土兵为一营552人、游哨100人、水哨204人，共856人，岁由广东布政司支银8 235两。尚有驻肇庆府恩平、广宁、封川（治今封开县江口镇）、开建（治今封开县南丰镇）等县和德庆州（今德庆县）的各营土兵共1 693人，岁由肇庆府或各县、州分担，支银16 563两。

华表石，又名锦石山、锦裹石，坐落在今德庆县回龙镇六水村西。此石分为两层，下层为馒头状的土山，上层为圆柱形的石山，海拔为173米。

"华表石"之名，与血腥镇压罗旁山地区的瑶民起义相联系。

明代诗人、学者郭棐撰《粤大记·卷三》云："罗旁东界新兴，南连阳春，西抵郁林林、岑溪，北尽长江，与肇庆、德庆、封川、梧州仅界一水。延袤千里，万山联络，皆瑶人盘踞其间，世称盘瓠遗裔。税赋不入，生齿日繁，蚕食旁近诸村，州、县赋税因而日减。……国朝申国公邓镇讨平后，寻叛。"

"罗旁在德庆州上下江、界西两山间，延袤七百里。"（《明史·卷二百二十二》）"岑溪西北为上、下七山，介苍、藤间。……东南为六十三山，有孔亮、陀田、桑园、古杭、鱼修等百余巢，与广东罗旁接。"（《明史·卷二百四十七》）

所以，明代所指的罗旁山地区，即今罗定、郁南、云安、云城、德庆等西江沿岸的地区，是瑶民的主要聚居地，也是两广地区水路的交通要道。

所谓"东山"，即泷江（又称"罗定江"）以东，至肇庆府新兴县界的地区，叫作"东山大峒"；所谓"西山"，即泷江以西，与梧州府郁林州（今广西玉林市）、岑溪县等交界的地区，叫作"西山大峒"。

明代中叶，特别是在粤西地区，尤以罗旁山地区的瑶民起义规模最大，最为强烈，也最为频繁。他们的反抗斗争，达到"广东十府残破者六"（丘濬《两广事宜疏》）、"两广守臣皆待罪"（谷应泰《明史纪事本末·平藤峡盗》）的地步，令朝廷头痛万分。

罗旁山地区的瑶民起义，虽然遭到朝廷官兵的多次剿平，但又旋即扑起，此起彼伏，连绵不断。

万历元年（1573），罗旁山地区瑶民不满地方官吏的掠夺与剥削，被逼无奈，再次揭竿而起。

万历四年（1576）十一月，凌云翼征调两广地区十万大军，进剿罗旁山地区。由广东总兵张元勋、广西总兵李锡统领，分为十哨（罗旁、泷水、岑溪、阳春、新兴、德庆、伏峒、南乡、信宜、茂名），步步为营，稳扎稳打，实行铁壁合围。

至次年三月，朝廷官兵"计克猺、㑽贼巢五百六十四处，擒斩、俘获、投降夺回共四万二千八百有奇。自出师至凯旋，凡四阅月"（《明神宗显皇帝实录·

卷之六十二》）。其余的瑶民纷纷逃离，或者遁入深山。

《明史·凌云翼传》云：朝廷官兵四个多月的进剿行动，狼烟四起，暴戾恣睢，惨不忍睹，连广西"岑溪六十三山、七山、那留、连城诸处邻境瑶、僮皆惧"。

平定罗旁山地区的瑶民起义后，凌云翼奏请朝廷，将泷水县升格为"直隶州"，下辖新设置的东安（东山大峒）、西宁（西山大峒）两县。取"罗旁瑶乱已平定"之意，州名曰"罗定"，直隶于广东布政司。在广东历史上，这是第一次设立直隶州。

同时，凌云翼在东安、西宁两县设立封门、南乡、富霖、函口四个千户所，调军驻防；改伸威道（驻惠州府）副使为"岭西兵巡道"，佥事为"泷水兵巡道"，移德庆州守备于罗定直隶州；改广韶道陆路参将、高肇道陆路参将分别驻守东安、西宁两县，加强对罗旁山地区的军事控制。

此外，凌云翼还调整旗军哨（水哨）、游哨的驻防地段。新村（今德庆县悦城镇）至龟顶山白沙一线，由惠州卫所调来的右游哨负责；白沙至羚羊峡西口一线，由潮州卫所调来的左游哨负责；羚羊峡一线，由旗军哨负责。

为了沟通陆运、水运交通，凌云翼在粤西建立以罗定直隶州为中枢的粤西新驿道。驿道的驿站分设如下：移德庆州的寿康驿至泷江汇入西江的南江口（今郁南县南江口镇），仍名曰寿康驿；新设晋康驿（遗址在今郁南县连滩镇），以及原有的泷水驿（遗址在今罗定市区）；自罗定直隶州向南行约七十里，新设朗沟驿（遗址在今罗定市太平镇）；向南行八十里，新设平豆驿（遗址在今信宜市合水镇）；向南行九十里，新设掘峒驿（遗址在今高州市马贵镇）；向南行一百里，新设大陵驿（遗址在今茂名市区）；向南行一百二十里，接上原肇庆府至高州府驿道的古潘驿（遗址在今高州市区）。

万历五年（1577），凌云翼采取恩威并施的手段，批准罗旁山地区的瑶民进山伐木，贩运至肇庆府售卖。在肇庆府府城的南门外（今厂排街），朝廷设立"黄江税厂"，检查过往的商船及征收赋税，并撤销泷江口的税卡。

凌云翼因平定罗旁山地区的瑶民起义有功，"加右都御史兼兵部侍郎，赐飞鱼服"（《明史·凌云翼传》）。

《明史·凌云翼传》云，万历六年（1578）夏，凌云翼"与巡抚吴文华讨平河池、咘咳、北三诸瑶，又捕斩广东大庙诸山贼，岭表悉定。召为南京工部尚书，就改兵部，以兵部尚书兼右副都御史总督漕运，巡抚淮、扬。河臣潘季驯召入，遂兼督河道"。

次年，已升任兵部尚书的凌云翼，自以为立下了盖世奇功，想留名千古，特请著名的书法家黎民表题书"华表石"三个大字，并题书落款一百二十七个字。

同时，他还命人镌刻在华表石南面的峭壁上，以此纪功。

"华表石"三个大字，楷书，阴刻，每个字高4.2米、宽3.3米，字距为0.7米。落款为小字，楷书，阴刻，每个字高0.24米、宽0.21米。

原文如下：

华表石。

钦差总督两广军务，兼理粮道带管盐法，兼巡抚广东地方；都察院右都御史，兼兵部左侍郎，今升南京兵部尚书，太仓凌云翼。钦差总督两广军务，兼理粮道带管盐法，兼巡抚广东地方；兵部右侍郎，兼都察院右佥都御史，临武刘尧诲。巡按广东监察御史，内江龚懋贤。巡按广东监察御史，当涂梅淳。

万历七年己卯季冬吉日题。

"华表石"题名石刻是当时岭南地区最大的摩崖石刻，对于研究瑶民的起义和失败后被迫迁徙他乡的历史，都有一定的价值。2002年7月，被定为"广东省文物保护单位"。

后来，凌云翼"加太子少保。召为戎政尚书，以病归。家居骄纵，给事、御史连章劾之。诏夺官，后卒"（《明史·凌云翼传》）。

《明史·卷二百二十二·列传第一百一十》评价："云翼有干济才，罗旁之役，继正茂成功。然喜事好杀戮，为当时所讥。"

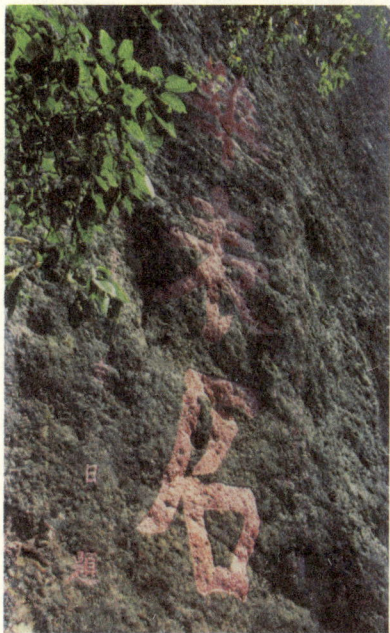

汤显祖途经肇庆

　　汤显祖（1550—1616），明代戏曲作家、文学家，抚州府临川县（今抚州市临川区）人。字义仍，号海若、若士，别号玉茗堂主人，晚号茧翁，自署清远道人。隆庆四年（1570），考中举人。万历五年（1577），赴京会试，因不附于权势，忤逆首辅张居正，屡试落第。万历十一年（1583），考取第三甲第二百一十一名进士。

　　万历十七年（1589），汤显祖擢礼部祠祭司主事。

　　次年，西北的夜空发生变异，出现彗星，被视为"不祥之兆"。

　　彗星出现时，往往是头部尖尖，尾部散开，好像一把扫帚，故俗称"扫帚星"。

　　古时，官场常常把彗星的出现与国事的吉凶联系在一起。为此，明神宗以星变为由，责怪给事、御史等，参劾不公，破坏朝纲，蒙蔽朝廷。他发布上谕：凡给事中、都察院等六科十三道，"本该一并拿问重治，姑且从轻，各罚俸一年"（蒋士铨《临川梦》）。

　　"罚俸一年"之句，用今天的话来说，就是停发一年的工资。对于许多低层官员来说，这意味着失去了经济的来源，失去了生活的依靠。

　　汤显祖读了圣谕后，忿激不已，无法控制，慨然上书《论辅臣科臣疏》，云："言官岂尽不肖，盖陛下威福之柄潜为辅臣所窃，故言官向背之情，亦为默移。御史丁此吕首发科场欺蔽，申时行属杨巍劾去之。御史万国钦极论封疆欺蔽，时行讽同官许国远谪之。一言相侵，无不出之于外。于是无耻之徒，但知自结于执政。所得爵禄，直以为执政与之。纵他日不保身名，而今日固已富贵矣。"（《明史·汤显祖传》）

　　同时，汤显祖还列举事实，严词弹劾吏部都给事中杨文举、礼部都给事中胡汝宁，揭露他们窃盗把柄、贪赃枉法、掠夺饥民的罪行，并对明神宗登基二十年的政治，作了辛辣的抨击。

《明史·汤显祖传》云："给事中杨文举奉诏理荒政，征贿巨万。抵杭，日宴西湖，鬻狱市荐以渔厚利。辅臣乃及其报命，擢首谏垣。给事中胡汝宁攻击饶伸，不过权门鹰犬，以其私人，猥见任用。夫陛下方责言官欺蔽，而辅臣欺蔽自如。失今不治，臣谓陛下可惜者四：朝廷以爵禄植善类，今直为私门蔓桃李，是爵禄可惜也。群臣风靡，罔识廉耻，是人才可惜也。辅臣不越例予人富贵，不见为恩，是成宪可惜也。陛下御天下二十年，前十年之政，张居正刚而多欲，以群私人，嚣然坏之；后十年之政，时行柔而多欲，以群私人，靡然坏之，此圣政可惜也。乞立斥文举、汝宁，诚谕辅臣，省愆悔过。"

明神宗看了汤显祖的《论辅臣科臣疏》后，暴跳如雷，以"假借国事，攻击元辅"（《明实录·神宗实录·卷二三六》）的罪名，将汤显祖贬谪为雷州府徐闻县（今广东徐闻县）典史。

汤显祖的被贬谪之地——徐闻县，位于广东雷州半岛的最南端，与位于"天涯海角"的海南岛隔海相望，当时荒芜偏僻，环境恶劣。而县衙典史，就是办差的佐吏，协助县尉处理刑狱、驿政等文书典籍。

可想而知，汤显祖遭到的惩罚极其严酷，离免官"炒鱿鱼"只是一步之差。

汤显祖任徐闻县典史期间，体察民情，针砭时弊，创办"贵生书院"，尊孔教，重伦常，对当地文化和教育事业的发展作出了积极的贡献。

万历二十年（1592）初，汤显祖得到"落实政策"，迁处州府遂昌县（今浙江遂昌县）知县。

汤显祖赴任遂昌县知县，从徐闻县出发，途经肇庆府阳江县（今广东阳江市）和广州府香山县（今广东中山市）、新会县（今江门新会区），以及肇庆府开平县（今广东开平市）等，到达两广总督部院署所在地——肇庆府。随后，他起程赴任，途经广州府、惠州府博罗县罗浮山，再取道北上，到达目的地。汤显祖抵达肇庆府城，得到了弥足珍贵的意外收获。城东的鼎湖山，城南的西江河，城西的龟顶山和城北的七星岩，以及城中巍峨的殿宇楼阁，似乎都未能够引起他的兴致。倒是见到两位"破佛立义"、"碧眼愁胡"的欧洲传教士，他感到异常新奇，即时赋诗《端州逢西域两生破佛立义，偶成二首》。

其一云：

画屏天主绛纱笼，碧眼愁胡译字通。

正似瑞龙看甲错，香膏原在木心中。

其二云：

二子西来迹已奇，黄金作使更何疑。

自言天竺原无佛，说与莲花教主知。

汤显祖的《高要送鲁司理》诗，写出了被贬谪途中的所见所感，以及怀乡思归的急切心情。诗云：

江楚西归欲问天，琼雷东断瘴云连。

留题共醉星岩客，梦里乘槎是此年。

汤显祖任遂昌县知县期间，励精图治，勤政爱民；兴教办学，振兴教化；奖掖农桑，鼓励农耕；抑制豪强，公平赋税。他主政五年，通过德刑兼施、宽严相济的治理，使社会安宁，百姓和乐，呈现了"琴歌积雪讼庭闲"（《丁酉遂昌迎春口占》）的升平景象。

汤显祖因抑制豪强、打击邪恶、不事权贵，因而招致上司的非议和地方势力的反对。万历二十六年（1598），他愤而弃官，返回故里。

从此，汤显祖绝意仕途，赋闲二十年，专意著述，精研词曲，名重一时。著有传奇剧本《紫箫记》、《紫钗记》、《还魂记》（又称《牡丹亭》）、《南柯记》、《邯郸记》五部，后四部合称"临川四梦"，或曰"玉茗堂四梦"。作品对封建礼教和黑暗的政治现象进行了暴露与抨击，其中以《还魂记》最为著名。此外，还著有诗文《红泉逸草》、《问棘邮草》、《玉茗堂集》等。

做"一明一暗"两件事的熊文灿

熊文灿（？—1640），字心开，贵州永宁卫（今四川叙永县）人。明万历三十五年（1607），考取第三甲第七十四名进士。授黄州府（今湖北黄冈市）推官，历礼部主事、礼部郎中，迁山东布政司左参政、山西按察使、山东布政司右布政使、兵部侍郎等职。崇祯元年（1628），擢都察院右佥都御史，巡抚福建。崇祯五年（1632），擢两广总督。崇祯十年（1637）四月，任兵部尚书兼都察院右副都御史，总理陕西、河南、湖广（湖南、湖北）等省军务，督师镇压张献忠领导的农民起义军。次年五月，张献忠诈降，名义上归顺朝廷，实际上是催索饷银，屯兵数万于襄阳府谷城县（今湖北谷城县），伺机而动。崇祯十二年（1639）五月，张献忠领导的农民起义军再起，一路势如破竹。因招降张献忠失败，熊文灿于次年被明思宗定为"私通罪"，入诏狱处死。

崇祯五年（1632），熊文灿任两广总督，部院署驻于肇庆府。期间，他在肇庆府府城做了"一明一暗"两件事。

明事，就是熊文灿拨款修建水月宫。水月宫位于今七星岩风景名胜区的石室岩南麓，北靠崧台，南临红莲湖。原为"观音堂"，建于明嘉靖年间。据说，观音菩萨能显现三十二种不同的应化色相，其中以"水月"色相最为高洁，故名"水月宫"。

历经变乱，且"频年为风雨所折"，水月宫已荡然无存。万历二年（1574）冬，得官民"乐于趋事"，"辟广升高，壮址展基"。

《肇庆市志》载，明崇祯九年（1636），"两广总督熊文灿倾赀十余万，建水月宫于肇庆七星岩"。崇祯十年（1637），海防游击郑芝龙平定海盗刘香后，封为广东总兵。他称胜因是得到摩利支天菩萨的助战，两广总督熊文灿信之，乃铸摩利支天菩萨铜像置于水月宫，以纪其事。

明末清初著名学者、诗人屈大均撰《广东新语·地志·五帝神位类·斗姥》云："斗姥像在肇庆七星岩，名摩利支天菩萨，亦名天后。花冠璎珞，赤足，两手合掌，两手擎日、月，两手握剑。天女二，捧盘在左、右。盘一羊头，一兔头。前总制熊文灿之所造也。文灿招抚郑芝龙时，使芝龙与海寇刘香大战。菩萨见形空中，香因败灭。文灿以为：菩萨即元女。蚩尤为暴时，黄帝仰天而数，天遣元女下授黄帝兵符，伏蚩尤。又尝下天女曰魃，以止蚩尤风雨。古圣人用兵，皆以神女为助。于是，倾赀十余万，为宫殿极其壮丽以答之。"

郡人黎汉杰于民国年间纂修《星岩今志》载，水月宫"宫栋宇坚，壮宏丽爽垲榱题，斗拱若雁齿鱼鳞。诸铜像尤巨丽可观，辟地数亩，建楹数十为圣寿申祝。……背负巉壁，面临澄湖，左、右巩二堰蓄雨，洼塘中莳莲花，堰上植松、榕，行树错落，桥梁吞吐，水光山色"。如此的文字描写，可见当年水月宫华美宏丽的盛况。

此外，熊文灿还在水月宫的西侧自建生祠，称为"熊公祠"。

暗事，乃正史不见有记载，而是见于时人记载中的事，就是熊文灿开采端溪的老坑取石制砚。

在"中国四大名砚"中，端砚位居首位，而稳居制砚之首的石种，便是"老坑"。

"老坑"开采于唐代初，因为年代久远，也为了区别于当时新开的坑口，故名。因石脉向下延伸至西江河水的平面之下，故亦称"水岩"。

清康熙二十六年（1687），"闽中七子"（高兆、彭善长、陈日浴、卞鳌、曾灿烜、林伟、许友）之一的高兆莅临肇庆府府城，亲历开采老坑取石制砚。他回去后，写下《端溪砚石考》。在这篇砚著中，他提及熊文灿私开老坑之事："崇祯末，蜀人熊文灿总督两广日，指挥苏万邦致石工于江西，缊火中夜开坑，不敢自日中也。"

从上述文字可以看到，熊文灿在江西招收石工，且在夜间开坑，确是有异于常态的做法。可知，他的这次开采老坑取石制砚，明为"官开"，实属"私采"。

明代，朝廷对端砚砚石资源的控制极为严格。

　　宣德六年（1431），肇庆府知府王罃奉诏开采老坑取石制砚。

　　成化年间，重新开采老坑取石制砚。

　　万历二十八年（1600）七月十七日，太监李敬开采老坑，至次年正月二十八日封坑。

　　次年，太监李凤以"钦差督理珠池内官监"的职衔，到肇庆府开坑采办端砚。

　　此后，厉行封禁，"把总一员，专辖守坑，律令盗坑石比窃盗论"（高兆《端溪砚石考》）。

　　至此，老坑成为皇家的专用砚坑。

　　崇祯年间，明王朝处于风雨飘摇之中，已经顾及不了一个小小的砚坑。是故，熊文灿方有可乘之机，斗胆私自开采老坑取石制砚。当然，他也不敢过于明目张胆，而是招收江西的石工，夜间开采老坑取石。

　　《明史·熊文灿传》云："文灿官闽、广久，积赀无算。"笔者估计，老坑砚石应该属于积赀的其中一项。

　　在端砚历史的记载中，熊文灿的这次开采老坑只是为了求得砚石，不计毁坑，故砚石的材质极佳，被称为"熊坑"。"予少颇蓄砚，以熊制府所开石为最"（屈大均《广东新语·卷五·石语·端石》）。"熊制府即文灿，其石称最"（黄钦阿《端溪砚史汇参》）。

　　乾隆年间，肇庆府知府吴绳年获得熊文灿用过的一方砚台，名曰"脂玉"。他在《端溪研志》中对此方砚台评价甚高："熊坑较今时所出大西洞石娇嫩过之，凝重不及，同是水岩真髓。……'脂玉'砚红润而淡，发墨异常，五活眼在砚池上。"

阅江楼原创人张镜心

　　张镜心（1590—1656），字孝仲，号湛虚，晚号晦臣，磁州（今河北磁县）人。明天启二年（1622），考取第三甲第二百五十名进士。次年，擢礼科左给事中。迁太常寺少卿、大理寺少卿，授光禄寺卿。

　　崇祯十年（1637）四月，张镜心擢兵部右侍郎兼都察院右副都御史，总督两广军务。期间，荡寇平乱，攘外安内，颇多建树。督粤五年，恩威并用，智勇兼施，凡是地方的经久之计，无不尽其力。

　　张镜心刚到任两广总督，英国皇家便委派船长约翰·威德尔率领四艘商船来华。

　　威德尔率领英国商船抵达澳门，便让葡萄牙当局感到为难。葡萄牙当局认为：英国商人到来，在获得立足后，与印度开展通商贸易，葡萄牙的商业利益就会全部丧失。为此，葡萄牙当局不允许英国商人登陆澳门，且从第一天起，就采取各种各样可以利用的办法与措施，阻止英国商人进行任何贸易。

　　经过几天的留难后，威德尔带领英国商船闯入珠江水系出海口之一的虎门（今东莞市虎门镇），要求与广州府开展通商贸易。虎门的地方官员回答，此事须请示广州府当局，需要六天的时间才能给予答复。威德尔嫌六天的时间太长，迫不及待且强悍蛮横地带领英国商船沿珠江直驶，并向虎门炮台开炮。张镜心下令驻防广州府的水师开炮还击，轰走了入侵广州府海域的英国商船。

　　张镜心在督粤期间，在肇庆府府城做了两件大事：一是修葺城墙，二是创建阅江楼。

　　邑人马呈图于民国年间纂修《（宣统）高要县志》载：城墙周长七百四十二丈八尺，厚一丈五尺，高二丈二尺，垛堞一千二百二十个。开东、西、南、北四门，四门之外各有屏蔽城门的半月形子城，俗称"月城"。城墙的四角各建有小楼一座，北城墙的西段建有"披云楼"，南城墙的东段建有"文昌阁"。

　　肇庆府城墙始建于宋代，历经二百五十多年的沧桑风雨，已残破不堪。

明洪武元年（1368），江西行省郎中摄肇庆府府事黄德明对宋城墙进行首次修茸。

成化十六年（1480），在披云楼近护城濠之处，肇庆府知府李璲增建楼下的砖城墙，加大部分城墙的厚度，在四门的门楣镶嵌石匾额，改东门为"庆云"，改西门为"景星"，改南门为"南薰"，北门仍称"朝天"。

崇祯十四年（1641），张镜心亲自主持，对宋城墙进行了更大规模的修茸，将宋城墙增高三尺五寸，高度增至两丈五尺五寸。同时，他还改建宋城墙的月城，增筑城门前面的马路。

阅江楼矗立于今肇庆市端州区城东正东路旁侧的石头岗，南临西江，居高临下。

东汉时，石头岗建有"鹊巢亭"，后改称"鹄奔亭"。

南宋隆兴年间，肇庆府知府张宋卿改鹄奔亭为"石头庵"，以纪念禅宗第六祖慧能的弟子——"石头和尚"希迁。

明宣德六年（1431），肇庆府知府王罃将石头庵改建为书院，名曰"崧台"。

当时，崧台书院的前面是码头，乃停泊水师战船的地方。抗倭名将俞大猷、陈璘等，曾在这里训练威震中外的广东水师。

崇祯十四年（1641），张镜心和高要县知县萧琦看中了崧台书院的"风水"，命人仿照南昌府滕王阁的样式，将前楼改建成检阅水师的楼台，并更名为"阅江楼"。

十二月，张镜心迁兵部左侍郎，总督蓟（蓟州）辽（辽东）军务，后官至兵部尚书。随后，他以父母的春秋已高为由，乞请归养，明思宗朱由检许之。

南明弘光年间，东阁大学士兼都察院右都御史马士英与兵部尚书兼都察院右副都御史阮大铖擅权，狼狈为奸，结党营私，排斥抗清将领，不思光复故国。为此，张镜心愤然辞职。

时值明、清易代，战乱频繁，社会动荡，张镜心见事不可为，故屡荐而不仕。晚年，他闭户注释《易经》，与理学大家孙奇逢反复商榷，同时逍遥于山水，

　　自号"云隐居士"。著有《易经增注》、《云隐堂集》、《驭交纪》等，分别反映了他在易学、诗文、吏治方面的学问与才干。

广东总兵郑芝龙与肇庆

　　郑芝龙（1604—1661），号飞黄、飞虹，小名一官，泉州府南安县（今福建晋江市）人。少时"性情逸荡，不喜读书，有膂力，好拳棒"（江日升《台湾外纪》），以勇力闻名于乡里。

　　明天启元年（1621），郑芝龙到广东香山澳（今澳门）寻找海商、母舅黄程。两年后，他为黄程押送货物到日本国长崎市，结识了在当地侨居的泉州府人李旦、漳州府海澄县（今福建龙海市）人颜思齐等人。在长崎市期间，他还认识了平户田川氏且结婚，于翌年生下一子，名森（郑成功）。

　　郑芝龙是郑氏王朝的开创者，也是最大的海商兼军事集团首领。明万历、天启年间，他带领福建、台湾人民杀贪官、抗倭寇、打击荷兰侵略者，移民且开发台湾，拓展海外贸易，成为驰骋于台湾海峡、东中国海的海上豪杰，远近皆晓，声威显赫。

　　郑芝龙在海上的势力日益扩张与强盛，令明王朝统治者恐惧万分。朝廷多次派兵予以追剿，皆遭到失败，燕京（今北京）震动。

　　崇祯元年（1628）正月，工科给事中颜继祖呈上奏摺，声称："海盗郑芝龙生长于泉，聚徒数万，劫富施贫，民不畏官而畏盗。"（川口长孺《台湾割据志》）

　　九月，郑芝龙受抚于福建巡抚熊文灿，率部降于明王朝，表示以"剪除夷寇，剿平诸盗"为己任，诏授"海防游击"，任"五虎游击将军"。他离开经营多年的海上贸易根据地——台湾，坐镇闽海。

　　崇祯八年（1635）四月，郑芝龙在惠州府陆丰县（今广东陆丰市）碣石海湾的田尾洋击败海盗刘香，尽收其众，势力更为强大。

　　崇祯十年（1637），广东总兵郑芝龙奉两广总督熊文灿之命，前来肇庆府。期间，他留下题诗。

　　至今，七星岩风景名胜区摩崖石刻还保存着"郑芝龙题诗"石刻。

　　"郑芝龙题诗"石刻位于石室岩下的石室洞内璇玑台前左壁，镌刻于明崇祯十

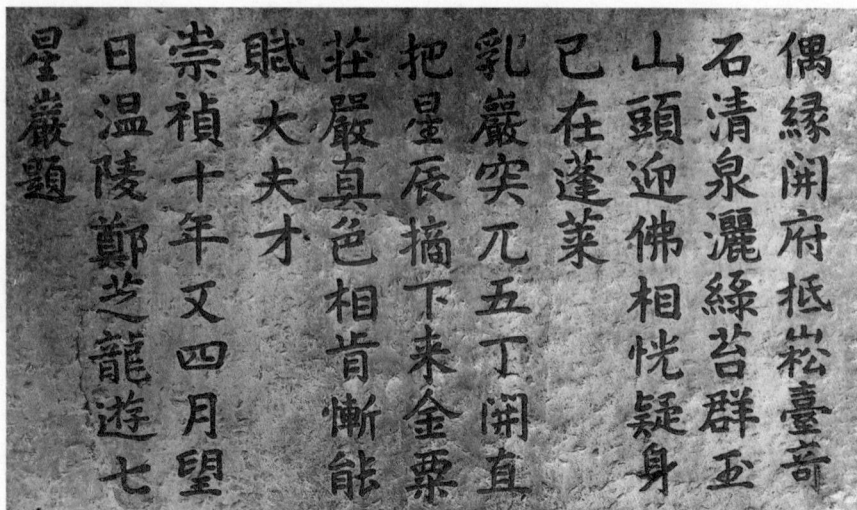

年（1637）。石刻高0.55米、宽1米，楷书，共有十一行。

原文如下：

偶缘开府抵崧台，奇石清泉洒绿苔。

群玉山头迎佛相，恍疑身已在蓬莱。

乳岩突兀五丁开，直把星辰摘下来。

金粟庄严真色相，肯惭能赋大夫才。

崇祯十年又四月望日，温陵郑芝龙游七星岩题。

在七星岩风景名胜区的摩崖石刻中，爱国的诗词不计其数，而郑芝龙的题诗却别具一格，乃七星岩诗词的一大佳作。

崇祯十七年（1644）三月，李自成领导的农民起义军攻进北京城，明思宗自缢于煤山（今景山）。

四月，明军降将吴三桂在山海关引领清兵入关。五月，文武大臣拥立福王朱由崧在南京城称帝，建立南明王朝政权，改元“弘光”，图谋复明，郑芝龙被封为南安伯。

南明弘光元年（1645），在与清军的作战中，弘光帝被叛将田维乘出卖，后被押至北京城斩首。

五月，唐王朱聿键于福州府即帝位，改元“隆武”。郑芝龙被封为平安伯、平虏侯，晋平国公。

隆武二年（1646），清兵入闽，隆武帝被生擒，郑芝龙迎降，后被囚于北京城。因子郑成功占据台湾且不投降，郑芝龙被康熙帝杀害。

清 代

力微任重久神疲，
再竭衰庸定不支。
苟利国家生死以，
岂因祸福避趋之。
谪居正是君恩厚，
养拙刚于戍卒宜。
戏与山妻谈故事，
试吟断送老头皮。

——清·林则徐
《赴戍登程口占示家人·其二》

清初诗人梁佩兰吟咏肇庆

梁佩兰（1629—1705），清初诗人，字芝五，号药亭，晚号郁州，广州府南海县（今佛山市南海区）人。卒，谥"文介先生"。顺治十四年（1657），考中乡试第一名。后屡赴京应试，皆不得志，便潜心治学，从事诗歌写作，名噪一时。康熙二十七年（1688），考取第二甲第三十七名进士，授翰林院庶吉士。次年，告假归乡里，居住在广州府西关的丛桂坊。乡居十五年，周游名山，与诸同仁共结"兰湖诗社"。学者王士禛、朱彝尊、潘耒等，均推崇他的诗作。康熙四十二年（1703），被召回翰林院供职，因不识满文而罢，于次年返乡。与程可则、陈恭尹、王邦畿、方殿元、方还、方朝一道被誉为"岭南七子"，与屈大均、陈恭尹并称"岭南三大家"。

梁佩兰的诗作，以酬赠、咏物见长，寓情于物，物中见情，浑然物我，情景俱出，读来韵味无穷。

清初诗人、书法家陈恭尹赞颂梁佩兰的诗作"雄迈滔莽，精警卓拔"，喻为"味洁而旨"的"瀑布之水"。

明末清初著名学者、诗人屈大均更是赞誉梁佩兰的诗作，说："吾党二三子，才之高者，莫若梁药亭。其诗雄奇光怪，能开凿自成一川岳，两腕风驰电骤，倏忽千万里，不见其起灭之迹。"（《翁山文外·六莹堂诗集序》）

当年，梁佩兰途经肇庆府府城，面对府城的自然美景，尽情挥洒笔墨，留下了诸多诗作。

走进七星岩风景名胜区石室岩下的石室洞，就会见到千姿百态的怪石。它们像奔虎伏象，似人形神像，如浪翻波涌，仿群峰争秀……让人们浮想联翩，仿佛进入了神话的世界。

在石室洞内的石堤尽头之处，横卧着一块平坦的石头，形似石床，人们称它为"石鼓"。用软草席拍击石鼓，就会发出"隆隆"的响声，在岩洞里面回荡，连绵不绝，经久不散。

梁佩兰的《石鼓歌》赞之："一击石燕飞，再击神鬼疑。三击远近星宿晔晔移，四击大海蛟龙对舞而蹀躞，五击嗁峡猿鸣天鸡。"

七星岩的主体是由阆风岩、玉屏岩、石室岩、天柱岩、蟾蜍岩、仙掌岩、阿坡岩七座峰岩所组成，陡立峻峭，妖娆多姿。它们排列状如北斗七星，撒落在碧波如镜的湖面，故名。

玉屏岩与阆风岩对峙，中带横岭，状若列屏，四周陡峭，林木丛生。

梁佩兰赋诗《玉屏峰顶观梅》，盛赞了玉屏岩的天然美景。诗云：

七星天半紫芙蓉，绕人梅花路几重。

石屋正流前日雪，玉屏横立一边峰。

浑忘视听心同寂，谁觉鸿濛气尽封。

尽鸟不来云不见，老僧何事忽相逢。

《肇庆府志》载："康熙二十四年，邑大雪。赤坜一带，河流凝结成冰，或为峰峦虫篆万字之形，近村竹树经雪多折。"

梁佩兰的《端州道中望峡口积雪》一诗，颇为清丽脱俗，描写了江边雪白峰青、江峡灯火如星的景色。诗云：

南方雪色由来少，江上今看积翠屏。

觅路已惊双峡断，插天犹露一峰青。

连连洲渚迷沙雁，落落乾坤入草亭。

最喜夜来寒不得，绕舟灯火似繁星。

西江流经肇庆府府城，劈开峻岭，穿峡出谷，夺路奔流，形成了大鼎、三榕、羚羊三峡，人称"西江小三峡"。

羚羊峡位于肇庆府府城的东南部，是"西江小三峡"中山最高、峡最长、水最深者，也是最为雄伟壮观之峡。它由羚羊山、烂柯山夹西江而成，河道窄，河床深，水流湍急，惊涛拍岸，呈现出"两岸异峰突起，一线波涛逐行"的奇景。

梁佩兰题咏的《羚羊峡》诗，描写羚羊峡之险，语其奇崛，独特不凡。诗云：

交广咽喉路，中流见峡迎。

果然天设险，不似地空平。

日月双崖夹，波涛一线行。

济川心独若，秋色为凄清。

梁佩兰乘舟逆西江而上，来到肇庆府封川县（治今封开县江口镇）。

　　封川县，历史上曾是岭南地区与中原地区的经济、文化交流之地，也是岭南地区的文化发祥之地。史料记载，西汉元鼎六年（前111），汉武帝刘彻在岭南地区设"交州"，下辖两广地区及交趾（今越南北部），刺史治设在封州县。汉代初，取名"广信"，谓"初开粤地宜广布恩信也"，素有"两广门户"之称，是通往珠江三角洲地区和大西南地区的咽喉之地。

　　梁佩兰的咏史诗《封川》，借凭吊南汉王朝的遗迹，以悲悼南明王朝的灭亡。诗云：

忆昔闻南汉，英雄起后梁。
地全收象郡，舟欲接熊湘。
草木犹兵气，江山失霸王。
空余城郭在，行客立斜阳。

　　诗中所说的南汉王朝，乃五代十国时的地方政权之一，辖境为今广东、广西两省和越南北部。唐代末，刘谦任封州（今广东封开县）刺史，拥兵过万，战舰百余。刘谦死后，子刘隐袭父职。后梁开平元年（907），刘隐封为彭郡王；开元三年（909），改封为南平王；次年，改封为南海王。刘隐死后，弟刘龑袭封为南海王。贞明三年（917），刘龑在广州番禺县称帝，国号"大越"；次年，以汉代刘氏后裔的身份，改国号为"大汉"，史称为"南汉"。历四主，共五十四年，被北宋所灭。

朱弘祚与纪游石刻

朱弘祚（1630—1700），字徽荫，一字厚庵，东昌府高唐州（今山东聊城市）人。清顺治五年（1648），乡试中举。授凤阳府盱眙县（今江苏盱眙县）知县，有惠政，举卓异。康熙十四年（1675），擢刑部广东司主事。迁兵部督捕郎中，出为直隶天津道（今天津）佥事，调直隶守道参议。康熙二十六年（1687），擢广东巡抚。

朱弘祚履职多有政绩，所至皆有能声，不仅为地方官吏所推崇，朝廷亦屡闻其名。

清康熙二十六年（1687）十一月，朱弘祚任广东巡抚，"旨自内降，不由廷举"（张贞《朱公弘祚行状》），且"以少参径陟开府，昔未有也"（王士禛《带经堂集·卷八十四·墓志铭》）。

次年一月，朱弘祚赴任广东巡抚，前往陛辞。

康熙帝问朱弘祚有何陈奏，奏言："道员从无目即升巡抚之例，蒙皇上破格隆恩，超擢今职。伏念广东为滨海之地，目下虽已承平，正须休养民生。臣至彼处，诸事当仰遵圣谕。"（《康熙起居注·第三册》）

康熙帝谕云："巡抚为地方大吏，以操守为要。大法则小廉，百姓俱蒙福矣。"（《清圣祖实录·卷一三三》）又谕："为大吏者亦须安静，安静则为地方之福。"

《清史稿·朱弘祚传》云，朱弘祚"奏对称旨，赐帑金千，及内厩鞍马"。

朱弘祚到任广东巡抚后，谨遵圣谕。他巡抚广东六年，为政宽简，治绩显著。

康熙三十一年（1692）秋，朝廷以朱弘祚政绩卓越，特遣内务府营造司员外郎董殿邦、畅春院总管李煦到广东传旨慰问。

史载，朱弘祚一生无声色玩好，勤于政务，重于民瘼；素喜读书，常诵《资治通鉴》以自勉；凡是文书案牍和所上的奏章，皆自行秉笔。

朱弘祚任广东巡抚期间，公事之余，于康熙二十八年（1689）九月九日游览了七星岩，撰文且刻石。

至今，七星岩风景名胜区摩崖石刻还保存着"朱弘祚纪游"石刻。

"朱弘祚纪游"石刻位于石室岩下的石室洞口东侧，镌刻于清康熙二十九年（1690）四月。石刻高8.45米、宽3.08米，大字为楷书。

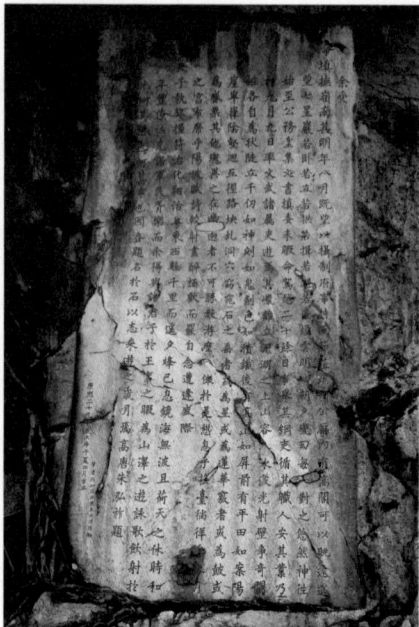

原文如下：

余受命填抚岭南，其明年八月既望，以摄制府事持两节莅端州。公廨有高阁，可以眺远。遥望七星岩，若卧若立，若拱若揖，若避若匿。烟云明灭，朝夕变幻。每一对之，悠然神往。始至，公务丛集，文书填委，未暇命驾。越二十余日，事举其纲，吏循其职，人安其业，乃于九月九日率文、武诸属吏游焉。其岩离立沥湖之上，山容入水，波光射壁，争奇斗怪，各自为状。陡立千仞，如神剜，如鬼削，色如积铁。后有高山如屏，前有平田如案。阳崖岬岬，阴壑迥互，径路块扎，洞穴窈窕。石之垂者，或为星，或为莲花；窍者，或为鼓，或为罂粟。其他瑰异之在幽迥者，不可胜数。游历既倦，于是憩息乎松台，徜徉乎水月之宫，布席乎阳坡。赋诗较射，尽醉极欢而罢。自念遭逢盛际，圣天子执契握符，治化翔洽。粤东、西数千里而遥，夕峰已息，镜海无波。且荷天之休，时和年丰，僚佐克谐，军民胥乐。而余得与诸君子于王事之暇，为山泽之游，咏歌饮射于此。何其乐也！何其幸也！因各题名于石，以志来游之岁月焉。

高唐朱弘祚题，肇庆知府、三原李彦瑁谨勒，康熙二十九年岁次庚午夏四月吉旦。

在清代文学家蒲松龄所作文言短篇小说集《聊斋志异》中，有两个故事记述了朱弘祚勤勉履职之事，极为可圈可点。

《老龙船户》这个故事，歌颂了清官循吏，批判了昏官聩吏。

朱公徽荫巡抚粤东时，往来商旅多告无头冤状。千里行人，死不见尸，数客同游，全无音信。积案累累，莫可究诘。初告，有司尚发牒行缉；迨投状既多，竟置不问。公莅任，历稽旧案，状中称死者不下百余；其千里无主，更不知凡几。公骇异恻怛，筹思废寝，遍访僚属，迄少方略。于是，洁诚熏沐，致檄城隍之神。已而斋寝，恍惚见一官僚播笏而入。问："何官？"答云："城隍刘某。""将何言？"曰："鬓边垂雪，天际生云，水中漂木，壁上安门。"言已而退。既醒，隐谜不解，辗转终宵，忽悟曰："垂雪者，老也；生云者，龙也。水上木为船，壁上门为户，岂非'老龙船户'耶！"盖省之东北，曰小岭，曰蓝关，源自

老龙津以达南海，每由此入粤。公遣武弁，密
授机谋，捉龙津驾舟者，次第擒获五十余名，
皆不械而服。盖此等贼以舟渡为名，赚客登
舟，或投蒙药，或烧闷香，致客沉迷不醒，而
后剖腹纳石，以沉水底。冤惨极矣！自昭雪
后，遐迩欢腾，谣诵成集焉。

异史氏曰："剖腹沉石，惨冤已甚。而木
雕之有司，绝不少关痛痒，岂特粤东之暗无天
日哉！公至则鬼神效灵，覆盆俱照，何其异
哉！然公非有四目两口，不过疴瘝之念，积于
中者至耳。彼巍巍然，出则刀戟横路，入则兰
麝熏心，尊优虽至，究何异于老龙船户哉！"

而《外国人》这个故事，简直就是18世纪
英国著名作家丹尼尔·笛福所著长篇小说《鲁
滨孙飘流记》的框架！故事所说"己巳"，就是康熙二十八年（1689）；处理此事
的巡抚，是朱弘祚。

己巳秋，岭南从外洋飘一巨艘来，上有十一人，衣鸟羽，文采璀璨。自言
曰："吕宋国人。遇风覆舟，数十人皆死；惟十一人附巨木，飘至大岛得免。凡五
年，日攫鸟虫而食，夜伏石洞中，织羽为帆。忽又飘一舟至，橹帆皆无，盖亦海
中碎于风者。于是，附之将返，又被大风引至澳门。"巡抚题疏，送之还国。

康熙三十一年（1692），朱弘祚迁闽浙总督，晋兵部右侍郎兼都察院右副都
御史。康熙三十九年（1700），监修河工，"积劳成虐，遂不起"（张贞《朱公
弘祚行状》），卒于洪泽湖大堤工地。著有《清忠堂奏疏》、《记事诗》、《后
记诗》等。

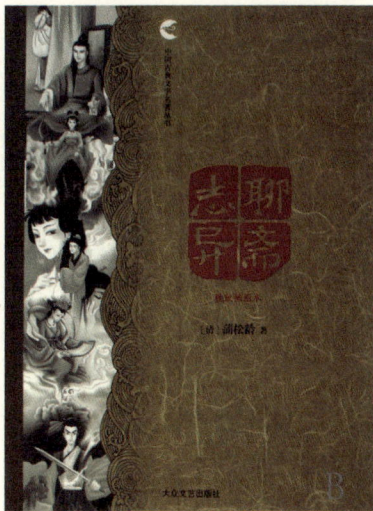

谏言爱民的杨雍建

杨雍建（1631—1704），出生于乡绅门第，家境较为富余。字自西，号以斋，杭州府海宁县（今浙江海宁市）人。自幼好学，初为嘉兴府（今浙江嘉兴市）府学贡生，后考入国子监。清顺治十二年（1655），考取第三甲第九十九名进士。次年，授肇庆府高要县（今广东高要市）知县，走上官场，步入仕途。

清代学者陈康祺撰《郎潜纪闻三笔·卷十·杨雍建宰高要时惠政》云："杨少司马以高要令行取入台。故事州、县内升，历三年方预荐牍。公作令一载，即就征，盖治行尤异也。"

《郎潜纪闻三笔·卷十·杨雍建宰高要时惠政》载，是时，清王朝统一全国的战争已经深入广东，高要县为广右要冲，两广总督王国光率师驻扎于此，下令征集民夫。"征民夫累百，縶若犬羊，置隙地。公下车未久，值岁除饮椒酒，忽起立曰：'民夫亦人子，何忍使之露宿。'命徙廊庑，彻酒食给之。夫泥首谢，有泣下者。"

清代初的"三藩"，是指平西王吴三桂、平南王尚可喜、靖南王耿精忠。

吴三桂（1612—1678），吴周政权的建立者。字长伯，一字月所，辽东（治今辽宁辽阳市）人，祖籍南直隶高邮县（今江苏高邮市）。明崇祯年间（1628—1644），授辽东总兵，封为平西伯，镇守山海关。后来，封为汉中王、济王。崇祯十七年（1644），降于清王朝，引清军入关，封为平西王。清顺治十八年（1661），处死南明王朝永历帝朱由榔于昆明府（今云南昆明市）。康熙十二年（1673），背叛清王朝，发动"三藩之乱"。康熙十七年（1678），在衡州府（今湖南衡阳市）称帝，国号"周"，建元"昭武"；八月，病死，由孙世璠继承皇位。

尚可喜（1604—1676），字元吉，号震阳，祖籍是平阳府洪洞县（今山西洪洞县）。清崇德元年（1636），太宗皇太极改国号为

"清"，封其为智顺王，赐海州（今辽宁海城市）为封地。顺治元年（1644），随摄政王多尔衮入关。次年，随豫亲王多铎南下，挥师湖北，后复归海州。顺治六年（1649），封为平南王，赐金册、金印，南征广东。次年，与靖南王耿继茂攻下广州府（今广东广州市）府城，实施大屠杀。顺治十二年（1655），上疏以"痰疾时作"为由，请求归老辽东。顺治帝以"全粤未定"，予以挽留。顺治十七年（1660），靖南王耿继茂移镇福建后，专镇广东。康熙十五年（1676）二月，长子之信发兵围困府邸，夺取广东的最高指挥权，响应平西王吴三桂叛乱。十月，在广州府病死，谥"敬"。

耿精忠（1644—1682），辽东盖州卫（今辽宁盖州市）人。清康熙十年（1671），其父靖南王耿继茂病死，袭爵，仍镇守福建。袭爵后，不断发展自己的藩镇势力，以封官晋爵拉拢党羽，笼络亲信；派遣心腹曾养性、白显忠、江元勋等分别接管福建延平（今南平市）、邵武、福宁（今霞浦县）、建宁（今建瓯市）、汀州（今长汀县）诸府。以"复明"为幌子，收买民心，令官、民剪辫留发，衣服、巾帽悉依明王朝的式样，且自铸"裕民通宝"钱币。康熙十二年（1673），朝廷下诏裁撤"三藩"，耿精忠自称"总统兵马大将军"，蓄发易冠服，与平西王吴三桂合兵入江西，被清军镇压，遂降。康熙二十一年（1682）正月，"三藩之乱"彻底平息，耿精忠被康熙帝凌迟处死。

再说，驻守云南的吴三桂、驻守广东的尚可喜、驻守福建的耿精忠等藩王已经形成很大的势力，与朝廷分庭抗礼。康熙十二年（1673）春，康熙帝作出裁撤"三藩"的决定。

康熙二十年（1681）冬，清军进逼云南，围攻昆明府。吴三桂之孙世璠自杀，余众出降，历时八年的"三藩之乱"终于被平定。对于清王朝来说，这是确立王朝稳定统治的标志。

端溪一带盛产砚石，平南王尚可喜、靖南王耿继茂命吏役使民采石制作砚台，而峡险洞深，须引篝火入洞照明，因缺氧而致死者多人。杨雍建力请罢役，"力减浮费，掾以砚奉，公力却不受"（《郎潜纪闻三笔·卷十·杨雍建宰高要时惠政》）。他以北宋时的清官包拯自比，廉声闻于部院、制府。

高要县有一种旧习，凡是县官公与私的用度皆由里长负担，每季需银四百余两。杨雍建到任后，革除陈规与旧习，蔬菜、大米等皆由自己掏钱购买，且撰文勒石接受百姓的监督。

杨雍建为政处事刚正不阿，铁面无私，不徇私情。

《郎潜纪闻三笔·卷十·杨雍建宰高要时惠政》云："军中索榕树条为缲绳，以燃炮火，风雨不熄。有百夫长持兵符下县征解，语不逊，公坐而挞之。泣告其帅，帅诉之制府王公国光，王公曰：'书生强直，廉吏方刚，是不可犯。'乃杖百夫长而荐公于朝。"

清代学者陈康祺对杨雍建给予高度的评价："公爱民洁己，风骨峻嶒，自非刀笔筐箧中人物。而护持善类如王公，亦岂易求之世之居高位者。"（《郎潜纪闻三笔·卷十·杨雍建宰高要时惠政》）

今广州市人民公园位于越秀区府前路，旧址为耿继茂的府邸。府邸的门前两旁耸立一对石狮，一雄一雌，高逾寻丈，"高大雄骏，东南稀有"（吴震方《岭南杂记·上卷》）。雄狮踩球，雌狮的胸前、背后各有一只幼狮玩耍，均立于高1.62米的石座上，古朴雄浑，很有气势。

顺治七年（1650）秋末，尚可喜、耿继茂攻下广州府城。他们视广州府府城为私有财产，将全城的百姓悉数赶出城外，地方政权的大小衙门亦被赶出城外，"城中皆其子侄及汉军藩下官员圈住"（吴震方《岭南杂记·上卷》）。

顺治十五年（1658），杨雍建入京，迁兵科给事中。

《清史稿·杨雍建传》云："王国光以是称雍建方刚，特疏荐。莅官甫一年，擢兵科给事中。"

次年正月十一日（1659年2月2日），尚可喜、耿继茂仍坐镇广东，杨雍建上疏，以自己"前吏粤东，目击粤民颠连困苦"，陈言广东害民之政："一、市井无赖每遇印官缺员，重贿钻营，以求委署。受事之后，取偿民间，势如劫盗。甚有游手冒名，饱则扬去者。此滥委之害。一、正赋之外，夫役、匠役有派，河船、马船有派，炮车、铅药器具有派。又有以藩令采买，名曰王谷、王席。此滥派之害。一、里役不立良法，但轮流值月，上官交际，军旅供应，皆于是乎取之。一遇值月，遂至倾家。此里役无定例之害。一、用夫不据勘合火牌，凡往来馈运、土木工作，皆妄滥差役。甚有抑勒折价，此处既折，彼处仍复取夫，在在流毒。此用夫无限数之害。一、奸商借纳饷名色，私立盐埠，不问贫富，计口派食，限期索价，且藉口私盐，吓诈厉民。此私埠之害。一、土官镇弁，创设私税。地不及二百里，抽者数处，以致商贾困匮。此私税之害。一、悍兵藉取柴火，凡坟树、果木皆强伐之。且污辱妇女，劫夺财物，道路阻绝。此砍柴之害。一、木商已为营弁占踞，及两藩采买反向民间，不得不重价购诸王商以应。此探木之害。夫去其疾苦，谋其生聚，在皇上大奋乾断而力行之。今川、贵底定，请移一王镇抚其地，以救粤民疲困。命所司察议。"（《清实录·世祖顺治实录·卷一二三》）"上寻命继茂移镇福建，雍建发之也。"（《清史稿·杨雍建传》）

其时，尚可喜、耿继茂二藩功高势重，得宠于朝廷，有弹劾者即质言问咎。广东布政司左布政使胡章因劾二藩，得罪藩王而被论绞刑，故藩王的害民诸端，廷臣皆不敢置议。杨雍建却"以新进小臣独奋舌及之"（李元度《国朝先正事略·卷四·杨以斋侍郎事略》），可谓有胆有识。

顺治十六年（1659）三月，杨雍建转礼科给事中。次年六月，杨雍建授吏科给事中。

由兵科、礼科再到吏科，杨雍建三迁未离谏台，所奏辄准，声誉日高。"公事世祖历三垣三载，疏前后三十上，尝一日而上九疏。于是，台省敢谏之臣数浙人居多，而舆论以公于天下事独见其大，群推公居第一。"（朱彝尊《杨公雍建神道碑铭》）

次年，杨雍建上书奏请严禁结社订盟，使明清之际盛极一时的党社运动顿遭扼杀。

康熙元年（1662），杨雍建转刑科给事中。

康熙三年（1664）十月，天现彗星，长达五十余日。歌功颂德者称为"含誉吉星"，杨雍建则不然。十二月，他上书云，彗星乃"上天仁爱人君，垂象示警，欲其恐惧修省，力行德政，加惠民生。……伏乞皇上清宫斋戒，力图修省。发德音，下诏旨，广求直言，详询利病。有可以惠百姓者，立赐举行，并饬内外文武、大小臣工，涤虑洗心，共修职业。"

（《清圣祖仁皇帝实录·卷十三》）

康熙帝喜欢杨雍建的直耿，"优旨褒答"（《清史稿·杨雍建传》），谕曰："杨雍建直言可嘉。星象示异，皆因德薄，敷政失宜所致。今惟力图修省，务期允当，以答天心。"（《清圣祖仁皇帝实录·卷十三》）

康熙十八年（1679），杨雍建任贵州巡抚。时云南的平西王吴三桂之孙世璠割据未平，贵州初复，民生凋残。期间，他立营制，禁侵掠，减徭役，禁革私派，抚恤流亡，开荒耕种，民渐以安。

康熙二十年（1681）冬，平叛"三藩"后，清军北归，途经贵州，有军纪不严者，杨雍建辄上章奏劾。是时，军中号为"杨一本"。

康熙二十三年（1684），杨雍建授兵部侍郎。

康熙二十五年（1686）十一月，杨雍建因母亲年迈有疾，恳请致仕，康熙帝许之。他回归故里后，"晨膳夕膳，而以粗粝自甘。遇簦笠旧友，胸无水旱冰炭。田衣山屐，舍车而徒行，道者不知为一品贵人也"（朱彝尊《杨公雍建神道碑铭》）。

康熙三十八年（1699），康熙帝南巡至浙江，杨雍建迎銮于三百里外，受赐御书"松乔堂"匾额。

康熙四十三年（1704）五月，杨雍建卒于家中，终年七十七岁。康熙帝闻讣，赐祭葬。

杨雍建一生推崇经学，言必准古。清代学者王晫著《今世说·卷三·文学》云："（杨雍建）性乐闲适，不近嚣埃。每读庄子，辄以为能移我情。"

杨雍建平日深居简出，绝少会宾客，以读书自娱。善书法，工文采，所上的章奏以"尽好文字"，为顺治帝所称道。

度曲以娱的两广总督吴兴祚

吴兴祚（1632—1698），字伯成，号留村、留邨。原籍为绍兴府山阴县（今浙江绍兴市），后移籍辽东清河县（今辽宁铁岭市东部），乃汉军正红旗人。

清代著名学者、书画家钱泳所著《履园丛话·丛话一·旧闻·吴留村》云：

吴留村，名兴祚，字伯成。其先本浙之山阴人。中顺治五年进士，时年十七。其明年，即选江西萍乡县知县，迁山西大宁县知县，升山东沂州府知府。以事镌级，左补江南无锡县知县者十三年，政通人和，士民感戴。忽有奸人持制府札，立取库金三千两，吴疑之，诘以数语，其人伏罪。乃告之曰："尔等是极聪明人，故能作此伎俩。若落他人手，立斩矣。虽然看汝状貌，尚有出息。"乃畀以百金，纵之去。

后数年，闽寇日炽，吴解饷由海道至厦门。忽逢盗劫，已而尽还之。盗过船叩头谢罪曰："公，大恩人也。"询之，即向所持札取库金者。由是其人献密计，为内应，将以报吴。时闽浙总督为姚公启圣，与吴同乡，商所以灭寇之法。康熙十五年冬，八闽既复，姚上闻，特擢福建按察使，旋升两广总督。

留村在无锡既膺殊遇，凤驾将行。锡之父老、士庶被泽蒙麻者，自县治以至河干，直达于省城之金阊门，八九十里，号泣攀留，行趾相接，不下数万人。其绅及受知之士，则操舟祖道，肆筵设席，鼓吹喧阗。或有执卮酒以献于道路者，亦连樯数十里，依依不舍。使君为之泫然，士民之感德如此。

清康熙十五年（1676），吴兴祚收复郑成功所占据的思明州（今福建厦门市）、金门岛（今台湾金门县）等地，擢福建按察使。

清代学者陈康祺撰《郎潜纪闻二笔·卷六·吴兴祚之治行》云：

康熙十五年冬，天子以闽海初定，思得文武兼济之臣以绥靖之，特擢吴兴祚为福建按察使。吴公籍山阴，时方知无锡县也。无锡当南、北孔道，苦供亿。抵任时，前官亏帑金，罣不得归者三人，役之在狱者三十余人。公慨然力为补苴请豁，官得归，役得出狱。金曰：吴公生我。县田久不清丈，飞诡隐匿，弊百出，输役者至破家。公以入官田千余亩，卖为役费，民害遂除。康熙八、九年，水旱

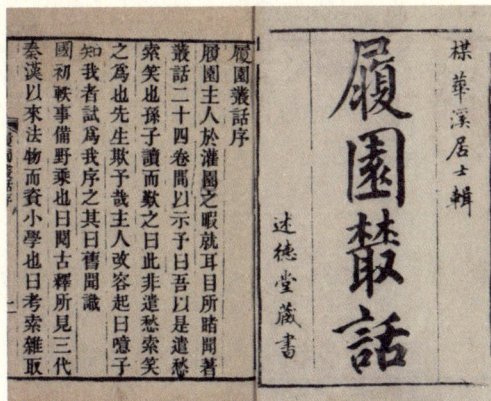

游臻，公为分乡赈粥之法，全活无算。苏州驻防兵回旗，公请令箭于都统，单骑弹压，有取民一鸡者，立笞之，以故兵过而民不知。其他惠政多类此，宜圣祖破格登庸，以七品卑官，骤迁宪长也。公后抚闽，平台一役，厥功尤多。

康熙十七年（1678），吴兴祚迁福建巡抚。

史载，康熙十九年（1680），吴兴祚与闽浙总督姚启圣、福建水师提督万正色、宁海将军拉哈达、水陆提督杨捷等，合力进剿占据金门、厦门、海澄（今福建龙海市）等地的反清势力郑经（郑成功之子）所部。

万正色先克海坛岛（今属福建平潭县），郑经的部将朱天贵遁逃。吴兴祚在泉州府会同拉哈达、总兵王英等，共赴泉州府同安县（今厦门市同安区），攻克汭洲、浔尾（今厦门市集美区）诸隘。随后，吴兴祚、万正色又与姚启圣、杨捷等会师攻克厦门。朱天贵投降，郑经退守台湾。

纳兰明珠（1635—1708），字端范，纳兰氏，满洲正黄旗人。精通满、汉文化，做事干练，待人热情，能言善辩。历任侍卫、銮仪卫治仪正、内务府郎中、内务府总管、弘文院学士、刑部尚书、兵部尚书、武英殿大学士，加太子太傅，晋太子太师，成为名噪一时、权倾朝野的重臣，人以"相国"荣称。后遭弹劾，退出内阁，不再受庞，最后郁郁而终。

康熙二十年（1681）二月初，纳兰明珠弹劾"福建提督万正色疏称大破贼巢，恢复海坛，并击败贼众，恢复梅州等处；巡抚吴兴祚疏称击破海贼恢复厦门、金门，夺取平洲"等，均是虚报失实。

兵部议复：前本部侍郎温岱差往闽省，闽浙总督姚启圣于众官会集时，跪陈恢复海坛岛、厦门、金门等处，福建提督万正色与海贼朱天贵相通。比时，贼已遁去，所得空地，并非对敌杀败恢复等语。此系妄报军功，未便即行议叙，俟福建水师提督万正色等明白回奏之日，再议事。

康熙帝问明珠："尔等云何？"明珠回答："万正色、吴兴祚初时即欲恢复厦门、金门，姚启圣等犹谓未可。今厦门等处皆正色等奋力克取，臣等之意，应严饬该部，敕下另议。"

大学士李霨、杜立德禀奏："此事关系封疆大臣，若有功者反令回奏，非所以鼓舞将士，理应严饬该部。"康熙帝曰："然。既已拓取疆域，若止令另议，恐立功者皆为灰心……"

都察院左都御史徐元文疏劾姚启圣妒功，康熙帝命姚启圣复奏。姚启圣说："朱天贵言之，臣始知之。"康熙帝仍命议叙，予万正色世职为"拜他喇布勒哈番（骑都尉）"，予吴兴祚世职"拜他喇布勒哈番兼拖沙喇哈番（骑都尉兼云骑尉）"。

康熙二十一年（1682），吴兴祚奉旨接替金光祖任两广总督，部院署驻于肇庆府。

吴兴祚任两广总督期间，颇有惠政，百姓安之。

《清史稿·吴兴祚传》云，吴兴祚任两广总督后，"疏言尚之信在广东横征苛敛，民受其害数十年。因举盐埠、渡税、税总店、渔课诸害，悉奏罢之。自迁界令下，广东沿海居民多失业。兴祚疏请展界，恣民捕采、耕种。上遣尚书杜臻、内阁学士石柱会兴祚巡历规画，兵、民皆得所"。

康熙六十年（1721）进士鲁曾煜撰《两广总督吴公兴祚传》云："潮之广济桥，闽、粤孔道，圮而民病。伯成曰：'吾犹不忘闽，况粤耶！'予白金四万两，桥圮前愈益固。在粤二十年，民便之。……出则重（骨孝）吹螺，大帅戎服，帕首裤靴，以威见惮；入则衣轻衣，从小僮二怀铅提椠，与骚人雅士酌酒分韵。"

康熙二十二年（1683），因肇庆府水师营卷入"吴三桂之乱"，吴兴祚将水师营改为"督标水师营"，春江营升为"春江协镇"，不属"肇庆协镇"，直隶于两广总督部院署。同时，他还增设督标的左、右、中、前、后五营，将肇庆协镇分为左、右二营，驻军增设至八营，约四千人。他还将原属水师营巡逻的水汛地十八个增设至二十一个，以督标五营守西路水汛地十三个、肇庆协镇守南路水汛地八个。

康熙二十七年（1688），吴兴祚增设东路水汛地三个，归督标水师营专责防守。

再说，康熙二十五年（1686），吴兴祚奏准朝廷，在肇庆府府署设立铸钱局，肇庆府成为两广地区的钱币发行中心。他在南明永历王朝的文华殿故址开炉鼓铸，每枚铸钱重约一钱，串钱值钱一两。

《康熙朝实录·卷一四一》云，康熙二十八年（1689），"都察院遵上□日议覆，给事中钱晋锡、御史王君诏疏参广东广西总督吴兴祚鼓铸浮冒、户部不行稽核一案。查吴兴祚先经题请鼓铸银两，就本省司库支银三十万两。于康熙二十六、七两年，止奏销十二万九千余两。余银十七万余两，并未奏销"。

为此，朝廷撤销铸钱局，吴兴祚降三级调用。

吴兴祚还是一个戏剧爱好者，嗜好戏曲音律。他曾任常州府无锡县（今江苏无锡市）知县十三年，"多阅吴越间老伶师奏伎，洋洋盈耳，知为风雅之遗"（吴秉钧《风流棒·序》）。

清代笔记小说家徐承烈撰《越中杂识·中卷》云，吴兴祚好"接交游，海内

175

名士尝聘致署中，暇则诗文觞咏，往往倾箧赠之"。

吴兴祚任两广总督期间，军政之余，无可消遣，干脆自组"家班"，在自家厅堂看戏过瘾。

家班，即家庭戏班，民间戏曲教育的一种形式。由私家蓄养童伶，延师教习，专为私人家中演戏之用。家班多为昆曲班，是明、清时期昆曲演出的主要形式。

吴兴祚与万树是故交，特别喜爱他的才学，聘请他为幕僚。

《嘉庆宜兴县旧志·卷八·人物志·文苑》云："吴大司马兴祚总督两广，爱其才，延至幕，一切奏议皆出其手。暇则制曲为新声，甫脱稿，大司马令家伶捧笙璈，按拍高歌以侑觞。"

万树（1630—1688），清初著名的诗人、词学家、戏曲文学作家。字花农，一字红友，号山翁、山农、香胆，常州府宜兴县（今江苏宜兴市）人。少年时，即遭变乱。嗣后，家境清寒，长期漂泊四方。顺治年间，以监生游学北京城，然仕途无缘，功名无着，白衣而归。购买吴氏"鹦鹉园"故址，加以修葺，命居室为"萝隐轩"。万树才思敏捷，才情卓绝，学识明达，工词善曲，勤于著作。

军政之余，吴兴祚常常与万树探讨穷研，填词作曲，度曲以娱。期间，万树取得了辉煌的成就：编纂《词律》，创作《十串珠》、《金神凤》、《念八翻》、《空青石》、《风流棒》等戏曲、杂剧。

清代剧作家吕洪烈撰《念八翻·序》云，万树"每脱一稿，则大司马留村先生必令家伶演之登场，授之梓人。盖不欲仅播之管弦，而传之名山也"。

同时，吴兴祚还聘请昆曲爱好者吕师濂、吕洪烈、吴绮、徐釚等为幕僚，谈文论道，切研词曲。

清代词人吴绮所作《家留村大司马招同诸君子宴集锡祉堂，兼送电发归里，用其原韵》诗，就是当时吴兴祚幕府"酒食邀嬉，声色之奉"的写照。诗云：

油幢高建海天雄，清夜留宾有上公。

筵敞氍毹歌扇碧，杯浮琥珀烛花红。

千山粤峤吟庄舄，一曲江南忆妙隆。

几度送归归未得，惯催乡思是秋风。

可以说，在当时的两广总督部院署内，形成了一个戏剧家集团和一个昆曲创作群体，吴兴祚无疑是这个集团和群体的轴心。

史载，康熙二十五年（1686）春，吴兴祚的家班在肇庆府演出了万树的新剧作《风流棒》，"观者神撼色飞，相与叫绝"（吴秉均《拥双艳·序》）。

吴兴祚任两广总督的后期，遭人诬害，"自崧台解组待命五羊，犹蹑屐花田，泛舟珠海，与骚人墨客吟咏唱和"（《肇庆府志·卷十七》）。

吴兴祚对万树有知遇之恩，故后者经常赋词酬答，如《望海潮·八日送大司马巡海》、《水龙吟·赠送吴都督宫云》、《宴清都·新正六日公宴》、《风入松·和大司马得月楼韵》、《莺啼序·上元赋吴大司马》、《满江红·庆投琼六赤词》等。不过这些词作或是歌颂吴兴祚的丰功伟绩，或是酒宴席间的逢场唱和，多为逢迎之词、恭维之语，缺少真情实感。

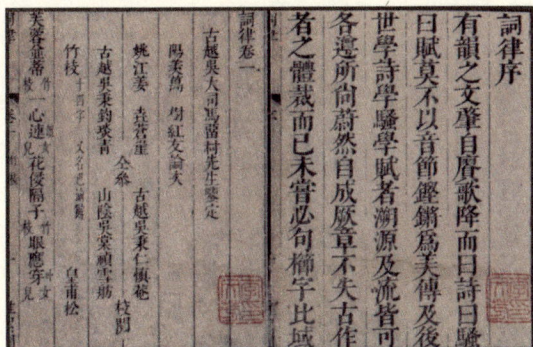

万树在吴兴祚幕府的生活虽然安定，周围也有许多志同道合的朋友以诚相待，谈文论道，但他始终闷闷不乐。原因很简单，他在公务之余，"抽暇赋词作曲"，为吴兴祚全家助兴，是一个"帮闲文人"。

当万树意识到自己的豪情壮志、满腹才学都付之东流时，十分苦闷。他开始厌恶这种灯红酒绿、歌儿舞女的幕府生活，渴望得到一种无拘无束的自由生活。

康熙二十七年（1688），万树终因怀才不遇，忧郁积劳成疾，遂拜辞吴兴祚，返回故里。在广西蒙江的舟旅途中，他不幸病逝，结束了坎坷不得志的一生。更为不幸的是，他身后萧条，没有留下子嗣。

陈恭尹（1631—1700），抗清义士陈邦彦之子，明末清初广东著名诗人。字元孝，初号半峰，晚号独漉子，又号罗浮布衣，广州府顺德县（今佛山市顺德区）龙山乡人。南明王朝亡后，定居广州府，与友人何衡、何绛、陶窳、梁槤相与砥砺名节，发愤读书，世称"北田五子"。工书法，与屈大均、梁佩兰并称"岭南三大家"，时称"清初广东第一隶书高手"。著有《独漉堂全集》，诗、文各十五卷，词一卷。

"三藩之乱"平定后，陈恭尹于康熙十七年（1678）秋被牵连下狱。他出狱后，心存畏惧，明哲自保，锐气逐渐消磨。晚年寓居广州府城南，筑室曰"小禺山舍"，后又迁居育贤坊"晚成堂"，日夕以诗文自娱。达官贵人有折节交者，他无不礼接，尤其是与吴兴祚来往酬唱最多。

陈恭尹曾写下《石室颂为留村吴大司马作》一文，盛赞吴兴祚。云：

端州北郊，积水之处，平野之中，数峰苍然，皆石也。如墨云涌地，蓬岛浮空，灵幻奇诡，不可殚穷。

其体则非圆非方，若断若续；委积层累，玲珑森矗；壁削崖刬，雄飞雌伏。其质则乳窦脂凝，雨皮黛绿；琢之磨之，坚金洁玉；细理波萦，回纹山蹙。其阳则轩敞闳谺，仙人之府；处冈中空，天然栋宇；乍阴乍阳，移寒易暑；玉几象床，垂钟悬鼓；足以宴坐千人，婆娑万舞。其幽则间道潜行，白石燃炬；游历山腹，达于后户；下视芒芒，莫测其处。其上则群峭相摩，诸峦竞秀；或眠或倚，如却如就；支柱盘拏，嶙峋皱瘦；木末槎枒，林根穿镂。

于是，高下其亭台，金碧其岩岫；抗鸟道于虹霓，等行人于猿狖。每当春尽雨深，夏秋荷放，在水中央，盈盈可望；一苇杭之，如行天上；长堤高桥，翠幄华舫；晴日佳晨，尊罍相饷。

其平原则讲武之所，恩威攸畅；司马临焉，云麾虎韔；克建元勋，更扬高唱；大笔如椽，射侯有㢾。盖其溪山神异，气象遐旷；挹高峡之浩纡，带西江之混漾，所以钟一郡之英华，增幕府之雄壮。

以其独立风涛之中，而定山称焉。位于北而数则七，故号于星焉；虚能受而美可居，故石室名焉。大匠不能经营其巧，图绘不足议拟其妙；君子得之以为广厦，斯为寒士之依；下民处之而为幽谷，所望阳光之照。乃献颂云：

二仪既判，流峙斯别。河岳之尊，及于丘垤。
惟土资生，以昌立物。未若兹山，峨峨丰骨。
广而有容，高而不伐。亦可茂林，坚而多节。
揆厥生初，从流荡汩。神鬼斧斤，蛟龙巢窟。
如凿如刳，为堤为乾。具此幽奇，终不泯没。
遂有金堤，狂澜式遏。深谷为陵，大观乃揭。
浩浩平芜，灵峰突兀。名彰千古，气雄百粤。
言乎其内，锋芒四射。言乎其外，成章五色。
天作兹山，以象明德。猗欤我公，文武是式。
定波八闽，安我南国。何以祝之，万寿无斁。

何以颂之，请勒岩石。

陈恭尹虽然与清王朝的官吏来往酬唱，却始终不肯仕于清王朝。他题居室为"独漉堂"，自称"独漉子"。

"独漉"是地名，在今河北涿县。《独漉篇》是"乐府古题"，原为四言体，写的是为父报仇。唐代大诗人李白将乐府古题的四言体改写为"杂言"，写的是为国雪耻。

陈恭尹取名"独漉"，表明其匡复之志始终并未泯灭，因此忧郁难平，终其一生，葬于广州府城郊外的祥云岭南麓。

易宏（1650—1722），清初诗人。邑人称他为"鹤山才子"，今广东鹤山市沙坪镇人。三十多岁时，他游览广州府府城的海幢寺，题《赠惺和尚》诗于墙壁。后被两广总督吴兴祚所见，赞其志，重其才，聘为幕僚。

康熙二十八年（1689），吴兴祚徙古北口都统，邀请易宏同行。易宏得以遍游中原、华东、华北，开阔了视野，更多地接近社会和平民百姓。易宏在这一时期创作了大量的诗作，且始编《云华子诗略》。

康熙三十七年（1698），吴兴祚去世，易宏返回故乡。不久，他蛰居肇庆府府城的法轮寺，息交绝游，以著述自娱，后病逝法轮寺。

《清史稿·吴兴祚传》云，康熙"三十五年，上征噶尔丹，命自呼坦和硕至宁夏安十三塘，兴祚原效力坐沙克舒尔塘。未几，复原秩。三十六年，卒。兴祚为政持大体，除烦苛，卒后远近戴之。历官之地，并俞祀名宦"。

陈康祺撰《郎潜纪闻二笔·卷六·吴兴祚之清贫》云：

吴督部兴祚仕宦四十余年，位一品。所得禄赐，尽以养战士，遗亲故，而居无一廛，囊无赢金。自两广还京师，与无锡秦谕德遇于瓜洲，脱粟枯鱼，酸寒相对。谕德曰："公贫乃至此乎？"明日与别，公喜见眉宇，告谕德曰："适有饷米数十石者，不忧馁矣。"见谕德所为公行状，从古天挺伟人，树立勋伐，固无不自清操峻节中来也。

郭世隆与《康熙御书碑》

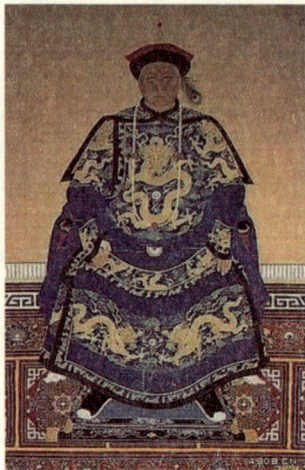

郭世隆（1645—1716），字昌伯，号逸斋，镶红旗人，原籍汾州府（今山西汾阳市）。康熙四年（1665），袭佐领。康熙八年（1669），授礼部员外郎。康熙二十五年（1686），升监察御史。康熙二十七年（1688），超擢内阁学士，兼礼部侍郎。康熙二十九年（1690），代于成龙任畿辅直隶巡抚。康熙三十四年（1695），擢闽浙总督。康熙四十一年（1702），奉旨接替石琳任两广总督，部院署驻于肇庆府。

康熙四十五年（1706），郭世隆深感康熙帝"宠赐频加，荣幸莫比"（《郭世隆述御书来历碑》），在肇庆府府城的崧台驿立下御书碑。他将自己和第三子朝祯、第四子朝祚所得康熙帝的手迹，摹勒于碑，以显示自己的荣宠。

《郭世隆述御书来历碑》镌刻于清康熙四十五年（1706），高0.57米，宽1.71米，楷书，云石。

原文如下：

尝观古君臣相得之美，都俞喜起，泰交一德，尚已！厥后，最著者莫如诗。然考臣之颂君，止天保一篇。而君之遣劳其臣，则有鹿鸣、四牡、皇华等篇。他如吉甫、山甫、梁侯诸作所称。大而土田、舆马、服御，以至肴蔌之细，靡不毕赐。迄今讽咏篇章，使为盛事焉。我皇上天授仁圣英武，六合数宁，八荒臣伏，允矣！迈五帝而咸三皇矣！而时殷殷于保泰，廑怀民生休戚。延访臣工，每加宠赉，以示奖劝。往往有御制诗章，或系念农桑，或志美鱼藻，莫不镂金锵玉，驾轶汉唐，宸翰淋漓。或传示方略，或谆励廉隅，率皆凤翥龙蟠，轶凌米董。天恩所被，光荣史册。世隆质劣才谫，猥以世职，备员禁旅。荷蒙知遇，改授春曹，特拔台垣，未期月而超擢阁学。历充四馆，总裁三谳大狱。不二载，而简授直隶巡抚。从前叠次颁赐优渥，未易笔罄。甲戌之夏，皇上躬阅堤工，世隆匍迎舟次，蒙赐御书端方绫扁及临董字诗扇。然此犹以地之近者言之也。乙亥春，特命总制浙闽，方虑去京师渐远，弗获时聆圣训。岁在丙子，我皇上亲总六师，荡平漠北，又蒙手诏，赐以《北征方略》及御书《凯旋诗》。己卯春，銮舆南巡，世隆伏迎道左，又蒙赐御书扁额、册页、手卷及珠帽、貂裘、靴褂、人参种种天厨珍馔。然此亦犹以地之稍远者言之也。迨壬午冬，奉命移节督两粤。天末远臣，北望燕台，五云高拱，展觐未能，恋主之诚，昕夕弥挚。乙酉秋，谨具摺本，弛请圣安。更蒙天语温问，赐御书诗扇、鹿脯诸珍。于癸未，蒙皇上赐御书一幅于世隆三子，镶红旗汉军参领兼佐领朝祯。乙酉春，圣驾南巡，赐御书一幅、诗扇一柄于世隆四子，淞江府同知朝祚。是世隆父子，咸被宸眷，殊恩异数，有加无已。感激之私，亦惟有恪共职守以勉，图报效于万一。第世隆伏念天章灿烂，焯汉昭天；宠赐频加，荣幸莫比。曩在直隶之清苑，闽之庐宫，曾特建御书亭楼，勒之贞珉，以志盛遇于不朽。今移驻岭表，道里悠长，依恋徒切。特于松台胜地，将前后御书，并摹诸石，庶几圣训煌煌，得时刻瞻仰。凛然天威咫尺，夙夜匪懈，以尽职守，不致稍或陨越。而凡宦游百粤及南服士民，亦莫不使之仰睹圣书法宝，超越前古。且俾知圣天子奖劝臣工，无非轸念元黎之德意。咸得观感奋兴，以名殚臣职而乐升平焉。是固勒石意也，又岂徒夸扬盛事云尔哉？

康熙丙戌元日，臣郭世隆恭纪。

臣郭世隆（印），西泠厉大标谨镌。

碑文中所说"天保"，是指《诗经·小雅·天保》；所说"鹿鸣"，是指《诗经·小雅·鹿鸣》；所说"四牡"，是指《诗经·小雅·四牡》；所说"皇华"，是指《诗经·小雅·皇皇者华》。

五块御书碑均镌刻于清康熙四十五年（1706），双龙顶额，云纹镶边，下置镌刻云龙的碑座；高2.2米，宽1.1米，端砚石。

御书碑之一：镌刻"端方"两个大字，楷书；《净名斋记》为小字，行书。

康熙三十三年（1694）二月十六日，康熙帝巡视直隶河工。是日，他留住西沽（今属天津市），谕令直隶巡抚郭世隆勘查修筑西沽至通州（今属北京市）间的北运河堤岸，并"赐御书端方绫扁及临董字诗扇"（《郭世隆述御书来历碑》）给郭世隆。

原文如下：

净名斋记

带江万里，十郡百邑，缭山为城，临流为隍者，惟吾丹徒。重楼参差，巧若图刊。地灵极倪，而云霞出没；星辰挂腹，而天光不夜。高三景，小万有者，惟吾甘露。东北极海野，西南朝数山者，谓之多景。然台殿羽张，宝堵中盘；五州之后，与西为阻。若夫，东眺京岘，西极栖霞。平林坡陀，淮海之域；远

岫隐见，滁泗之封。洪流东折，白沙之云涛如线；大碛南绝，中澪之嶷屃蔚起。筰山之隙，岩嵬双华；五州之外，嶒峻千叠。黄鹤宝势，珠捧于豆；长山异气，龙蠢于天。晨曦垂虹，时媚于左；长庚纤月，每华其右。千林霜落，万岭雪饶。春群于西郭，而秋留于南岩者，惟吾净名。天下佳山水固多矣。在东南，则杭以湖山彰其境，洪以西山弥其望，潭以岳麓周其区，皆一山也。而望两邦，逮穷荒，迢递发，周羽皇之叹者，有之矣。百川汇流而赴北，既浚既渊，亦沃亦荡也。多山引岭而趋东，且列且驱，各群各丑也。吾斋在万井之中，半天之上，乃右卷而一揖焉。此其所以得山川之多，而甲天下之秀也。至若，水天鉴湛，而博望弈槎；葭苇栧鸣，而詹何投饵。洪钟动而飞仙下，疾飚举而连山涌。地祇听法，水怪效珍，或鹏云压山，海气吞野。纤云漏月，清籁韵松。兜罗密而灵光生，阴霾合而大霆走。瑰奇忽忱，又不可得而详言之。襄阳米元章，将卜老丹徒，而仲宜长老，以道相契会。内阁蒋公颖叔以诗寄云："京尘汨没兴如何，归棹翩翩返薜萝。尽室生涯寄京口，满床图籍锁岩阿。六朝人物风流尽，千古江山北固多。为借文殊方丈地，中间容取病维摩。"于是，宜公以其末句命名。余亦冀公之与子同此乐也。念老矣，无佳句压其胜。后之登吾斋，览吾胜者，得不为吾赋乎？

大观元年夏五月重录一过，感慨系之矣。芾。

米芾（1051—1107），北宋书画家，"宋四家"（苏轼、黄庭坚、米芾、蔡京）之一。字元章，自号襄阳漫士、海岳外史、鹿门居士。祖籍太原府（今山西太原市），迁居襄州（今湖北襄阳市）。个性怪异，举止癫狂，遇石称"兄"，膜拜不已，人称为"米颠"。徽宗赵佶诏为书画学博士，人称"米南宫"。能诗文，擅书画，精鉴别。画枯木竹石，时出新意；画水墨山水，烟云掩映，人称"米氏云山"。擅篆、隶、楷、行、草等书体，长于临摹古人的书法，达到乱真的程度。

北宋元祐二年（1087），米芾定居镇江府丹徒县（今镇江市丹徒区）。大观元年（1107）三月去世，葬于丹徒县的长山脚下。

净名斋，乃镇江府润州（今镇江市润州区）的北固山甘露寺斋，米芾的借居之地。他在《净名斋记》中，表达了自己对丹徒县山水的无限眷念。

御书碑之二：镌刻诗两首，行书。第一首诗是康熙帝于康熙四十二年（1703）赐给汉军镶红旗参领兼佐领、郭世隆的第三子朝祯，第二首诗是康熙帝于康熙四十四年（1705）赐给松江府（今上海市）同知、郭世隆的第四子朝祚。

原文如下：

家在洞水西，身作兰渚客。天尽无纤云，独坐空江碧。唐句。

御沟风细水生波，喜得春来暖渐多。阶下绝无尘迹到，桥边只有侍臣过。临其昌。

"御书碑之二"的第一首诗是唐代诗人施肩吾所作，名曰"兰渚泊"，乃咏兰之作；第二首诗是明代书画家董其昌所作，名曰"送刘御侍"。

御书碑之三：镌刻诗扇，行书。康熙三十五年（1696），康熙帝赐给闽浙总督郭世隆。是年，康熙帝御驾亲征漠北，终于平定了历时近十年的厄鲁特蒙古准噶尔部首领噶尔丹之叛乱。

原文如下：

御书凯旋诗扇一柄，朕凯旋时所作。因万机之暇，偶书于扇赐卿。闽地湿热，此扇之清风可以解之。

战马初闲甲士欢，挥戈早已破楼兰。弥天星斗销兵器，照彻边山五月寒。班师之作。

溪上遥闻精舍钟，泊舟微径度深松。青山霁后云犹在，画出西南四五峰。

田田荷盖雨声齐，楼蕊缤纷向晚迷。树叶不愁点翠幄，秧针岂忆灌青畦。密林有意通宵响，茂草无知遍地蔓。偶尔喜吟今岁好，漫将诗句入新题。千叶莲池，夜闻雨滴之声。

乱泉飞下翠屏中，名共真珠巧缀同。一片长垂今与古，半山遥听水兼风。虽无舒卷随人意，自有溥溉济物功。每向暑天来往见，疑将仙子隔房栊。唐律。

史料记载，康熙二十九年（1690），噶尔丹在乌兰木通（今内蒙古克什克腾旗）战败后，虽然曾向清朝廷认罪立誓，上书请降，但反叛之心并未改变。不久，噶尔丹又在科布多（今蒙古国西部）集合旧部，且向沙皇俄国乞援，企图重

整旗鼓，东山再起。

为了防止噶尔丹再度来犯，康熙帝重新调整北疆的兵力部署，加强边境各个重镇的守备力量。他将漠南的喀尔喀蒙古部分为左、中、右三路，编为三十七个旗，与内蒙古的四十九个旗同列，且在漠北加强守备。在内地与漠北之间设立蒙古驿站，在满蒙八旗兵中组建火器营，加紧训练。

康熙三十三年（1694），康熙帝诏谕噶尔丹前来参加"喀尔喀会盟"。噶尔丹不但拒绝，反而声言要清朝廷把"喀尔喀蒙古四部"（赛音诺颜汗部、扎萨克图汗部、土谢图汗部、车臣汗部）之首的土谢图汗部和"藏传佛教四大活佛"（达赖喇嘛、班禅额尔德尼、哲布尊丹巴呼图克图、章嘉呼图克图）之一的哲布尊丹巴呼图克图大喇嘛交给他处置，还遣使到内蒙古科尔沁等部，策动背叛清朝廷。清廷得报后，立即调集兵马，准备出师进击。

次年九月，噶尔丹率领骑兵三万，攻入喀尔喀蒙古车臣汗部。随后，他又率领骑兵沿克鲁伦河（今蒙古国境内）东下，进抵巴颜乌兰（今蒙古国乌兰巴托东南、克鲁伦河上游）。他还扬言过冬后，将借俄罗斯鸟枪兵六万，大举进犯清朝的疆土。

在这种形势下，康熙帝决定再次御驾亲征。

康熙三十五年（1696）二月，康熙帝下令发兵十万，分为东、中、西三路进击噶尔丹。黑龙江将军富察·萨布素统兵九千人组成东路军，越兴安岭，出克鲁伦河，侧击噶尔丹；抚远大将军董鄂·费扬古统兵四万六千人组成西路军，由归化（呼和浩特）、宁夏越过沙漠，沿翁金河北上，切断噶尔丹的退路；康熙帝亲率三万四千人组成中路军，出独石口（今河北赤城县北），经克鲁伦河上游地区而北上，切断噶尔丹的退路，与东、西两路军夹击噶尔丹。

在"昭莫多之战"（昭莫多，今蒙古国乌兰巴托南宗英德）中，清军大败噶尔丹。此后，噶尔丹势孤力寡，清军追击不舍，噶尔丹服毒自尽，历时近十年的叛乱终于得以平定，喀尔喀地区重新统一归于清朝。

"御书碑之三"的第二首诗是唐代诗人郎士元所作，名曰"柏林寺南望"；第四首诗是唐代诗人罗邺所作，名曰"题水帘洞"。

御书碑之四：镌刻竖一行"岳牧之任"四个大字，楷书。康熙三十八年

（1699），康熙帝南巡，赐给闽浙总督郭世隆。

原文如下：

岳牧之任。

康熙御笔之宝（印）。

岳牧，乃传说中尧、舜时"四岳十二牧"的简称。

《史记·卷六十一·伯夷传》云："尧将逊位，让于虞舜，舜、禹之间，岳牧咸荐，乃试之于位，典职数十年。"

后来，以"岳牧"一词泛称"封疆大吏"。

北宋文学家范仲淹撰《青州谢上表》云："海岱之区，地望攸重；岳牧之任，邦选甚隆。"

明清之际思想家、史学家、语言学家顾炎武著《菰中随笔·卷八》云："士之才智可效一官者，苟非宿登仕版，则虽见知于方镇岳牧，亦不能稍振拔之，以收其用。"

御书碑之五：镌刻诗句，行书。原诗是北宋书画家米芾路经平州府（今江苏苏州市）的闾门，在舟中所作。康熙三十三年（1694），康熙帝路经闾门，在舟中临摹米芾的字帖，赐给正在该处督修水利的畿辅直隶巡抚郭世隆。

原文如下：

苹风忽起吹舟悍，雨打图书衰裹乱。闾门只尺不安流，何况盟津与江汉。非无轻楫并长棹，逆风流水适相遭。须臾风迥水流顺，星宿浮槎问月高。

闾门舟中戏作，米芾。驻跸闾门舟中临。

在今肇庆市，原有十四块《康熙御书碑》。但是，随着历史的变迁，现仅存以上五块《康熙御书碑》，均具有极高的历史价值和书法艺术价值。

185

清初爱国诗人易宏

　　在明清交际鼎革、社会动荡激烈之际，可供当时士大夫选择的道路只有三条：或当死事之忠臣，如著名的"岭南三忠"陈邦彦、张家玉、陈子壮；或靦颜事清，如诗人钱谦益等；而介乎于两者之间，便是那些隐遁志士，前文提到的易宏便是其中一个。

　　那么，易宏是何许人也？

　　易宏（1650—1722），字渭远，别字秋河，又号云华子、坡亭子，邑人称为鹤山才子，今广东鹤山市沙坪镇人。

　　易宏出身书香门第，自幼受到良好的文化教育，学问渊博，才华出众。父亲奇际亡后，他闭户攻读，"年廿尚未知名"，但学习非常刻苦。

　　清代名士苏楫汝的《赠易宏诗》，描述了易宏寒窗苦读的情景。诗云：

　　猗欤坡亭子，十载卧瓮牖。

　　室无担不储，读书穷二酉。

　　后来，易宏写得一手好诗，又写得一手漂亮的骈文，终于像一颗晶莹的宝石放射出不可掩盖的光芒。

　　易宏三十多岁时，游览广州府府城的海幢寺，题诗《赠惺和尚》于墙壁。诗云：

　　岩烟深处碧层层，传得西来未绝灯。

　　龙影静沉孤钵水，镜台空尽一心冰。

　　吟边香绕闻花落，定里光悬见月升。

　　莫怪鲁儒稀子弟，十年王谢半为僧。

　　吴兴祚见了易宏题于海幢寺墙壁的这首诗，赞其志，重其才。他通过广州府新会县（今江门市新会区）县令礼请易宏相见，且聘为幕僚。

　　易宏抵达吴兴祚幕府之日，时值正月十五元宵节，适逢有雨。吴兴祚邀他与江南名士王础臣、周万山联赋《粤台春雨》诗。

　　联赋不但要博学多才，

更需才思敏捷，无异是对诗人的一次严格面试，妍媸巧拙当场立见。

《粤台春雨》诗云：

雨暗梅花国（吴），云迷赵尉台（王）；

一林滋润泽（周），五岭绝尘埃（易）。

虹影天边没（吴），蜃楼海面开（易）；

烟深藏嫩柳（周），雪重落寒梅（王）。

龙德乘春令（易），豹文隐雾堆（吴）；

新花生艳色（周），陈物起寒灰（王）。

满座犹珠履（王），销寒倾玉杯（吴）；

青蛾频度曲（吴），白雪独呈才（易）。

对此金钗落（王），何须玉漏催（易）；

酒人东阁集（吴），公子西园来（周）。

纵饮无人敌（吴），高吟有客陪（易）；

灯花开幕府（王），烟火彻云衢（易）。

秉烛期三鼓（吴），为霖遍八垓（易）；

芙蓉殊艳丽（周），鹦鹉散潆洄（易）。

歌绕梁尘坠（王），樽倾北斗颓（周）；

欢歌同百粤（易），壮志薄三槐（吴）。

从《粤台春雨》诗中，我们可以看到，全诗共有十六联、三十二句，每人应作八句，而易宏却作了十句。同时，在第二、三、五、六、七、八轮中，易宏都是抢答。在这场联赋中，易宏才思敏捷，出口成章，抢先答句，确实压倒了众人。

鹤山县文人吴应逵于清道光年间著《易秋河先生传》云："制军命同赋《粤台春雨》诗，自击钵催之，迟者罚三爵。坐客皆困，先生应声立就。制军拊掌曰：'真倚马才也，南海明珠入吾掌握中矣！'大呼索酒自贺，且以饮先生。于是，先生声名藉甚。"

康熙二十八年（1689），吴兴祚徙古北口都统，邀请易宏同行。易宏得以游历全国，"南极百粤，北尽穷边，东逾宁台，西出雁塞"，历湘（湖南）、楚（湖北）、苏（苏州）、杭（杭州），五岳（东岳泰山、西岳华山、中岳嵩山、南岳衡山、北岳恒山）登其四，大大开阔了视野，更多地接近社会和百姓。

"读万卷书，行万里路"，易宏的才、识、学都得到很大的发展，同时创作了大量的诗词。

易宏到北京柴市口拜谒文天祥祠，缅怀民族英雄，写下《柴市谒文丞相祠》诗。这首诗写得沉痛深婉，赞颂了文天祥坚贞不屈、从容就义的爱国丹心，寄托了亡国之思。诗云：

从容就义古今难，三载长悬一寸丹。

崖海已怜非白水，燕山那敢望黄冠。

纵成精卫河犹塞，便化啼鹃血未干。

欲向西台无处哭，英雄真有恨漫漫。

易宏来到素称"人间仙境"的登州府蓬莱县（今山东蓬莱市），却无心观赏仙山琼阁，而是凭吊高节的"田横五百士"，写下《蓬莱阁望海》诗。

其一云：

到来有恨恨难平，尽日登临感慨生。

海上有身留玉貌，人间无墓哭田横。

烟波总是灵风黑，日影何曾碧落清。

西望关山何处好，凄凉天地一沾缨。

其二云：

乘桴我欲此中来，闻说蓬莱亦劫灰。

万古只应沉日月，九渊无复起风雷。

珠明有泪鲛人泣，气结成楼蜃影开。

一线乾坤随浪尽，英雄末路总堪哀。

高节的"田横五百士"，《史记·田儋传》记载了其事。

田横（前250—前202），是秦王朝末期齐国的旧王族，继田儋之后为"齐王"。秦末陈胜、吴广起义，四方豪杰纷纷响应。汉高祖刘邦消灭群雄、统一天下后，田横与部下五百人退往海岛。汉高祖听说田横很得人心，担心他会日后为患，下诏称如果田横前来投降，可封侯；如果田横不来投降，便派兵把海岛上的五百人全部消灭。田横为了保存海岛上五百人的性命，带领两个部属，离开海岛，向京城进发。到了离京城三十里之处，田横自刎先死，嘱两个部属拿着他的

头颅去见汉高祖，表示他不愿意接受投降的屈辱。汉高祖依王礼埋葬田横，且封两个部属为都尉。但是，两个部属在埋葬田横时，亦自杀于田横的墓穴内。汉高祖派人去招降海岛上的五百人，但他们听说田横已自刭而死，皆蹈海而亡。

司马迁感慨地写道："田横之高节，宾客慕义而从横死，岂非至贤！"（《史记·田儋传》）

易宏的《怀南岳》诗，颇有凌云之气，表现了对美好境界的追求。诗云：

南离莫衡山，五峰为最尊。
祝融居绝顶，呼吸接天门。
天门洵咫尺，峰半群仙集。
笑口流电光，庞眉称仙伯。
羽葆飘云霓，玉女迎风立。
招余骖乘行，斑麟驾画轼。
飙轮驭九霄，翔风回八极。
下视尘世中，茫茫皆火宅。
沙虫不可见，猿鹤盈阡陌。
异类变须臾，面目那复识。
感此令人伤，因之长叹息。
……

易宏登上肇庆府府城的崧台，吊古伤今，感慨万千，写下《崧台怀古》诗。诗云：

门掩西风水一涯，故宫长锁旧烟霞。
千年有恨悲黄屋，六诏无因返翠华。
浩浩风涛秋涨急，萧萧禾黍夕阳斜。
行人莫上崧台望，满眼兴亡对落花。

易宏登上肇庆府府城的阅江楼，追思往事，抒发情感，写下《江楼偶晤迹公感赋》诗。诗云：

两度离心三十秋，偶逢飞锡驻江楼。
每怜世俗难青眼，未见河清已白头。
往事暗随风絮去，闲身空被水云留。
屠沽有恨真惭我，一剑茫茫总未休。

易宏感激吴兴祚的知遇之恩，以幕僚的身份跟随吴兴祚长达九年时间。他曾写下《上吴留村制府启》，以恳切的言辞，表达了对吴兴祚知遇之恩的真挚感情。

原文如下：

伏以伯乐别为千里，则驽马超群；中郎加以七丝，而枯桐发响。孤情有所独控，下必因人；微力莫可高飞，是惟附骥。自惭庸谫，弥切瞻依。恭惟制府大司马吴大宗师老大人阁下：

运世金璇，擎天碧础。一剑寒两粤，士林仰若欧苏；丰采动朝廷，当世倚为伊傅。远继赤舄，宏施南土，商霖近启黄扉，光赞中天尧日。兼舟楫盐梅之任，彰大儒元老之勋。一识不愿封侯，荆州何以得此；千金犹当市骨，燕昭岂谓徒然。某惆怅千秋，飘零一铁。孤灯缃帙，每叹黍谷之无阳；寒梦锦衣，徒望瑶台而倚月。陷迷途于服岭，焉知是处津梁；仰大厦之连云，更有谁家门户？隶东人而咏九罭，已荷殊恩；干太尉而冀一言，岂期过望！讵先容不藉，高厚宏施。幸邀三生，奇逢千古。比孔融之谒司隶，尚藉通家；方贾岛以遇昌黎，曾无觌面。在昔人得此，已属非分之荣；况今日逢之，实出旷世之典。直是云天雨露，不择草野芳菲。自顾何人，滥承宠渥，亲朋亦喜，窭寐犹惊。初闻命而感极涕零，继忖心又惭深汗下。恐辽阳献豕，千里愧回；黔地载驴，一鸣技尽。贻羞小儒之党，有辱大贤之名，则粉身不足赎愆尤。而没世再难期知遇。用是搜集亡散，不敢幽藏，仰进雕虫，恭祈点铁。捧草书于日御，照彻半生之迷；索布鼓于雷门，唤醒千年之梦。虽云阶盈尺，有愧供奉之扬眉；而春草片词，曾无乐天之惊目。

伏愿承天浴日，继往开来，裁小子以成章，照孤寒为佳士。中天文岳，俯怜拳石之茕茕；东海词溟，广收勺泉于浩浩。德均覆载，生成之大；恩同父师，教育之深。吟蚓饮泉，幸化寒蝉于月露；朽绫坠土，或成彩蝶于春风。启半天之龙门，起道旁之鱼辙。某幸成草木，尚具肝肠。捐躯不敢后于古人，感铭当永怀没齿。某临启不胜，翘企切仰之至。

文中所说"伯乐"，乃春秋时期郜国（今山东成武县）人，善于相马。唐代政治家、文学家韩愈著《杂说·马说》云："世有伯乐，然后有千里马。千里马常有，而伯乐不常有。"所说"中郎"，是指东汉文学家、中郎将蔡邕。《后汉书·蔡邕传》云："吴人有烧桐以爨者，邕闻火烈之声，知其良木。因请而裁为琴，果有美音。"

文中所说"欧苏"，是指欧阳修和苏轼，乃北宋散文史上相提并举的两位杰出人物。所说"伊傅"，是指伊尹和傅说，均为商王朝的贤相。

文中所说"荆州"，是指唐代荆州大都督府长史韩朝宗。大诗人李白云："生不用封万户侯，但愿一识韩荆州。"（《与韩荆州书》）所说"燕昭"，是指战国时期的燕昭王，乃渴于求贤之君，"乐毅自魏往，邹衍自齐往，剧辛自赵往，士争凑燕"（《战国策·燕策一》）。唐代沉亚之著《上寿州李大夫书》云："昔者燕昭以千金市骏骨，而百代称之。非直朽骨之可贵也，意必在将来之良而已矣。"

　　文中所说"九罭"，是指《诗经·豳风·九罭》一诗。《毛诗·卷八》云："《九罭》，美周公也。周大夫刺朝廷之不知也。"南宋著名理学家、哲学家、诗人朱熹撰《诗集传》云："周公居东之时，东人喜得见之。"

　　文中所说"孔融"，字文举，乃东汉文学家，为"建安七子"（孔融、陈琳、王粲、徐干、阮瑀、应玚、刘桢）之首。南朝宋小说家、文学家刘义庆撰《世说新语·上卷·言语第二》云："孔文举年十岁，随父到洛。时李元礼有盛名，为司隶校尉。诣门者，皆俊才清称及中表亲戚乃通。文举至门，谓吏曰：'我是李府君亲。'既通，前坐。元礼问曰：'君与仆有何亲？'对曰：'昔先君仲尼与君先人伯阳有师资之尊，是仆与君奕世为通好也。'元礼及宾客莫不奇之。太中大夫陈韪后至，人以其语语之，韪曰：'小时了了，大未必佳。'文举曰：'想君小时必当了了。'韪大踧踖。"

　　文中所说"贾岛"，乃唐代诗人；所说"昌黎"，是指唐代文学家、哲学家韩愈。南宋魏庆之著《诗人玉屑·卷之一五·僧敲月下门》载："《刘公嘉话》云：岛初赴举京师，一日于驴上得句云'鸟宿池边树，僧敲月下门'。始欲着'推'字，又欲着'敲'字，炼之未定，遂于驴上吟哦，时时引手作推、敲之势。时韩愈吏部权京兆，岛不觉冲至第三节，左右拥至尹前。岛具对所得诗句云云，韩立马良久，谓岛曰：作'敲'字佳矣。遂与并辔而归，留连论诗，与为布衣之交。"

　　文中所说"辽阳献豕"之句，出自东汉大臣朱浮撰《为幽州牧与彭宠书》，云："往时，辽东有豕，生子白头，异而献之。行至河东，见群豕皆白，怀惭而还。"所说"黔地载驴"之句，出自唐代文学家、哲学家柳宗元撰《黔之驴》，云："黔无驴，有好事者船载以入。至则无可用，放之山下。虎见之，庞然大物也，以为神，蔽林间窥之。稍出近之，慭慭然，莫相知。他日，驴一鸣，虎大骇，远遁；以为且噬

己也，甚恐。然往来视之，觉无异能者；益习其声，又近出前后，终不敢搏。稍近益狎，荡倚冲冒。驴不胜怒，蹄之。虎因喜，计之曰：'技止此耳！'因跳踉大㘎，断其喉，尽其肉，乃去。"

康熙三十一年（1692），吴兴祚去世。易宏谢绝其他官员的聘请，回归故里。后来，他走上消极隐居的道路，蛰居肇庆府府城的法轮寺，息交绝游，闭门著述，度过了三十多载余生。

易宏死后，安葬在梅庵的右侧，墓碑书"才人易秋河之墓"。

肇庆府府城的百姓喜爱易宏的品学兼优，每逢清明节、重阳节前来游览梅庵，必定到他的坟墓前凭吊一番。

宣统二年（1910），署广肇罗道易顺鼎重新修整易宏的坟墓，树碑石，作墓铭。从此，这座坟墓成为当地有名的古迹，与梅庵并称"城西双绝"。

陈在谦，字六吉，号雪渔，肇庆府新兴县（今广东新兴县）人。清嘉庆九年（1804），考中举人。官广州府清远县（今广东清远市）教谕，监广州府越华书院院事。

陈在谦写下《同黄香石、翟斋、南欣、宏善二上人，游梅庵兼访易秋河墓》一诗，追忆往事，感慨万千。诗云：

城西十里是烟霞，江上青山绕廓斜。

人并芳僧来古刹，地传过佛种梅花。

心田慧结情中果，舌本香留话后茶。

词客万年荒冢在，夕阳明灭路三叉。

肇庆府训导黄培芳赋诗《吊易秋河墓》，表达了自己对易宏的缅怀和敬仰。诗云：

寓公遗冢傍寒梅，碑碣重添辟草莱。

万里旧游名岳遍，一抔空剩乱云堆。

心栖梵刹仍无著，神乞文章始见才。

对此苍茫须痛饮，几人醉酒到黄埃。

近代著名词家、学者汪兆镛赋诗《梅庵寻易秋河墓》，以悼念易宏。诗云：

宣统二年，署广肇罗道易顺鼎为树石表墓，集句题联云：几见蛾眉奔蒿里，平揖荆蒿入酒杯。上句出本集，下句吴留村制府题其集语也。

不见梅花放，茅庵倚废阡。

诗吟遗老尽，迹付野僧传。

马鬣余三尺，蛾眉恨百年。

隔溪风雨至，鸡酒益凄然。

易宏所撰《云华阁诗略》，共收入二百六十六首诗，绝大部分是抒情诗，就体裁而言，律诗占了大部分。他能够挥洒自如地运用格律严整的五言、七言近体来抒写深沉的情怀，造语清丽，用词恰切，旨意深蕴，表现出杰出的才华。

吴兴祚在《云华阁诗略》卷首的题诗，对易宏的诗作给予了很高的评价。诗云：

思入风云传绝响，力穷天地识惊才。

齐驱鲍庾归毫颖，平揖荆蒿入酒杯。

嶂岭月明怀往事，楚峰云起忆荒台。

三年不断扬州梦，莫是前生小杜来。

诗中所说"鲍庾"，是指南朝宋王朝文学家、诗人鲍照和北周王朝文学家庾信的并称；所说"小杜"，是指唐代诗人杜牧，留下"十年一觉扬州梦，赢得青楼薄幸名"（《遣怀》）之名句。

光绪十八年（1892）探花陈伯陶评价易宏："所为诗，清丽芊绵，间作苍凉沉郁之句，时谓诸名辈中，宏诗可称秀绝。"（《胜朝粤东遗民录》）

此外，易宏还著有《道德经注》六卷、《坡亭词钞》一卷和《青山外史》、《金丹会辑》、《龙沙别纪》、《五湖新咏》、《端溪诗述》等。

吴联与题名题咏题字石刻

吴联，号拔庵，漳州府南靖县（今福建南靖县）人。平生慷慨任侠，结交的朋友多是社会的英才俊士。因劝说抗清名将郑成功的部将归附朝廷而有功，授副总兵。时逢吴三桂叛乱，随清军出征海州（今江苏连云港市），大战洞庭湖，收复岳州府（今湖南岳阳市），因功授右营游击。嗣后，带兵从征四川、云南、贵州等边远地区。十余年间，屡立战功，升广西参将。康熙三十年（1691），授端江都尉。康熙三十四年（1695），钦命协镇肇庆府，任左都督管副总兵事。在整肃军纪、训练军队、安抚少数民族等方面，表现突出，功绩显著，受到当地百姓的拥戴。年七十岁，在家逝世。

至今，七星岩风景名胜区摩崖石刻还保存着三幅"吴联题字题咏"石刻。

第一幅是"吴联题字"石刻，位于玉屏岩南口登玉皇殿的路旁，镌刻于清康熙二十五年（1686）。石刻高0.62米、宽0.4米，大字为隶书，小字为行书。

原文如下：

聊堪共语。

丙寅夏六月，过端州登此山。

闽漳吴联书。

第二幅是"吴联题咏"石刻，位于石室岩下的石室洞口西侧，镌刻于清康熙二十五年（1686）。石刻高0.4米、宽0.3米，行书，共有七行。

原文如下：

屐齿来登眺，临风万象齐。

天空红日近，石耸白云低。

星宿当年骤，名山此日跻。

嵩台千仞削，拂翠共留题。

丙寅蒲月，闽漳吴联题。

第三幅是"吴联题咏"石刻，位于石室岩下的石室洞口东侧，镌刻于清康熙四十年（1701）。石刻高2.7米、宽2.3米，行书，共有六行。

原文如下：

辛巳菊月，端江尉吴联题。

七星峰连，洞壑云烟。

居天北斗，峙地巍然。

岭南胜迹，蓬莱比肩。

携尊较射，优焉游焉。

归去来今，书以纪年。

至今，"西江小三峡"之一的羚羊峡北岸的清风阁石壁还保存着"吴联题字"石刻，镌刻于清康熙三十年（1691）。石刻高3.6米、宽6.5米，楷书。大字为横一行，每个字高、宽各2米；小字为竖两行，分别镌刻于大字的两侧。

原文如下：

江上清风。

康熙辛未，闽中吴联书。

清康熙三十年（1691），吴联为文林郎、高要县知县刘璟镌刻《梅庵置香灯田碑记》，今存于梅庵的前廊。碑高1.46米、宽0.76米，碑额为楷书，正文为行书，端砚石，刘璟撰文。

原文如下：

戊辰之秋，余膺简命，协镇端州，得交石草老人于梅庵。甚善，常往来焉。□□□□弗逮，于己巳四月，殃及第四子钊，一疾云亡。遂卜葬于梅庵□□山后。余访石草，时亦得见吾第四亡儿之茔。第思亡儿□□□□□□□朝廷之糈禄，犹愿其出世而种菩提之因果。因石草以□□□□□□□佛法。令住持僧光大上人立其法名，建牌位于祖殿西廊。薄捐奉二十金，置田载税四亩四分，坐落□□□梅庵前左边。年收租谷，以供亡儿春、秋永远祭祀之资。俾其闻偈听经，证彼觉悟；晨钟暮鼓，破其痴迷。而石草与光大亦遂欢欣从事，以成余痛悼亡儿钊之志也。爰立石以为记。

康熙三十年岁次辛未清明日立，端江都尉吴联勒石。

至今，梅庵还保存着吴联撰文的《重修佛殿碑记》。该碑镌刻于清康熙三十五年（1696），高1.68米，宽0.68米，碑额为隶书，正文为行书，端砚石。

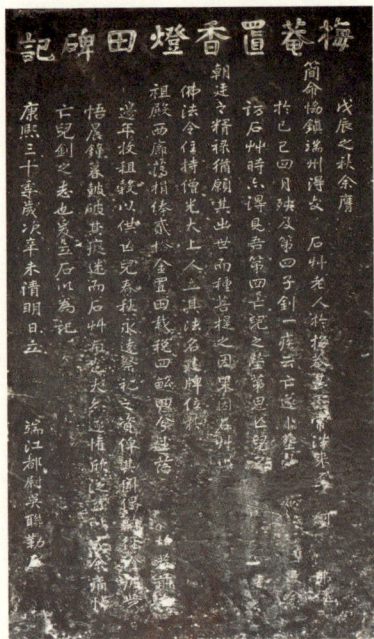

原文如下：

　　梅庵建于宋至道间，六祖禅师飞锡往来之地。住持僧光大，继其师祖芯蒭之传而居焉。有诗僧石草同寓庵中，历数十祀于兹矣。自康熙九年重修之后，山门与祖师殿尚岿然如新。惟世尊诸佛殿，负山砌壁，风雨易倾。光大坚心谋欲复构，诸善信亦欢喜重修。曾叩余出一疏，以赞洪施。不数日，即择吉鸠工矣。余承乏八载，请凡局蹐，数阅月不得一过梅庵，并忘念及世尊殿之为何如计也。适

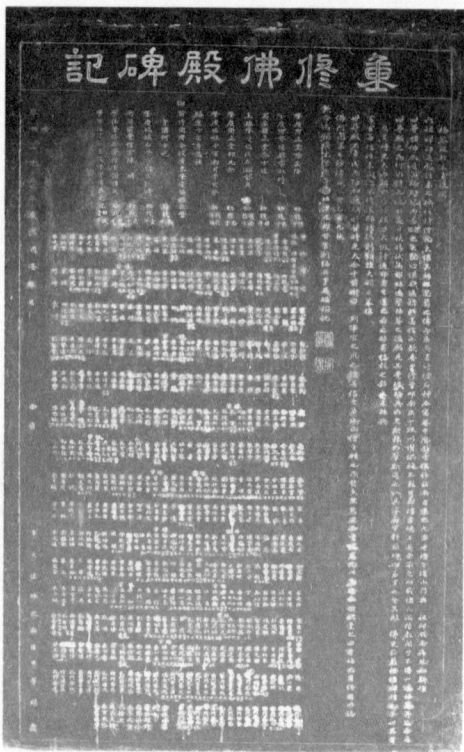

于是日秋晴，试马郊北，远望梅庵之后殿，见其薨檐轮奂，如矢斯棘，如翚斯飞。入其庵，廊宇轩厂，碑砌易置也。登其殿，佛光庄严，灯幡辉煌。余心异者久之，呼光大而揖曰："喜汝法力，大假神通。非有生莲之舌也，非有蟠龙之钵也，有能与宰官善信往来，交游不绝？复能拮据艰难，发大愿力，募构世尊殿，不日成而倍加巍焕于昔时！"光大合十前谢曰："列宰官之庇也，诸善信之力也，山僧之愿也。"乃焚香煮茗，延余坐，请为记以勒之。余欣然受之曰："有始必有终。"因以志佛门因果之妙谛云。

　　时乙亥九秋，钦命协镇广东肇庆等处地方，左都督管副总兵事吴联撰记。吴联之印（印）。

　　时康熙三十五年岁次丙子腊月念七吉日，住持比丘通日等镌。

　　（按：篆印后，立碑日期之前为捐款人名，不录。）

宋志益与《重修包孝肃公祠堂记》碑

包拯知端州军州事期间，直言敢谏，公正严明，廉洁自律，关心民瘼，赢得了当地百姓的景仰和缅怀。"官满归之日，不持一砚。其有功于端民者固多，至今非独端民称颂，普天之下，虽妇人、孺子，无不知包待制之名。夫有功于民，则祀之。"（黄瑜《请祀包孝肃疏》）

明代学者张诩撰《宋包孝肃新祠记》载，在肇庆府所有任职的官员中，包拯首称"名宦"。"端之名宦，每以宋包孝肃公为首称。而公之善政，每以清正为之本。……坐是，地方千里，民乐耕桑，水蛊山徭，趋庭向化。端之父老，至今传诵之不衰。"

同时，张诩还认为，百姓的生活不幸，"莫甚于官吏之贪，亦莫甚于政刑之弗平。盖贪则朘民膏血，而凋瘵其本矣。政刑勿平，则赋敛繁，而下疲于供应。法网密，而民无所措手足矣。……视公之清风直道，浩然天地之间；尸祝俎豆，名流百世之远，得失相去，奚啻霄壤哉！"（《宋孝肃新祠记》）

肇庆府知府史树骏修、郡人区简臣纂于清康熙十二年（1673）的《肇庆府志》云："端旧有祠以祀公，在郡署仪门之左。宋熙宁中，郡守蒋续新建。其后，修废不一。皇明成化乙酉，知郡事黄瑜始疏入祀典，岁春、秋缯以少牢之礼。弘治甲子，总督、都宪潘公以祠限郡署内，凡东、西往来瞻谒者弗之便也，乃委郡守黄侯于郡署外之西百步许，相地而改祠焉。"

可见，从北宋开始，肇庆府官民已经开始修建祭祀包拯的祠庙。元代，继续重修包公祠。明代，肇庆府官员不仅重修包公祠，还上书请求将祭祀包拯纳入国家的正祀范围。

在《请祀包孝肃疏》中，肇庆府知府黄瑜强调，"考之碑石，前代有祭。今历年久，祠宇虽在，祀典不闻"，恩请"乞即勅该部计议，合无每岁于春、秋仲月，支给官钱买办牲醴，择日致祭。仍乞降与仪注祭文，刻石永为令典"。这样，树立起来的是代代相传的贤臣标榜，"不惟前代贤臣有功于民者，得庙祀于无穷，将使今日与后之任郡、邑者，有所感发而兴起矣"。

康熙九年（1670），肇庆府知府史树骏重修包公祠。

宋志益，号端斋，苏州府长洲县（今江苏吴县）人。康熙五十二年（1713），任肇庆府知府。

宋志益任肇庆府知府期间，"以廉介称。父广业，以济东道明，农家居志益。重辟包孝肃菊圃迎养其中，以教孝。乙未，朱天相啸聚焚掠，志益亲行剿捕。旋即扑灭，民用安堵。又续缉郡志，典赡有体，与史志并称"。

康熙五十五年（1716），宋志益重修包公祠，且立下《重修包孝肃公祠堂记》碑，以垂永志纪念。

原文如下：

重修包孝肃公祠堂记

肇庆，古端州也。自昔吏乎兹土，有治行善政祀于名宦祠者，不一人矣。独包孝肃公祀以专祠，虽千百年后，妇人小子莫不知包公。其祠凛凛有生气，岂非以其清乎哉！世之所称公者，往往枚指关节不到，笑比河清，不持一砚数事。谓公之所以过乎人，而人所不能及者。余以为此特其清之迹，而非其治本之所在。公之言曰："清心为治本，直道是身谋。"夫心乃身之本，而治之本也。心诚清矣，理欲是非，划然如泾渭之辨。中有定见，而意无偏着，随事物之来哉。试之以镇静，或投之以仓猝。利不能诱，害不能夺，权势不能动，奸伪不能欺。垂绅正色，喜怒不形，而人不敢干以私，是则清其心之效也，且公是言合乎先圣、先贤之旨矣。书曰："夙夜惟寅，直哉惟清。"谓敬以直内，而后能洁清其心也。《传》曰："心正而后身修，身修而后家齐，家齐而后国治。"谓正己而后可以正人也。清心直道，公之所以成治者，意在乎是。予小子幸继公后，而景仰乎公之治者，窃在乎是。使不求诸本，而徒以一、二端之矫情饰节，耸动也世俗之耳目，欲以追踪比肩乎孝肃，吾知其必不然矣。公之祠，自宋熙宁中，建于郡治内，丽谯楼左。明知府黄瑜，建言请祭焉。其新祠，明弘治间知府黄颢，改建于郡治百武，修于本朝顺治之七年。余小子受任之后，每春、秋祀公，请随丁祭之例。今年秋，始得诹吉而新公祠。凡有门、堂、庑若干间，皆撤其腐败，重立如旧制。以地逼居民，故无所增。

肇庆：景日昣政治生命起点

景日昣（1661—1733），字冬旸，一作冬阳，号嵩厓，开封府登封县（今河南登封市）人。幼家贫，性至孝；天资聪颖，过目不忘；不分寒暑，勤奋好学，文笔不凡。清康熙十一年（1672），考中秀才。康熙十三年（1674），补为廪生。康熙十四年（1675），选入"四大书院"之一的岳麓书院，师从一代名儒汤斌、耿介等。乃书院的高材生，曾任书院斋长，帮助院长耿介管理校务。

康熙十八年（1679），景日昣的母亲张氏积劳成疾，病重卧床。他请医生诊治，开处药方，内有人参，无钱购买。医生言道，可用鸽肉代替。他捉鸽，鸽归巢，巢在县署内，不得进入。他望巢痛哭，惊动了知县张埙。

张埙得知实情后，敬重景日昣的孝顺，令人捉鸽入笼，让他拿鸽回家奉母。但是，景日昣最终未能挽留母亲的性命，其母终年三十六岁。

景日昣亲自浆洗母亲的旧衣，装殓入棺埋葬。他在悲痛之余，谨遵母亲的训言，更加发奋攻读科举。康熙二十四年（1685），景日昣赴开封府参加乡试，考中拔贡第一名。康熙二十六年（1687），考中举人第十四名。康熙三十年（1691），赴京参加殿试，考取第三甲第三十六名进士。

当时，名人仇沧柱、王宛平、徐昆山等看了景日昣的诗歌与文章，无不啧啧称赞，都以公卿之位期望他。

康熙三十六年（1697），景日昣授肇庆府高要县知县。

古时，初入仕途者，一般要先到边远的穷县任职。正如陈捷为景日昣著《菘台书》作序所云："高邑有西江横贯二百余里，舟船云集，奸盗恣行，地瘠民贫，积弊种种，俗称难治贫县。"

景日昣上任伊始，就在七星岩石室岩下的石室洞口东壁留下题字石刻。石刻高1.5米、宽2米，大字为行书，共有三行。

原文如下：

南山有台，

景行仰止。

邑令、嵩厓景日昣题。

中国最早的诗歌总集《诗经》之序云："南山有台，乐得贤也。得贤则能为邦家立太平之基矣。"《诗经·小雅·甫田之什·车辖》云："高山仰止，景行行止。"意思是说：品德像大山一样崇高的人，就会有人敬仰；行为光明正大的人，就会有人效法。

在《史记·孔子世家》中，司马迁专门引用"高山仰止，景行行止"之句，赞美春秋末期思想家、政治家、教育家，儒家的创始者孔子——"《诗》有之：'高山仰止，景行行止。'虽不能至，然心向往之。"

东汉经学家郑玄注解："古人有高德者则慕仰之，有明行者则而行之。"他把"高山"比喻崇高的道德，"仰"是慕仰；"景行"是明行，即光明正大的行为，是人们行为的准则。

南宋哲学家、教育家朱熹则解释："仰，瞻望也。景行，大道也。高山则可仰，景行则可行。"他所说的"高山"，就是人们平时仰望的高山；而"景行"是大道、大路，"景行行止"是说大道可供人们行走。就是说，一个崇高得可以，一个宽直得可以。

"南山有台，景行仰止"表明了景日昣心有所系、情有所寄，自然是一语双关。

究其原因，正如景日昣自己在《七星岩》一文中所说："岩在城北六里。……七峰离立，不相连属；门若贯珠引绳，璇玑回转，峰皆中空向南。……一小者名阿波岩，北向。大岩当中央，有南、北二门，前后相通，是为菭台石室；其顶穹隆如盖，高数百丈，上开天井，云气可以直出。……李北海所书景福二大字，在大岩口，其画痕，尚可扪也。……余独异岩名菭台，义不可解；菭古嵩字也，嵩高为五岳之长。诗曰：菭高维岳；说文：菭嵩通用。嵩高山去端五千里，何所借义而命名也。余常推求其意，嵩山通名二室，曰：太室、少室，以其下多石室故也。菭台亦称石室山，古人名义，当有取尔。余嵩人也，别号嵩厓，来宰斯土，当有夙机。又异北海书景福于岩口，与登游无涉，何所触而书。余顾姓心动，其将有造福于此邦人士乎。……庚辰冬，手书刻于岩壁，曰：'南山有台，景行仰止。'盖有寄也。"

景日昣任高要县知县后，发布一系列告示，采取一系列措施，革陋规、除吏弊、劝善惩恶、平雪冤案、抗击洪水、兴修水利、打击奸盗、修建学堂、减轻民赋等，很快就把"难治贫县"治理成经济繁荣、夜不闭户的"先进县"。

画家陈半僧所作的《嵩厓行乐图》，描绘了高要县的盛景。该画取景于西江下游，画面是大小舟船七十余艘、六百多人，河岸有山城、码头、商店、村庄、田野等；舟船有游船、商船、渔船，似乎还有两艘悬挂外国旗帜的洋船；人物有游人、商人、艺人、农夫、渔夫、樵夫、猎人、妇女、儿童等，他们或敲锣打鼓，或骑马打猎。……景日昣身着便衣长衫，立于岸边的苍松下，观看农民辛勤劳作，赶牛犁地，运苗插秧……

康熙三十八年（1699），景日昣开采老坑取石制砚，且著有《砚坑述》一书。

高要县知县瑞宝于清道光二十四年（1844）撰《重建景福祠碑记》云，康熙四十年（1701）夏五月，西江河水暴涨，附郭堤的飞鹅嘴段"堤裂四十余丈，堤内皆成沼泽，滥不可遏"。景日昣急至堤围，亲抱沙石，舍身抢救，"祷誓江神，愿以身代民命，万民众随之号泣"，"至夜，乃下决黄江村，坏庐舍二万一千六百余所，淹田地七千九百余顷"，灾民无家可归，饥寒交迫，尸横遍野。

灾民逃到高岗后，三天三夜没有进食。景日昣乘舟体察民情，抚恤饥寒，送粮送物，赈济灾民，救活两万多人。

西江洪水退后，景日昣组织民众筑复堤围，低者填之，倾者筑之，薄者厚之，砌之以石，"按都设墟长，按税米多寡计分堤工"（林世恩《高要县景福围志·沿革志》）。堤围修复后，绅民"念侯之福民者大，从其姓而颜之曰'景福'。'景福'二大字，摹星岩石洞所镌唐李北海遗笔"（刘斯组《修厚载祠记碑》）。

自此以后，上自桂林堤、附郭堤，下至羚山堤、水矶堤，联成一线，统称"景福围"，一直沿用至今。

康熙四十一年（1702），景日昣组织民众又在景福围的飞鹅嘴段修建厚载祠，俗称"飞鹅祠"。

那么，为何要修建厚载祠呢？

高要县知县刘斯组于清雍正十年（1732）撰《修厚载祠记碑》云："旧塔

201

下，一小滩类鹅颈，号飞鹅嘴。下为白莲塘，历传有鹅怪伏塘内，白日出引颈攫谷食，溺人舟乘。西涝辄陷堤，坏人庐墓田畴，居民患之，白其状于景侯。时正夏涝，惧堤塌，侯下谷祷于水，得无恙。是岁大稔，因建祠其上，塑大士佛像镇之，并刻鹅状，印其背祝曰：'自今依佛，无得复为民害。'……自是鹅患不作，民以永宁。"

瑞宝撰《重建景福祠碑记》云："相传，江中为飞鹅潭，有物能为祟。……建祠于上以厌水怪，刻飞鹅形于石。……禳水灾，镇鹅怪，安商旅，固堤防者，皆藉斯祠，关系甚钜。"

孔子第七十代孙、袭封为"衍圣公"的孔广棨著《景宗伯传》云："令高要甫三月，厘弊雪冤，民大悦服。邑旧有水怪，每乘风雨，时涨洪涛，为民害，没溺者甚众。尝夜半以水患告惊，公招舟排浪而入，朝服立崖上，誓捐躯以扦患。水势辄退，民获安堵。高要民即于公立处，建生祠以祀，至今水患不作。"

厚载祠建好后，景日昣将土名为杨基、飞鹅嘴、下军屯巷口三个鱼埗（装捞天然鱼苗的埠点）拨归给景福围批租，作为"征给僧奉香供"（刘斯组《修厚载祠记碑》）和修筑景福围的经费。

为了避免在修筑景福围责任上的互相推诿，景日昣又将景福围所在的各都编为十组，轮流执管，"定为景、福、如、冈、陵、奕、世、永、金、汤十字号，周而复始，使无苦乐不均"（吴信臣修、黄澄瀛纂《咸丰续修高要县志稿·续水利略》）。

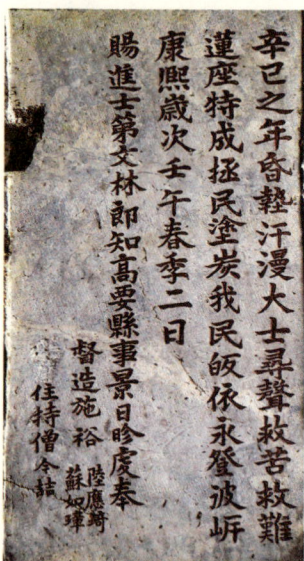

康熙四十一年（1702），为记载辛巳年（1701）决堤，以及壬午年（1702）建造观音菩萨塑像于七星岩的石室洞内，景日昣刻石于石室洞内的石鼓对壁，以垂永志不忘。石刻高1.25米、宽0.59米，楷书，共有六行。

原文如下：

辛巳之年，昏垫汗漫。

大士寻声，救苦救难。

莲座特成，拯民涂炭。

我民皈依，永登彼岸。

康熙岁次壬午春季二日，赐进士第、文林郎、知高要县事景日昣虔奉，督造施裕、陆应琦、苏如璋，住持僧今喆。

景日昣撰写的《颜题》，不但是他的人格、官格写照，也给我们留下了一份珍贵的文化遗产。云：

“风自堂，余以名县治也，题其柱曰：本是秀才，甘惯清贫，一尘不染，廉犹易；除做县令，值此冲衢，百口皆调，抚甚难。二堂颜曰视如，题其柱曰：书生不解事，但禀天地你我之知；下吏鲜称名，惟凭走卒儿童有口。……题于署门曰：十载空怀鸠鹊，一朝恐负牛羊。”

景日昣以“风自堂”命名县署，并撰题一副门联。联曰：

勤种地，早完粮，父老有闲常课子；

省费钱，莫告状，乡民无事少来城。

景日昣在高要县任职五年多，勤政爱民，尽心竭力，深受百姓的爱戴。期间，他没有探过一次家，没有往家里寄过一文钱，甚至连自己的亲生女儿同麟病重而殁，都未能见她最后一眼。

景日昣是一个合格的官吏，但绝不是一个合格的丈夫，更不是一个称职的父亲。

景日昣离任高要县时，百姓跪满山坡、大堤，啮血上书，挽留“青天”。《高要县志》云：“百余年来，儿童走卒无不知景侯。”百姓感念他的功绩，立碑建祠以示敬意。

对景日昣的考核评语，肇庆府知府张申曰：“奉公守法，清廉爱民，兴行教化，才能称职，堪以行取。”广东巡抚彭鹏曰：“廉能素著，才品兼优。”孔广棨著《景宗伯传》云：“大吏上其绩行，取为侍御。”

随后，景日昣历任陕西道、山西道、浙江道、江南道、河南道监察御史，升鸿胪寺少卿、太仆寺少卿、宗人府府丞、都察院左副都御史，擢礼部侍郎、户部侍郎，赐资政大夫，加礼部尚书衔。

雍正三年（1725），景日昣告老还乡，隐居嵩山逍遥谷，专门著书立说。他一生笔耕不辍，著述甚丰。说他是一代名儒，是政治家、文学家、教育家、医学家，乃至思想家等，都是恰如其分的。

景日昣所撰著作有《说嵩》、《嵩台书》、《嵩厓尊生》、《嵩岳庙史》、《口施食》、《龙潭寺志》、《会善寺志》、《嵩厓制义》、《嵩厓易义》、《嵩厓学凡》、《嵩厓诗集》、《嵩厓文集》、《嵩厓家训》、《嵩阳理学》、《砚坑述》、《景氏家乘》、《粤校》等，其中《说嵩》被称为嵩山“百科全书”，《嵩台书》则是他对从政活动和经验的总结，《嵩厓学凡》

是著名的教育论著，《嵩厓尊生》是著名的医学论著。

乾隆十五年（1750）秋，乾隆帝祭祀嵩山，为已逝的景日昣御笔亲题"国无双品"、"正人君子"。"国无双品"是盛赞景日昣的德学，悬挂在景氏祠堂；"正人君子"是盛赞景日昣的人格，悬挂在逍遥庄大门。

景日昣病逝后，葬于今登封市唐庄乡陈村的西南一里之处，占地面积约五十亩。坐西北，朝东南，有"头枕马头崖，脚蹬大河口"之说。

据说，景日昣墓园的前面原有一条大道，登上高一米多的六级台阶，到达平台。一对石狮，以及一对高八米的汉白玉石华表对称立于两侧。再往前走，乃宽五米的神道，用青石板铺成，纵深三百米。神道的两侧，对称排列不同姿态的石狮、石猴、石羊、石马、石人等仪仗。神道的尽头是大理石牌坊，四柱三门，高约八米，宽十米，匾额为"松本水源"四个大字。

进入牌坊，乃两座圆形的坟墓，相距为十米左右；上、下之分，疑为真、假坟墓。坟墓前各立石碑一块，宽四尺，高八尺。

1965年12月20日，景日昣墓园被定为"登封县文物保护单位"。"文革"期间，墓园被毁。2000年6月28日，登封市人民政府扩大墓园四周的保护范围，面积六十余亩。

端砚痴迷者黄任

　　黄任（1683—1768），清代诗人、藏砚家，福州府永福县（今福建永泰县）白云乡人。字于莘，又字莘田。因喜藏砚，自号十砚翁；晚年，又号十砚老人。康熙四十一年（1702），举于乡。曾七次进京会试，均不第。雍正二年（1724），参加"大挑"（一种凭形貌选拔落第举人的制度），成绩甲等，授肇庆府四会县（今广东四会市）知县，后兼署肇庆府高要县县事。

　　当年，绥江洪水冲垮四会县隆伏堤、姚沙堤，淹没农田数千顷。洪水退后，黄任带头捐俸，督率百姓修筑堤围。未及竣工，他为上司所忌，被弹劾"纵情诗酒"。

　　民国年间藏书家郭白阳著《竹间续话·卷一》云：黄任"无俗吏态，因为上官不喜，以纵情诗酒被劾"。

　　清雍正五年（1727），黄任被撤职罢官。

　　黄任素有收藏砚台之癖，故在四会县、高要县任职期间，与盛产上品砚石的端溪三洞（老坑、坑仔岩、麻子坑）结下不解之缘，自号端溪长吏。他不但亲到端溪三洞考察，而且遇到上品的砚台就倾资购买，以至于收藏的砚台甚丰。

　　黄任曾赋诗《余视端州事八阅月，未尝得一砚。其冬，端之人伐东、西岩，群采取焉，馈予片石。予制为井田砚，因系以诗，雍正三年十二月八日》，云：

　　他山半亩佃秋烟，琢得方形井地连。

　　自笑不曾持一砚，留将片石当公田。

　　清代文学家袁枚撰《随园诗话·卷四》云："黄莘田妻月鹿夫人，与莘田同有研癖。先生罢官时，囊余二千金，以千金市十研，以千金购侍儿金樱以归。"

　　《四库全书总目提要·卷一百八十四·集部三十七·别集类》云："杭世骏《榕城诗话》称其工书法，好宾客，诙谐谈笑，一座尽倾。罢官归里，压装惟'端溪石'数枚，诗束两牛腰而已。"

　　黄任确是一位疏狂的诗人，在罢官返回故里的船头，高高地挂起一面旗幡，写着"饮酒赋诗，不理民事，奉旨革职"。他一路痛饮美酒，一路高声吟诗，招摇前去，优哉游哉，不亦乐乎。一时间，此举被传为美谈。

　　黄任的《归舟杂诗》，表明了自己的心迹，无意于官场，只想做个闲散之

人。诗云：

闲人不放去投闲，日日寻闲是强颜。

今日野夫闲得否，一帆双眼万千山。

黄任乃一位对砚痴迷的诗人、藏砚家，不是精品的砚台不藏；顾二娘乃一位远近闻名的雕砚大师，不是上品的砚石不雕。

黄任、顾二娘两人有缘相遇于苏州府，顾二娘为黄任雕刻了十多方精美绝伦、巧夺天工的端砚，演绎了一段砚史佳话。至今，此事仍在传诵，让后人念念不忘。

黄任对顾二娘的雕刻技艺十分钦佩，又感激她的盛情，写下《赠顾二娘》诗，以表示谢意。同时，黄任又将该诗镌刻在"春花砚"砚背。诗云：

一寸干将切紫泥，专诸门巷日初西。

如何轧轧鸣机手，割遍端州十里溪。

黄任在《赠顾二娘》诗的后面附言："余此石出入袖将十年，今春携入吴门，顾二娘见悦焉，为制斯砚。余喜其艺之精，而感其意之笃，为诗以赠，并勒以砚阴，俾后之传者有所考焉。"铭曰："出匣剑，光芒射人；青花砚，文章有神。与君交，若饮醉；纪君寿，如千春。"

从附言中，可见黄任对顾二娘的技艺和人品极为推崇。

黄任十分喜爱青花砚，赋诗《青花砚》赞美。诗云：

白石青花出水鲜，羚羊峡口晚生烟。

紫云一片刚如掌，染得山阴九万笺。

顾二娘去世后，黄任扼腕长叹，写下《题林涪云陶舫斋砚铭册后》诗，以表示怀念之情。诗云：

古款遗凹积墨香，纤纤女手带干将。

谁倾几滴梨花泪，一洒泉台顾二娘。

黄任一生经历了康熙、雍正、乾隆三朝，为官仅三年，故被人们议为"一官淡似云无迹"。

黄任罢官回归故里后，居住在福州府（今福建福州市）南后街光禄坊早题巷，恬静旷达，淡泊洒脱。他在"所居三楹，花竹秀野，图史纵横，饮馔裙屐"（《郑荔乡诗钞·小传》）间，过着"砚癖不顾千金籴，诗成自谓万事足"（林廷华《十砚先生歌》）的闲散乐

观生活。

　　期间，黄任选取端溪老坑所产质地最好、雕刻精美的十方端砚，视为至宝。他为十方端砚分别取名为"美无度"、"古砚轩"、"十二星"、"生春红"、"天然"、"著述"、"风月"、"写裙"、"青花"、"蕉石"，且自号十砚翁。

　　这十方珍贵的端砚，名字皆有来历。

　　"美无度"端砚之名，出自南齐文学家谢朓《郡内高斋闲望，答吕法曹诗》中"非君美无度，孰为劳寸心"之句。

　　"美无度"端砚后为清代艺术家徐康所得，今存北京故宫博物院。民国年间藏书家郭白阳撰《竹间续话·卷三》云："徐子晋《前尘梦影录》云：余得莘田'美无度'砚，此十砚之甲品，摩颜腻理，拊不留手，令人意消。"

　　"生春红"端砚之名，出自北宋文学家、书画家苏轼《眉子石砚歌赠胡訚》诗中"小窗虚幌相妩媚，令君晓梦生春红"之句，乃其妻子庄氏月鹿夫人收藏。

　　······

　　白天，黄任坐卧于寓居的香草斋中，摩娑抚玩这十方珍贵的端砚。晚上，他又让侍女金樱怀抱这十方珍贵的端砚睡觉。他说：砚得阴气，能增润滑，此唤作"养砚"。

　　清代福建名儒谢章铤撰《稗贩杂录》说得更为夸张："十砚斋蓄雏尼十人，使各怀一砚而寝。谓砚得阴，或常温润如玉。"

　　黄任性好宾客，每日与名士对砚唱和，吟诗饮酒，谈笑风生。有人问他："你在广东任优缺三年，何以清贫如此？"他笑而指着十方珍贵的端砚说："我有此砚，不负广东之行了。"

　　黄任的一生，所爱就数两件东西：砚与诗。

　　清代诗人徐祚永撰《闽游诗话》云："闽中近时诗，当以莘田先生为冠。先生诗各体俱工，而七言绝句尤为擅场，清丽芊绵，直入中唐之室。"

　　黄任被公认为清初至中叶时期最有成就的福建诗人之一，现存诗有九百余首，多为七绝。诗集初名《秋江集》，后改名《香草斋集》。

　　黄任在晚年时，贫病交加，生活艰难，八十六岁病故，这十方珍贵的端砚旋即散失。

　　时至今日，黄任所收藏十方珍贵的端砚，到底有几方在国内，有几方在国

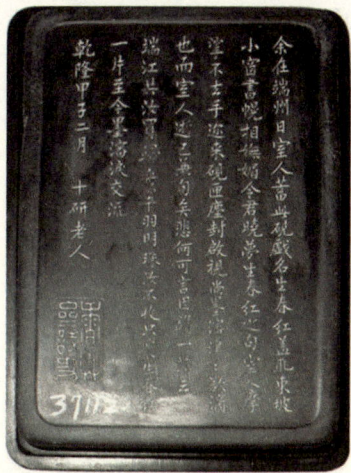

外，已是很难查寻。但是，谁能得到其中的一方，则是收藏者的大幸。

广东省中国文物鉴藏家协会会长谢志峰捐赠给肇庆市的116方古端砚，今在肇庆市博物馆（阅江楼）陈列展出。在116方古端砚中，内有一方端砚名曰"十砚斋砚"，是黄任所收藏的端砚之一。此方端砚弥足珍贵，乃谢志峰于1982年在广州市文物总店内销部购得。

"十砚斋砚"的砚材为端溪老坑石，石质柔细幼嫩，紫里带青灰色，长23.2厘米，宽16.1厘米，厚2.20厘米。砚台的表面汇集有金线、银线、翠斑、鹅绒青花、胭脂晕火捺、玫瑰紫青花等石品，故使制作者不忍多加雕刻，以平板显其本质。砚背的四边雕刻祥云，线条行云流水，流畅飘逸，遒丽生动，简练精良，钤朱文"十砚斋"篆书方印。

掌教端溪书院的全祖望

中国近代维新运动的旗手梁启超说："若问我对于古今人文集，最爱读某家？我必举《鲒埼亭集》为第一部了。全谢山性情极肫厚，而品格极方峻。所作文字，随处能表现他的全人格，读起来令人兴奋。"（《中国近三百年学术史》）

中国新文化运动的领袖胡适说："绝顶聪明的人有两个，一个是朱熹，另一个就是全祖望。朱熹，朱夫子，人人知道。全祖望这个人，要不是研究界的，一般不大知道。"

思想界的大家这样评价全祖望，足见他在学术界的地位。

全祖望（1705—1755），清代著名的史学家、文学家。字绍衣，号谢山，自署鲒埼亭长、双韭氏、双韭山氏、孤山社小泉翁，学者称其"谢山先生"，宁波府鄞县（今浙江宁波市）人。

全祖望十六岁时，能释古文，讨论经史，证明掌故。

清康熙六十年（1721），全祖望赴省城应乡试，所撰的古文大得考试官查初白的赞赏。雍正七年（1729），被浙江学政王兰生以诸生充选贡入京。旋举顺天府（今北京）乡试，考中举人。乾隆元年（1736），荐举为博学鸿词，适逢会试，考取第三甲第三十六名进士，授翰林院庶吉士。全祖望很有才气，"峻严狷介"（梁启超《中国近三百年学术史》）。"时张廷玉当国，与李绂不相能，并恶祖望，祖望又不往见"（《清史稿·儒林·全祖望传》）。故散馆时，授以候补知县，遂归不复出，专事著述。

乾隆十三年（1748），全祖望应绍兴府知府杜甲的邀请，主讲蕺山书院。乾隆十七年（1752），应广东巡抚苏昌的邀请，主讲肇庆府端溪书院。其一生著述甚丰，除了《鲒埼亭集》三十八卷、《鲒埼亭集外编》五十卷外，还辑有《续甬上耆旧诗》七十卷、《国朝甬上耆旧诗》四十卷等。

在历史上，蕺山书院是很有名气的。明代著名的哲学家、文学家、儒学大师刘宗周曾在书院讲学，而且他是领头人，以学生黄宗羲、陈确、张履祥等为中坚，蕺山学派随之诞生。著名学者蒋士铨、徐廷槐、魏晋锡、宗稷辰、李慈铭

等，都曾在书院担任山长（校长）或是主讲。

全祖望任蕺山书院山长期间，以黄宗羲所倡导的"经史并重"、"经世致用"、"寓褒贬于史"等思想为治学原则，主张文学以经学为根底，以反映经世思想为目的，五百余名学生慕名而集。当时，恰逢是刘宗周逝世一百周年，他向浙江巡抚方观承建议，建刘宗周祠于书院。该祠落成后，他率领诸生祭拜，且撰写《蕺山讲堂小志》，刻碑永志。

明万历元年（1573），以"好讲学，所至辄聚生徒，辟书院"而著称的广东按察司金事李材，在肇庆府学宫西侧的鼓铸局旧址（今广东肇庆中学西北角）创办"端溪书院"。

万历七年（1579），首辅张居正不满地方官员借助书院讲学而非议朝政，下令封禁全国所有的书院。肇庆府城所剩的三所书院（崧台书院、濂溪书院、仰湖书院），全部被迫停办。

清康熙四十七年（1708），两广总督赵弘灿复建端溪书院，更名"天章"，"为总督课士之所，两省人士皆得肄业其中"（张之洞《创建广雅书院奏折》）。

雍正十一年（1733），两广总督郝玉麟修葺天章书院，奉旨拨帑银一千两，再拨盐羡银两千两，发商生息，以供诸生膏火。

乾隆三年（1738），两广总督马尔泰将天章书院复名"端溪书院"。

乾隆十七年（1752），应广东巡抚苏昌的邀请，年已四十八岁的全祖望前往肇庆府，出任端溪书院山长。

全祖望"遂度岭五月至端州，释奠礼成，祀白沙以下二十有一人，从前未有之典也。有示诸生诗。九月，故疾复动，然少间必与诸生讲说学统之流派。考订地望故迹，薄游光孝寺、宝月坛，登阅江楼、七星岩，皆有诗。又为诸生改定课艺百篇刻之，又取博陵尹公所刻吕语集粹序而梓之，院中以广其传而朝夕不倦者"（《鲒埼亭集·年谱》）。

全祖望任端溪书院山长期间，为了培育岭南地区的文才，殚精竭虑，呕心沥血。他以严谨的学风影响一代学子，强调为学躬行，厘订规章制度，订立《学约》四则——正趋向、历课程、习词章、戒习气，开一时风气。同时，他还撰写和刻印《端溪书院帖经小课集》，分为见道、经世、词章、场屋、科举五大类。

嘉庆四年（1799）进士赵敬襄撰《端溪书院志》云："集中多羽翼经传之

文，然皆自先生一手之作，而托名诸生，加以评语。"

当时，端溪书院的东、西两廊共有斋舍三十二间。全祖望借用唐代诗人李山甫《寄太常王少卿》诗中之句，为斋舍书写一副门联。联曰：

雅饮纯和气；

清吟冰雪文。

次年，全望祖自觉病情转重，"决意辞归，而大吏及诸生尚苦留不已。新会令张惕庵曰，先生必不死，以生平所蕴尚未尽暴于世也。于是，复留数月，访肇庆故宫、天湖、庆云寺，登白沙冈访桄榔亭，皆有诗。又过茝川，访海月先生故居。至江门谒陈文恭公祠，访其服玩遗器，各赋诗一首"（《鲒埼亭集·年谱》）。

七月，全祖望辞别端溪书院，返归故里。

乾隆二十二年（1757），肇庆府知府吴绳年为扩建端溪书院，捐俸在近光亭的后面购置民舍，增建后楼九间，成为两广地区最大规模的学府。为纪念全祖望，建全祖望祠，香火供奉。

全祖望除了主讲蕺山书院、端溪书院外，还大力创办和恢复一些地方书院，为推动书院教育作出了重要的贡献。

提起北宋清官包拯，人们的印象是：铁面无私，刚正不阿，执法如山，一心为民。千百年来，他是正义的化身，是历朝历代尊奉的楷模和后人效仿的榜样。

知民意者受民敬，顺民心者得民爱。

北宋熙宁年间，知端州军州事蒋续有感于包拯的惠民德政，出于对包拯的无限敬仰，以及顺应百姓的意愿，且为方便百姓"春、秋时祭之"，在郡署仪门的左侧建包公祠。

全祖望拜祭包公祠后，写下《谒包孝肃祠》诗，对包拯赞颂不已。诗云：

诵公郡斋句，要言在清心。方寸苟不染，百感何能侵。

去公七百年，甘棠尚成阴。端人指七井，流泽冽以深。

迢迢望崧台，星斗共降临。此是公廉泉，足以沂芳襟。

岂徒可用汲，饮之止惛淫。春猿与秋鹤，神爽常森森。

只应怜来者，殊难嗣德音。我诗叶神弦，雅歌奏瑶琴。

阅江楼坐落在今肇庆市端州区正东路的石头岗，南临西江，楼台高耸，重檐

飞阁，蔚为壮观。自古以来，"江楼晚眺"是"肇庆八景"之一。

五百多年来，不少文人墨客登临阅江楼，畅怀抒情，写下了许多想象雄奇的诗篇，为这座楼阁平添了异彩奇光。

阅江楼也曾是南明王朝永历政权的军事重地，永历帝朱由榔曾在这里检阅抗清水师。

全祖望游览阅江楼后，写下《登阅江楼》诗。诗云：

端州城市里，逼仄不成欢。突兀楼台起，苍茫眼界宽。

江天落襟袖，烟雨幻林峦。尚有大函碣，摩挲藓石看。

丽谯楼，原是肇庆府府署。在南明王朝永历政权的中兴之际，它却成了文武百官议事理政的地方。当时，这里出现了乱象，那就是吴、楚两党争权夺利，结党营私，互相攻击，置国家利益而不顾，给清军提供了各个击破的可乘之机。

清代诗人钱秉镫所著《所知录·卷下·永历纪年·桐城钱澄之饮光氏记》，对吴、楚两党之争作了详细的阐述：

先是，朝士有东、西之分。自粤东来者，以反正功气凌西人；而粤西随驾至者，亦衿其发未剃以嗤东人。而东、西又各自为类，久之遂分吴、楚两局。主持吴局者，阁臣朱天麟、吏部侍郎吴贞毓，给事张孝起、李用楫，外则制辅堵允锡也；而江右之王化澄、万翱、雷德复，蜀中之程源，粤东之郭子奇，实为之魁。主持楚局者，丁时魁、蒙正发、袁彭年。彭年，楚人，然私粤而不私楚；陕西刘湘客、杭州金堡既与时魁等合，桂林留守瞿式耜亦每事关白，居然一体矣。至于礼部尚书吴晫、文选司郎中施召徽，皆吴人；吏部尚书晏清，楚人。俱浮沉吴、楚之间。其不得为局中人者甚多：如工部尚书耿献忠、兵部侍郎曹烨、吏部侍郎洪天擢、大理寺卿潘曾纬、通政使毛毓祥、广东学道李绮，虽与彭年同为粤东反正，而于楚人气脉不通。凡自湖南、广西随驾至，出于督师留守门下者，大半归楚。吴人谓楚东恃元允、西恃留守。然吴亦内倚吉翔、外倚邦傅；特其踪迹秘密，不似时魁等招摇人目耳。

吴、楚两党之争，在朝廷内是唇枪舌剑，在朝廷外为兵刃相见，双方死伤无数。因参与者众，令永历帝束手无策，只好日夕祈求上天保佑，甚至兴建歌舞场以解忧。

有感于南明王朝永历政权的吴、楚两党之争，全祖望写下《肇庆访故宫·其一》诗，对党争引起的严重后果说得极为精辟。诗云：

当年草草构荒朝，五虎犹然斗口罳。

一夜桂花零落尽，沙虫猿鹤总魂销。

诗中所说"五虎"，是指楚党的袁彭年、丁时魁、蒙正发、金堡、刘湘客五人。

澹归（1614—1680），杭州府仁和县（今浙江杭州市）人。明末名臣，清初岭南著名的诗僧。俗姓金，名堡，字道隐，号舵石翁，法名今释。南明永历二年（1648），任礼科给事中。永历六年（1652），拜投广州府番禺县海云寺函昰和尚的门下，以遗民的身份入佛门。诗文出众，名噪一时。

早年奔走抗清、晚年出家的澹归和尚，虽人在佛门中，但俗缘缠身，亦不甘于寂寞，是一个复杂的人物。在平南王尚可喜的大红伞保护下，得以平安无恙地奔走佛事，最后安然归隐韶州府仁化县（今广东仁化县）的丹霞山终老。

全祖望出于爱国之心，写下《肇庆访故宫·其二》诗，对澹归和尚与平南王尚可喜的微妙关系，作了嘲笑讥讽。诗云：

辛苦何来笑澹翁，遍行堂集玷宗风。

丹霞精舍成年谱，又在平南珠履中。

诗中所说"年谱"，是指《元功垂范》一书。该书以平南王尚可喜所著《家乘所录》为蓝本，记述了尚可喜自明天启四年至清康熙十二年（1624—1673）的事迹，是一部年谱体的传记，也是一本"垂示子孙"的功劳簿。该书由澹归和尚削笔定稿，托名为"尹源进撰次"。

人间仙境——七星岩，自古就以岩秀、洞奇、湖美、庙古而著称。以石论，一弯碧水簇拥着七块奇石，故名曰"七星岩"；以水论，七块奇石聚集在一弯碧水中，故名曰"星湖"。

七座岩峰之一的阿坡岩，别称辟支岩、禾婆岩。独处于诸岩之外，雄踞于一方，气宇轩昂。岩下有洞，名曰双源洞。洞内原有两条溪水，汇合后向东流出洞外，故名。洞内的钟乳石姿彩瑰奇，似禽如兽，形态逼真，富于变化。

"辟支"为佛语，乃辟支迦佛陀的略称。

北宋散文家曾巩《灵岩寺兼简重元长老二刘居士》诗云："法定禅房临峭谷，辟支灵塔冠层峦。"

明代文学家、戏曲家屠隆创作的传奇戏曲《昙花记·仙佛同途》云："愿希普门大士，不作辟支菩萨。"

民间传说"仙女乳血育嘉禾"，就是源自阿坡岩。

明末清初著名学者、诗人屈大均撰《广东新语·山语·七星岩》云："有水自岩端下注，溉田数百亩，土人于此祀禾花仙女以祈岁。"

全祖望根据"仙女乳血育嘉禾"的故事传说,写下《禾花仙女歌》一诗。诗云:

辟支岩下有仙娃,

管领三农岁满车。

便应姜嫄祠下配,

长潴沥水灌禾花。

诗中所说"姜嫄",乃上古时的陕西武功县人。原为炎帝后代有邰氏的女儿,后为黄帝曾孙帝喾的元妃。踩巨人的足迹而生下后稷,后稷教人务农,成为中国的农耕始祖,也是周人的祖先。

阆风岩乃七座岩峰的"老大",旧名石角岩。东、南、北三面临水,岩有溶洞众多。东侧有含珠洞,又名为蛟龙窟。

郡人黎汉杰于民国年间纂修《星岩今志》载,在阆风岩下的含珠洞内,相传有鸳鸯石二,长各丈许,大四五尺,一俯一仰。

屈大均撰《广东新语·石语·狮象二石》云:"鸳鸯石在肇庆七星岩口,石凡二。各长丈许,大四五尺,一俯一仰,号曰鸳鸯石。乙卯岁,岩上一巨石坠,击伤俯者。明年春兵乱,妇女多被掳掠,人以为此石破碎之兆。"

全祖望的《题鸳鸯石》诗,写景咏物,别有感人之处。对望夫者深表同情,溢于言表。诗云:

望夫村里愁云生,望夫山下哀泪盈。

未若阆风岩独好,鸳鸯双双共目成。

屈大均撰《广东新语·虫语·蝙蝠》云:"肇庆七星岩,有五色蝙蝠,生黑洞中,游人以火入多见之,名伏翼。予诗:'岩中伏翼扑人飞。'"

至今,"花蝙蝠"之景已不复见了。

全祖望的《题七星岩花蝙蝠》诗,貌似描写花蝙蝠,实则是以花蝙蝠而自喻,托物言志,抒写了自己悠然闲适、不慕富贵的心境。诗云:

七星岩里花蝙蝠,五色迷人双目晴。

不减罗浮大仙蝶,仙风习习更通灵。

鼎湖山,位于今肇庆市区东北十八公里处,与仁化丹霞山、博罗罗浮山、南海西樵山合称"广东四大名山"。

两广总督郝玉麟等于清雍正八年(1730)纂修《广东通志·卷十二·山川志》云:"顶湖山(鼎湖山)在城东北四十里,高千余丈。山顶有湖,四时不竭。山半有白云古刹，绕寺产佳茗。"

史载，在南明王朝永历政权时，肇庆府府城的丽谯楼是永历帝的行宫。永历帝驻跸肇庆府时，曾多次登临鼎湖山。庆云寺住持栖壑和尚以永历帝的行宫在肇庆府，改鼎湖山为"天湖"。

全祖望赋诗《天湖之称，不知所出，近从独漉诗方知以桂王得名》，哀悼南明王朝的灭亡，却又庆幸天下的太平。诗云：

当日小朝近，湖山别署名。尚传亡国痛，敢为望蓝荣。

浩劫幸垂尽，慈云庆永清。遗民诗史在，莫罄吁天情。

此外，全祖望在肇庆府还留下《天湖庆云寺》、《天湖石船歌》、《天湖杜鹃花盛开》、《万年果》、《砚溪》、《黄岗十里皆石户》等诗作。

乾隆二十年（1755），全祖望自知病体沉重，命弟子董秉纯、张炳、卢镐、蒋学镛等日夜抄录著作。三月，他唯一的年仅十三岁的儿子昭德因病夭折，于是写下《哭子诗》十首。七月，他因伤心过度，病势转重，心力交瘁，卒于宁波府青石街的双韭山房。

全祖望死后，无以为葬。公议将双韭山房的藏书万余卷，卖给卢镐的族人址，兑得二百金购置灵柩，薄葬于南郊的祖关山荒冢滩。

全祖望没有留下子嗣，也没有留下遗产。然而，他在学术史上的梳理和古籍校注上的卓越成就，以及对乡邦文献、抗清史事搜集与研究的开山之功，使他享誉史坛。

全祖望以卓著的史识和斐然的文采，兀立于清代史学大家之列；以融思想家的睿智、史学家的深刻和文学家的才情于一体的治学特色，被誉为"班（班固）马（司马迁）之后第一人"。

人无癖不可交，以其无性情也；人不痴难大成，以其不尽心矣！

一片痴情的全祖望，以充满激情的血泪文字，传颂了一大批在天崩地坼时代中行奇识卓的人物。他也因为这样一批永垂不朽的人物，而随之不朽！

《清史稿·全祖望传》云："祖望为学，渊博无涯涘，于书无不贯串。"

清代学者、文学家阮元赞颂全祖望："经学、史才、词科三者，得一足以传，而鄞县全谢山先生兼之。"（《经史问答序》）

原中华民国总统徐世昌这样评价全祖望："谢山为学，私淑南雷，精治经

史，博极群书，尤熟于明事。……数百年来，浙东学派以重根柢、尚志节为主，南雷开其先，万氏继之，全氏又继之，风气绵延，迄今弗替，其效远矣。"（《清儒学案》）

由此可知，全祖望在学术上的地位与贡献，为世人所公认。

撰写《端溪研志》的吴绳年

"文房四宝"中的砚，以广东肇庆的端砚、安徽歙县的歙砚、甘肃洮河的洮河砚和河南洛阳的澄泥砚，并称"四大名砚"。

以出产端砚而著称于世的斧柯山，位于西江羚羊峡的东南，绵延十多公里，崇山峻岭，气势非凡。西面山脚是著名的端溪，端砚和端州皆由此得名。

在"四大名砚"中，端砚居于首位，而稳居制砚之首的石种，便产于"老坑"。

清代画家计楠撰《石隐砚谈》云："东坡云，端溪石，始出于唐武德元年。因年代久远，故称老坑。因洞内长年泉水浸渍，故称水岩；因其砚石名贵，制砚上贡皇帝，故又称皇岩。"

"老坑"是由石匠按照天然的石口开凿而成的，坑洞内原有飞鼠、东、正、洞仔、大西、水归等分洞穴。同样是"老坑"砚石，又以大西洞为至尊，而水归洞则次之。

"老坑"砚石最著名的石品，便是"金银线"，金线为黄色，银线为白色。一般而言，有金银线的"老坑"砚石往往最为湿润细腻，是"老坑"砚石的上品。

吴绳年，字淞岩，杭州府钱塘县（今浙江杭州市）人。

清乾隆十七年（1752），肇庆府知府吴绳年开采老坑大西洞。他采得砚石一千方，以质地、花纹而言，皆优于前者，所制作的砚台也最为精美。

清乾隆十八年（1753），吴绳年著《端溪研志》共三卷，云："水岩凡四洞，其小西洞及正洞已无可采，而东洞石质亦复粗燥。故今之水岩石，必出大西洞者佳。"

清代，开采砚石的数量虽多，但以吴绳年和两广总督杨景素所采的砚石最好，故有"吴公坑"、"杨公坑"之称。

乾隆年间，吴绳年获得明代两广总督熊文灿用过的一方砚台，名曰"脂玉"。他对此方砚台给予极高的评价："熊坑较今时所出大西洞石，娇嫩过之，凝重不及，同是水岩真髓。……'脂玉'砚红润而淡，发墨异常，五活眼在砚池

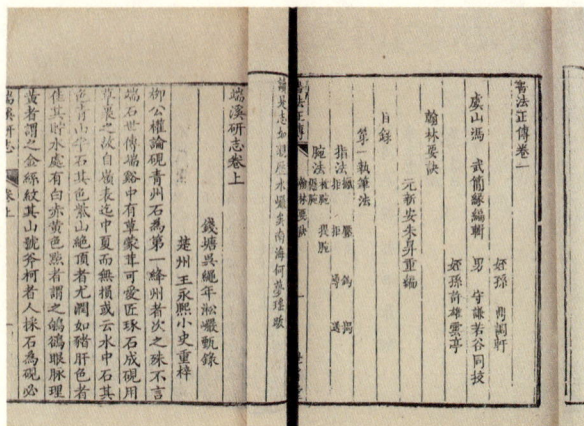

上。"（《端溪研志》）

"熊坑"一名，是指两广总督熊文灿于明崇祯五年（1632）开采老坑，彻夜加工，只求得石，不计毁坑，所得的砚石材质极佳，故名。

在清代医家魏之琇著《续名医类案·卷四·湿》中，记载了吴绳年的一件事：

端州太守吴淞岩，病几四十日矣。延诊，告以初时恶心倦怠，食减便溏。既而夜不寐，躁而数起，起而复卧，凌晨必呕痰数升。或以为暑，而用香薷六一；或以为湿，而用草五苓；或以为瘅，而用平胃；或以为痰，而用二陈。遍尝无效，渐加烦渴，与肾气丸及生脉饮，服之，转剧。脉之，濡而缓，右关为甚。据脉与症，湿热无疑，何诸治罔效？因思病患素喜肥甘，又饮酒食面，其脾胃如土在雨中，沾渍既久，值夏令乃蒸郁而发。故非渗利厘清可愈，亦非风行燥发可瘳。唯圣术煎，一味白术重两许，酒煎，从而治之，必应。令如法服之，再以菟丝子五钱，煎饮代茶，服至一旬，渐瘥，半月全愈。

壮族奇才冯敏昌

　　冯敏昌（1747—1807），清代著名的学者。字伯求，又字伯子，号鱼山，学者称其为鱼山先生。壮族，钦州府（今广西钦州市）人。乾隆三十五年（1770），考中举人。乾隆四十三年（1778），考取第二甲第二十五名进士，选为翰林院庶吉士。乾隆四十五年（1780），迁翰林院编修。翌年，参与纂修《四库全书》，历时三年。乾隆四十九年（1784），任会试同考官。翌年，改户部主事。乾隆五十八年（1793），任刑部河南司主事。

　　嘉庆四年（1799）二月，冯敏昌主讲肇庆府端溪书院。他注重言传身教，严谨治学，醉心教育，极大地推动了当地教育事业的发展。

　　"德"与"才"相比，孰先孰后，孰重孰轻？冯敏昌毫不犹豫地认为：以"德"为先。欲做事，需先做人；不能做人，不能做好人，也就不能做好事，更不能做大事。所谓学"做人"，就是将德行摆在学习的首位，学做有道德之人，学做讲诚信之人。为此，冯敏昌将如何做人的问题作为端溪书院立学兴教的根本目标。

　　冯敏昌主讲端溪书院期间，首推德化教育，以德育统帅智育。他在《好德堂记》中云："今夫书院之设，所以育才，尤以蓄德为先。士苟有才无德，则亦无足观矣。"他还认为："士人读书，先宜洗心向善；敦本力行，以为四民之表率。"

　　为了改变诸生的思想，树立良好的学风，冯敏昌制定了《端溪书院学规》：

　　正学宜先讲，品行宜先教，义利宜先辨，礼文宜先习，五经宜背诵，书理宜疏通，史事宜约观，文体宜先正，诗赋宜究心，书艺宜用功，诸书宜兼及，训诂宜先通，课程宜各立，应课宜自勉，出入宜节少，非事宜力戒。

　　《端溪书院学规》十六条的制定，充分体现了冯敏昌的教学目标、原则、内容和方法，以及管理措施、惩奖制度等教学理念。

　　在教学上，冯敏昌为人师表，言传身教，诲人不倦，兢兢业业，一丝不苟。他主张"圣贤学问"，必须讲求事功；着力奉行"崇实戒虚"的精神，唯恐时文制艺和空谈心性之学贻误诸生。"谈艺之余，作《七经》解说、《四书》讲义，并刻端溪课艺。……以及古今文赋、诗选十余种，日夜与诸生口讲、手书。"

　　冯敏昌的嘉言懿行，深深地打动了莘莘学子，受到他们的尊敬与爱戴，以及地方官绅、士民的敬重与礼遇。在端溪书院里，常常呈现出"师弟爱悦不啻父子，竟多有不忍离归度岁者"的景象。

　　冯敏昌离开端溪书院，前往广州府粤秀书院任主讲，肇庆府府城的士民摆了数十桌酒席为他饯行，"相连十里，市为之罢"，"各以诗饯送者二百余篇"。

"读万卷书，行万里路"，这是中国文人所追求的目标。冯敏昌生性不羁，好游名山大川，穷探奇险，广交名士，且创作了大量的山水诗和怀古诗。

《清史稿·文苑二·冯敏昌传》云："平生足迹半天下，尝登岱，题名绝壁；游庐阜，观瀑布；抵华岳，攀铁纤，跻峒峡。在河阳时，亲历王屋、太行诸山。又以北岳去孟县不千里，骑骏马直造曲阳飞石之巅，穷雁门、长城而返。最后宿南岳庙，升祝融峰，观云海。其悱恻之情，旷逸之抱，一寓于诗。"

至今，七星岩风景名胜区摩崖石刻还保存着"冯敏昌题咏《七星岩五首》"石刻，详尽地描写了七星岩全景和石室洞、莲花洞、玉屏岩等景致。

"冯敏昌题咏《七星岩五首》"石刻位于石室岩下的莲花洞璇玑台石壁左上侧，镌刻于清嘉庆十二年（1807）。石刻高0.52米、宽1.2米，小楷。

原文如下：

七星岩五首

层城凌元天，高可见列星。斗星堕精液，环列正如屏。苍苍七岩开，各各标其形。厥阵回长蛇，又若轰连霆。峨冠耸正方，高屋建重瓴。斗魁曰崧台，帝筵百神灵。绝奇尤斗枳，轩然紫微庭。谁令银汉回，洗出层崖青。岂知尺寸质，内照咸荧荧。是为碧琳腴，往往飞仙铭。重闻沥湖波，倒浸涵珑玲。恍惚三神山，风引来南溟。沧海忽桑田，何由验前经。且看平地势，尚欲横青冥。

铁壁深千寻，云门研百丈。门前北海记，快读神仙王。景福书者谁，擘窠郁相向。宋元盛题识，崖高渐难傍。扪历更行行，穹窿忽天放。云构拟宫庭，羽卫罗旗仗。拊阁心踊跃，排闾精谀宕。噌吰听鼓钟，翔舞见狮象。大声发爆竹，地

轴俨摇荡。阴洞殊懔栗，炳烛观龙藏。石床睹蜿蜒，神渊昧深广。回登璇玑台，日月俨弦望。华盖杂花葩，卫此仁慈相。一线看天门，岩后白云涨。

忆昔登太华，莲峰历屃颜。一出南天门，手开青云关。峰背朝元洞，觌面三公山。下俯五千仞，荒忽非人寰。今兹睹线天，窄步仍险艰。亦复豁然开，还如放笼鹏。右转得嵾岩，钟乳垂斓瑸。其洞名莲花，已若窥一斑。何人作层轩，正当洞中间。阑前堕三峰，仍然缀云鬟。奇哉此登临，前游未吾悭。泚笔题梦华，凝神藉余闲。（余题此轩为梦华）同游挈壶榼，坐饮益难还。笑指山桃红，去去重来攀。

峰奔脉不连，崖断势逾峭。玉屏睹侧立，云蹬绝窈窱。猨缘穷秋毫，鱼贯出奥窔。峡峻牟千尺，台方舒一啸。忽然来天风，俯听非众窍。石门女萝幽，山鬼媚余笑。遂入衔珠径，何如蚁穿巧。林端群柯来，绝顶凤凰叫。重扃启羚峡，千里归一照。小憩忆前游，斯时尚年少（余壬午岁来游时，年始十六耳）。故物今何有，醉石眠未觉。天地一指马，光阴百熠耀。谁明昭氏琴，更把任公钓。企彼仁者心，还从性所乐。

山游屡改辙，问路先僧迦。最后指仙峰，行寻日将斜。峰形苦笋苞，微开半谽谺。洞门仅通人，匍伏入如蛇。丹光灿红云，蝙蝠腾白鸦。云何洞出米，米尺人思家。一笑舍之归，归途杂歌哗。仍余数小岩，未到徒咨嗟。重嗟此僻地，选胜宜摘华。北王与南朱，五言最甚夸（谓阮亭、竹坨两先生诗）。后来复可道，征实思搜爬。稍复追亡逋，未能工补苴。山灵欲笑人，里曲空呕哑。何人奏钧天，不用筝琵琶。

冯敏昌（印）。

嘉庆五年岁在庚申季春上浣，钦州冯敏昌伯子甫稿。

嘉庆十二年岁丁卯仲春，受业何元、冯经扬敬摹上石。

邑人梁琨镌。冯伯子（印），大都史官（印）。

冯敏昌所作《七星岩五首》，与唐代书法家李邕撰《端州石室记》和清代著名诗人、书画家黎简撰《南服陨石》，并称"七星岩摩崖石刻诗词三绝"。

冯敏昌赋诗《嵩台》，浩然之气充溢胸中。该诗题曰"嵩台"，非写嵩台，而是伫立于嵩台，纵目四望，境界壮阔。诗云：

天水茫茫合，群柯千里来。

苍然留远影，晚色下山隈。

缥缈城钟出，嵯峨羚峡开。

长风吹不极，人立古嵩台。

冯敏昌乘舟游览羚羊峡后，写下《羚羊峡》诗。文人墨客笔下的羚羊峡，多是山险流急。而他描写羚羊峡则是另一种境界，即烟雨苍苍、一片凄凉的景象。

诗云：

羚羊峡前水渺茫，羚羊峡口烟苍苍。

一处猿声一峰雨，随意客船山寺傍。

冯敏昌的《耕研图为龚京简庵骖文》诗，借古喻今，表达赞讽之情。诗云：

包公昔日官端州，归时一研中法投。

守土官清固当尔，岂有人生可无此？

诗中所说"龚骖文"（1731—1803），字熙上，号简庵，肇庆府高要县附城（今肇庆市端州区正西路）人。清乾隆二十七年（1762），考中举人。次年，参加殿试，考取第三甲第五十一名进士，授翰林院庶吉士。迁翰林院检讨，"大考"改补贵州司主政。授礼部主客司郎中，擢江西道监察御史，累官至通政司副使、光禄寺寺卿、宗人府府丞。

在诗歌创作上，冯敏昌学于唐代文学家韩愈、北宋诗人黄庭坚，且追上唐代大诗人李白、杜甫，贯综诸家，俨然为一大宗，在岭南诗坛具有较大的影响。

冯敏昌遵循儒家传统，善学广博，善思自成，继承了岭南诗歌传统的雄直之气。他的诗歌各体兼备，尤其擅长七古，形成了自己特有的风格，即阔大、深邃、苍劲。他与广州府顺德县张锦芳、胡亦常齐名，并称"岭南三子"。

冯敏昌一生的诗作有两千余首，力健气豪，沉郁苍厚。文著有两百多篇，真实地记录了自己一生的经历、交往和事业，以及理想、抱负和追求，感情深沉真挚，语言畅达，令人回味。

冯敏昌著有《小罗浮草堂诗集》、《小罗浮草堂文集》、《岭南感旧录》、《笃志堂文抄》、《师友渊源集》、《华山小志》、《河阳金石录》等，还纂修《孟县志》、《广东通志》等多种志书，共有两百多万字。

冯敏昌的书法造诣深厚，楷、行、草、隶四体皆精，时人评其"行精于楷，草精于行，隶体和草体，各推独到。"其楷体苍劲古朴，豪迈爽利，却又不失内在的温醇秀颖之韵。作品间，"恂恂有儒者之风"。草书更是笔走龙蛇，每每作书，挥笔直下，势若飞流，六七字间，一笔而成。其间，轻重跌宕，映带相连，舒卷自如，极尽山川自然之妙，大有云卷云舒之姿。所书《书院揭示墨迹卷》，便是反映这一风格与特征的佳作。

清代著名学者、金石书画名家钱泳评价冯敏昌："先生之学，经经纬史，而诗歌、古文、金石、书画亦靡不贯综。"（《履园丛话·丛话六·耆旧·鱼山比部》）

在《岭南群雅初集》一书中，清代岭南著名诗人刘彬华对冯敏昌及其诗作推崇备至："鱼山先生性笃孝友，学务力行，道德粹然，为人伦模范，非特以诗传。而诗笔雄深雅健，实足笼罩一切，巍然为岭南一大宗。盖其天资既超，又沉酣古籍，穿穴百家，由昌黎、苏黄上窥李杜堂奥，乃自具鉴冶，独开生面。其才富而气盛，其声正以大，其骨苍以劲。"

嘉庆十二年（1807），冯敏昌病逝于广州府粤秀书院。嘉庆十四年（1809），诰授奉政大夫，入祀乡贤祠。

卢坤开采老坑取石制砚

　　卢坤（1772—1835），字静之，号厚山，顺天府涿州（今河北涿州市）人。清嘉庆四年（1799），考取第三甲第一百四十名进士，选为翰林院庶吉士。嘉庆六年（1801），任兵部主事。嘉庆十四年（1809），升兵部员外郎。嘉庆十七年（1812），迁兵部郎中。翌年，擢湖南粮储道。嘉庆二十一年（1816），授广东惠潮嘉道，后任山东兖沂曹济道。嘉庆二十五年（1820），升湖北按察使，寻致甘肃布政使。道光二年（1822）八月，授广西巡抚；九月，任陕西巡抚。道光七年（1827）七月，授山东巡抚，因平定回疆（今新疆天山南路）、收复喀什噶尔（今新疆喀什市）等四城之功，加太子少保；八月，调山西巡抚。翌年八月，调广东巡抚。道光十年（1830），迁湖广总督。道光十二年（1832）八月，接替李鸿宾任两广总督。病卒，赠太子太师、兵部尚书，赐祭葬，谥"敏肃"。著有《秦疆治略》，纂有《广东海防汇览》。

　　身为两广总督的卢坤，在兼顾政务的同时，十分爱好文房雅玩，尤其擅长砚台、砚材的品鉴。他的藏砚之所，命名"芸叶盒"。

　　道光十三年（1833）五月，西江暴发洪水。十三日（6月30日），西江洪水陡涨。十八日（7月5日），天降暴雨。肇庆府府城景福围白沙汛至龙母庙段的堤围尽决，洪水冲破跃龙桥窦。

　　邑人马呈图于民国年间纂修《（宣统）高要县志》载，西江洪水的最高水位为11.53米，肇庆府高要县南岸、银江、白诸等二十一条堤围全部崩决，民舍毁坏万间，田地受淹三十余万亩。七月九日，西江洪水复涨，加上两次台风，堤围复决，民舍毁坏无数，田地受淹31.74万亩。

　　史载，其时西江的主干流和东、北两江的中下游，以及韩江，皆是洪水暴涨。仓丰、姚沙、黄塘、大兴、墩头等堤围崩决，洪水浸至肇庆府封川县（今广东封开县）城内的关帝庙前；广州府南海县城西被洪水淹浸，水深达五六尺，县属围基溃决几尽；五月、七月，广州府城两次被洪水淹浸，水深达五六尺至丈余。

　　是年冬，高要县绅民向两广总督卢坤申请开采老坑取石制砚，以工代赈。至翌年三月封坑，采得砚石精品三百余方。

　　晚清遗老徐珂编《清稗类钞·鉴赏类三·徐氏藏鱼脑冻砚》云："肇庆产砚材，以古名端州，故谓之端砚。道光癸巳，西潦再溢，濒江庐舍，荡析离居。是冬，肇庆人民请于粤督涿州卢坤，拟开砚坑，以工代振。谋于守令，皆曰善。乃于十一月二十七日汲水，明年正月十日采石，三月十日众至而毕。得石佳者，治三百余砚，有青花、鱼脑冻、蕉叶白、天青、冰纹、火捺、马尾纹、胭脂晕、石眼诸品。"

可见，卢坤此次开采老坑，采得砚石之佳者不少。

卢坤为学者吴兰修所著《端溪砚史》作序，云："得石稍纯者，治三百余砚，分饷故人。余数十砚，他日归舟，窃比郁林石耳。"

清同治年间，孙森在《砚辨·自叙》中对卢坤开采老坑所得的砚石，推崇有加："大西洞，精华内蕴，愈出愈奇，为前人所未见，他洞所不及。迨道光时卢制军重开，直达岩腹下层，石悉成冻，以冰纹冻为异品。……今石工即名曰'卢坑'，定为古今第一。……兹得卢坑异品，而昔人目为绝品者，俱不足擅美矣。"

史载，道光二十一年（1841），卢坤再次开采老坑取石制砚。

清代，端砚佳品被赞为"近世罕有"、"今之希有物也"。明末清初思想家、哲学家王夫之感慨地说："余两赴端州，未能得一佳石。"（《姜斋文集·卷九·铭》）卢坤亦说："端州向产名砚，余三莅岭南始获真品。"（《三多九如砚铭》）

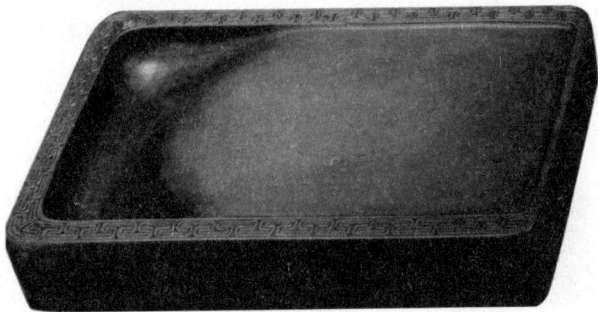

古人为了获得一方端砚佳品，不惜一掷百金、千金，甚至以极其珍贵的心爱之物去交换。

南宋晚号"韩青老农"的何薳撰《春渚纪闻·卷九·记研·赵安定提研制》记录了这样一次"交易"：

《砚谱》称唐人最重端溪石，每得一佳石，必梳而为数板，用精铁为周郭。青州人作此，至有名家者，历代宝□。余于崇宁间见安定郡王赵德麟丈所用一枚，作提研制。绍兴四年，复拜公于钱塘涌金门赐第，出研案间，云：生平玩好，尽丧盗手。而此研常所受用，复外样拙，贪者不取，得周旋至今。余亦抚之怅然也。近章伯深偶于钱塘铁肆中得一枚，绝与赵类而非是也，求易余东坡所画鹊竹而得之。工制坚密，今人不能为也。

史载，卢坤开采老坑所得的砚石，"经咸、同粤寇之乱，散失殆尽"（徐珂《清稗类钞·鉴赏类三·徐氏藏鱼脑冻砚》）。

史载道光十三年（1833），英国为了促进贸易，取消东印度公司的贸易垄权，谁都可以自由来中国做生意。于是乎，一大批不知姓名的外国商人来到中国。他们不了解中国的国情，不了解广州府的贸易规定，搞得广州府乱七八糟。

当时，卢坤亦搞不清楚情况，问英国商人，怎么以前的"大班"（经理）不见了，现在的贸易搞得乱七八糟，你们的国家应该派个大班来嘛！英国商人把口信带回英国，英国政府派来一个人，那就是第一任英国驻华商务监督——威廉·约翰·律劳卑。

律劳卑大概也是毫不了解当年乔治·马戛尔尼和威廉·皮特·阿美士德访华使团失败的原因，到达广州府后，竟然以平等的口气向当时的两广总督卢坤发出一封平行的公函。

对于律劳卑竟然想和大清帝国平起平坐的大胆口气，卢坤大为愤怒，立刻拒绝这封公函的要求，且令律劳卑立即返回澳门。律劳卑拒不返回澳门，仍旧呆在广州府。于是，卢坤下令封闭商馆，停止供应，中断贸易。

律劳卑退出广州府后，擅自指挥两艘军舰攻打珠江，卢坤则集合六十八艘战船应战。但此时的律劳卑，因失去英国商人的支持，自己也得了疟疾，只好黯然地回到澳门，于当年十月病死。

仪克中与赋词《倚声齐天乐》石刻

仪克中（1796—1837），清代广东倚声名家。字协一，号墨农，又号姑射山樵。祖籍山西太平（今山西汾城），父亲任广东盐运司知事，遂留居广州府番禺县。少有奇气，读书过目能诵。

清嘉庆二十二年（1817），两广总督阮元主持纂修《广东通志》，聘请仪克中为采访，"缒幽跻险，剔苔扪碑，多翁学士《金石略》所未著录者"。后来受到阮元的赏识，聘教于广州府学海堂。

道光十二年（1832），广东典试官程恩泽在遗卷中发现仪克中的文才，得中举人，成为广东巡抚祁𡎖的记室。

道光十四年（1834），广州府南海县官窑因洪水决堤，室庐荡尽，居民流徙。仪克中受祁𡎖的委托，到广州府三水县（今佛山市三水区）芦苞河，以疏通灵州渠。他因积劳成疾，引发背疡。小愈后，他又主持修建惠济仓，达旦不寐，疾发而卒。

特别值得一提的是朝鲜国诗人李尚迪与仪克中的交游。

李尚迪（1804—1865），朝鲜国诗人。字惠吉，号藕船。清道光、咸丰年间，先后十二次出使中国，与诸多文人交游，以文才、人品赢得了中国文人的推诩。

李尚迪身为翻译官，在国内受到身份的制约。但是，他利用"燕行"（所谓"燕"，是指北京；燕行，是清代的朝鲜国使者比较喜欢使用的概念）的机遇，走向海外发展的路线，开拓了新的文学活动平台。

道光十一年（1831），李尚迪与仪克中相识。两人有着相同的志趣和爱好，通过诗歌与书画的交流，建立了深厚的友情，为中朝两国的文人交流叙写了一段历史佳话。仪克中赠送《苔岑雅契图》给李尚迪，以作纪念。

仪克中除了善绘人物画外，还善画山水、花卉等，取法于著名画家王翚，画风雄健纵姿，浑厚苍润。诗人、画家汤贻汾到广东，与张如芝、黄培芳等人合画《云泉饯别图》赠予他。仪克中画有《剑光烛影》、《负暄扪虱》、《倚马寻芳》、《挑灯忆旧》四幅作品，均是他自我生活的写照。工诗词，著有《剑光楼诗钞》四卷、《剑光楼词钞》两卷。

七星岩风景名胜区的摩崖石刻，是全国少有的庞大摩崖石刻群之一。2001年

6月，被定为"全国重点文物保护单位"。

继唐代著名的文学家、书法家李邕在石室岩下的石室洞口镌刻《端州石室记》后，不少文人骚客都为这里的奇山异水和千姿百态的洞穴所倾倒，写下了无数的诗文与题字，镌刻在摩崖上。其中一个人，就是仪克中。

至今，七星岩风景名胜区摩崖石刻还保存着"仪克中赋词《倚声齐乐天》"石刻。

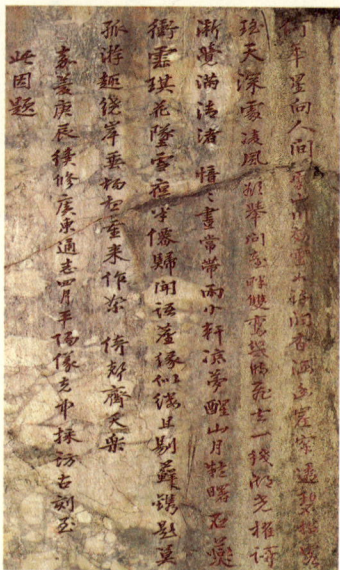

"仪克中赋词《倚声齐乐天》"石刻位于石室岩下的石室洞口东侧，镌刻于清嘉庆二十五年（1820）。石刻高1.28米、宽0.7米，行书，共有七行。字体挺拔俊秀，笔势优美。

原文如下：

何年星向人间聚，山川效灵如许？洞杳涵幽，崖穷透碧，招客瑶天深处。凌风欲举，问台畔双鸾，几时飞去？一线湖光，棹歌渐觉满清渚。

愔愔昼，常带雨。小轩凉梦醒，山月疑曙。石燕冲云，琪花坠雪，夜半仙归闻语。尘缘似缕，且别藓镌题，莫孤游趣。绕岸垂杨，想重来作絮。

倚声齐天乐。

嘉庆庚辰，续修《广东通志》。四月，平阳仪克中采访古刻至此，因题。

词，初名为曲、曲子、曲子词，又名乐府、近体乐府、乐章、琴趣，还被称作诗余、歌曲、长短句。按照词调作词，称为倚声，或称为填词；按照词调作词的名家，称为倚声家。

《齐天乐》是词牌名，词谱以北宋末期著名的词人周邦彦所作的词为正体。双调，一百零二个字，上片为十句，下片为十一句，上、下片各为五十一个字，六句为仄韵。上、下片的起句，亦有不用韵者。上片的第七句和下片的第八句，是一字豆句式。

在七星岩风景名胜区摩崖石刻中，仪克中赋词《倚声齐天乐》是唯一的一首词。在短短百余字中，作者既写了幻觉，又写了实景。同时，作者还巧妙地插入了"双凤石"的美丽神话，细腻秀丽，寓意深远，颇具特色。

《倚声齐天乐》词中所说"双凤石"，据《肇庆府志》载："石室最胜处为观音岩，中为璇矶台，其上有悬石，凝缀若双凤然，苞羽腾跃之势毕具。每阴霾欲雨，或见其翱翔出入。无何，为中贵凿其一去。舟至羚羊峡，遇骤雨，几不免，乃亟弃之江。今一尚存。"

　　石室洞的东南紧连着副黑岩，今存有仪克中用毛笔写下的墨迹："怪虚山僧称暖玉，此间□□着炎凉。怜他一片多情石，三百年来留墨香。嘉庆二十三年四月二十八日，平阳仪克中题。"

　　仪克中所咏"三百年来留墨香"之句，是指副黑岩里的明代刘克平之墨迹。可惜的是，刘克平的墨迹现已漫灭难认了。

　　在玉屏岩前往无底洞的途中，还有"仪克中题名"石刻，镌刻于清嘉庆二十五年（1820），高1.35米，宽0.45米，楷书。

　　原文如下：

　　嘉庆庚辰四月廿八日，仪克中、周斌登玉屏绝顶。

　　此外，在石峒古庙内的右侧，还有"仪克中题名"石刻，镌刻于清嘉庆二十五年（1820），高0.2米，宽0.4米，楷书。

　　原文如下：

　　嘉庆庚辰四月二十一日，平阳仪克中来游。

重修《肇庆府志》的夏修恕

夏修恕（？—1840），字浑初，又字浑夫，号森圃，南昌府新建县（今江西南昌市）人。清嘉庆三年（1798），考中乡试第一百一十六名举人。嘉庆七年（1802），考取第三甲第一百五十五名进士，授翰林院庶吉士。

嘉庆九年（1804）冬，夏修恕与同科进士陶澍、朱珔、顾莼、吴椿、洪介亭等人创建"消寒诗社"，后改名为"宣南诗社"。他们结社的目的在于排遣、消磨公余的时间，以增进友谊，装点太平盛世。

翌年四月，夏修恕授翰林院检讨，充国史馆协修官、功臣馆纂修官。嘉庆十二年（1807），任顺天府（今北京）乡试同考官。嘉庆十六年（1811），充会试同考官。翌年，考选山西道监察御史。

嘉庆十八年（1813）四月，夏修恕奏请"厘刑狱以省拖累"，嘉庆帝谕旨："所奏深合事理。国家明刑弼教，意本期于无刑，有罪者不容轻纵，无罪者尤不可株连。刑部虽总理谳狱，然案情较重、罪名大小，办理自有等差。近日，五城及步军统领衙门，于寻常讼案罪止杖笞以下者，往往不察事理，概以送部了事。以致刑部现审之案日积日多，不能速为断结。迨至逐案审理，其事甚细，而到案之人久羁缧绁，隶徒中饱，赀产荡然。又或查拏案犯，不辨真伪。辄请交部严鞫，及讯明无辜被累，而正犯转得远扬，纷纷株系，桎梏相望，皆足上干天和。"（《大清仁宗睿皇帝实录·卷二六八》）

八月，夏修恕转京畿道（治今陕西西安市）监察御史。

嘉庆十七年（1812），晋、冀、鲁、豫等省八卦教首领在卫辉府滑县（今河南滑县）聚会，推举林清为"天王"、冯克善为"地王"，李文成为"人王"。定于次年九月十五日举旗起义，直捣皇帝老巢——紫禁城。

嘉庆十八年（1813）九月十五日清晨，起义军分头潜入北京城。正午时刻，聚集在东、西华门外的起义军打出"大明天顺"旗号，手执兵刃，冲向东、西华门。东路军遭到皇宫禁卫军的阻挡，未能冲入东华门。西路军在宫中太监高广幅、张太的接应下，攻入西华门。起义军关闭宫门，抵抗来援的清军，继而杀奔隆宗门。

最后，起义军腹背受敌，苦战不胜，全军覆没。两天后，林清被捕遇害。此次事变史称"癸酉之变"。

嘉庆十九年（1814）正月，夏修恕针对处理"癸酉之变"的善后事宜，奏请"严禁妄拏无辜"。嘉庆帝谕旨："所奏甚是，此次办理叛案，其从贼逆党必当悉数捕诛，不容一名漏网。但岂得因此株累查拏，扰及良善？近日，审讯各处查缉送部之人，多有妄报邀功、挟仇诬陷者。虽审明后，即予昭雪，而其人羁禁囹圄，室家播弃，赀产荡然，且有因以瘐毙者。似此妄行罗织，心实不忍，良民何辜，遭此苛政，其可以消沴戾而召祥和。现在必应查孥之犯，俱经刑部将年貌、住址根究明确，开单饬交京畿及各省按名踪缉，务获究办。此外，如再有妄孥无辜诱供刑逼，以及仇扳捏控者，审明俱按律坐诬治罪。庶矜慎刑狱，除莠安良，以靖人心而迓昊贶。"（《大清仁宗睿皇帝实录·卷二八三》）

徐珂撰《清稗类钞·谏诤类·夏修恕请释无辜》云："嘉庆癸酉，夏修恕官御史。时林清之乱已平，余党窜河南、北，先后就诛。而州、郡购捕疑似，牵引株连，多道死。夏因疏言，督限必获，有司逮系疏属，蔓引无穷，请下明诏，释省无辜。疏入，仁宗嘉纳，即降谕缓捕弛刑。当上疏时，同官怵以危语，夏艴然曰：'安有首鼠而居言者，遇圣主而不言，则终无言日矣。'"

随后，夏修恕擢兵科给事中。冬季，他充巡城给事中，巡视东仓、东城，罢黜奸猾吏员，铲除盗匪。

嘉庆二十二年（1817），夏修恕授刑科掌印给事中。六月，弹劾直隶总督方受畴迟延不审理赵师氏呈控的案件，奏请予以究查。

未几，夏修恕授广东惠潮嘉兵巡道。期间，他剿戮匪徒，抚平械斗，收缴民间的鸟枪，训练州、县壮丁，设置义学，改善风气，为百姓称道。

"潮人以思韩之故，而有庙祀，而有书院，匾以韩山"（《永乐大典·卷五三四五》）。北宋元祐五年（1090），潮州（今广东潮州市）知州王涤在城南建韩文公祠。"置膳田，养庶士"，祠祀唐代文学家、政治家韩愈，号称为"书院"（祖植椿《重修韩祠碑》）。

南宋淳祐三年（1243），潮州知州郑良臣在韩文公祠的故地建"韩山书院"（今韩山师范学院的前身），为宋、元、明、清代州、路、府、道官办的书院。院址多有变迁，至清康熙三十年（1691）定址于笔架山麓的韩文公祠南侧，延续至今。

夏修恕任惠潮嘉兵巡道期间，重修韩山书院，对粤东地区文化的传播、教育的发展、民风的善化、经济的繁荣和社会的进步，发挥了重要的作用。

道光二年（1822），夏修恕任广东乡试提调官。

翌年四月，夏修恕以惠潮嘉道署理肇罗道，兼摄肇庆府府事，平反罗定州（今广东罗定市）冤狱。

再说，明万历元年（1573），岭西道兵巡佥事李材创建"端溪书院"。后来，书院改为"岭西道署"，再改为"督标中军副将署"。

清康熙四十七年（1708），两广总督赵弘灿复建书院，改名"天章"，"为总督课士之所，两省人士皆得肄业其中"（张之洞《创建广雅书院奏折》）。

雍正十年（1732），两广总督郝玉麟修葺天章书院，奉旨赏拨地丁帑银一千两发商生息，以供生徒膏火。其后，他再拨盐羡银两千两发商生息。他还亲往书院授课，延聘名儒，可谓不遗余力。经过此番努力，"近来学老云集"，"负笈者众，德造之盛遂为前代所无"。

乾隆三年（1738），两广总督马尔泰修葺天章书院，复名"端溪书院"，为省级书院。

乾隆二十二年（1757），肇庆府知府吴绳年购置民房，增建后楼九间房舍，奉祀先贤；同时，移建近光亭，将莲池居中，以及修葺东西两廊的斋舍。至此，端溪书院成为两广地区规模最大的学府。

乾隆三十九年（1744），位于宋城墙上的披云楼不幸被大火烧毁。肇庆府知府耿平主持修复，将旧楼杀其一，改建为两层。

嘉庆四年（1799），壮族奇才冯敏昌掌教端溪书院，订立学规十六条。

嘉庆二十年（1815），两广总督蒋攸铦修葺端溪书院。

嘉庆二十三年（1818），两广总督阮元修葺端溪书院。

道光三年（1823），端溪书院揽天阁的西南角倾圮，压倒廊房，夏修恕捐俸修葺宣教堂和爱莲亭。

道光三年（1823），夏修恕和高要县知县韩际飞重建宋城墙上的炮台且修筑披云楼。

《重建炮台修筑城垣披云楼碑》镌刻于清道光三年（1823），高1.52米，宽0.83米，楷书，端砚石，今收藏于肇庆市博物馆。

原文如下：

重建炮台修筑城垣披云楼碑。

两广总督阮元，肇庆协镇都督府松青，广东分巡肇罗道王堉时，肇庆府□候补道夏修恕，肇庆府知府□□□，高州□□□□。

邑人马呈图于民国年间纂修《（宣统）高要县志》云："道光三年，总督阮元奏于南门外重建炮台二所，并修垣墙楼橹。知县韩际飞董之。"

道光年间，重修《肇庆府志》。该志始修于道光三年（1823），由肇庆府知府夏修恕主持，未成而去任。道光九年（1829），肇庆府知府珠尔杭阿与肇庆府训导黄培芳设修志局于文昌宫（遗址在今城中路），继续编修，脱稿于次年夏。道光十一年（1831），屠英接任肇庆府知府，又作补充，自道光十年（1830）冬起至十三年（1833）春止。该志从编辑到刊刻成书，历时十年之久。

道光年间重修的《肇庆府志》，共有二十一卷。内容如下：卷首为"序文"、"职名"、"凡例"、"目录"、"地图"；卷一至四为"舆地"：疆域、沿革、山川、附瑶山；形胜、晷道、星野、气候、户口、厢乡、风俗、附瑶僮疍；物产、关隘、附江防、海防、水利；卷五至七为"建置"：城池、廨署；学校、附书院义学；坛庙、梁津；卷八为"古迹"：废城、署宅、园亭台阁、坊表、寺观、冢墓；卷九至十为"经政"：禄饷、恤助经费附、祀典、赋税、盐政、积储、蠲恤、武备、邮递；卷十一至十三为"职官"；卷十四至十五为"选举"；卷十六至十七为"政绩"；卷十八至二十为"人物"；卷二十一为"艺文"（书目）、"金石"；卷二十二为"事纪"、"杂记"。

道光十年（1830），湖南按察使夏修恕为重修的《肇庆府志》作序，云：

肇庆当百粤之首，扼山海之险，延袤数千里。旧有志，宋李宗谔、张宋卿二家始修之。明正统间，四明王瓒始为镂版。厥后，屡有删润，版凡五易。我朝乾隆二十四年，郡守吴君绳年厘为二十八卷，迄今七十年矣。

国家重熙累洽，俗厚民淳，嘉绩懿行。可风可纪者，数十年间泯焉弗彰，是守土者责也。道光癸未，予权篆肇罗，谋所以修之。乃礼吴中江君藩，豫章胡君森、王君崇熙、王君佶，武林朱君人凤共事纂辑。时通志初成，各邑乘亦多重新者，爰集群志以备采择，事未竟，予以代去。越二年乙酉，许青士观察继至，翻阅前稿，尚多未备，亟欲编次成书。又四年己丑，乃商诸太守珠君秋山，延香山黄明经培芳、新兴陈孝廉在谦、阳春邓茂才元光设局郡城，相与重订。金谢堂太守继主之，八阅月而书成。会青士观察移节高凉，明年春仍属黄、邓二君覆勘。以予始事，请衡鉴焉。

予惟志以纪实，而体例贵严，意在简而能赅，详而不滥。近志或失之芜杂，或未免脱略，求如"关中八志"，繁简得宜者，未数数觏也。兹志体裁严整，序次有法。首"舆地"，志书以志地为宗也，有舆地而后建置兴，故"建置"次之。建置以时变通，昔之所有不容没也，故"古迹"次之。至于治其地有政，主其地有官，次"经政"、次"职官"。人才地之所出也，次"选举"。职官有善政，人才有善行，次"宦绩"、"人物"。艺文为人物绪余，次"人物"后。"金石"又艺文一端，次"艺文"后。地历久而事变不常，故以"事纪"、"杂记"终焉。

是役也，以七十年抱残守缺之书，一旦举而新之。事经八载，人更数姓，而予实始终其事，予亦何能已于辞？爰序其颠末以志简端，若夫披卷而观览。川原之肥瘠，则思所以经画之；睹户口之盈虚，则思所以保义之；视民俗之浇淳，则思所以教诲之。是所望于后之官斯土者。

道光十年庚寅夏五月。

赐同进士出身，广东督粮道，署肇罗道，升任湖南按察使，前翰林院检讨，新建夏修恕撰。

道光六年（1826），夏修恕迁广东督粮道，督办筑堤，亲自捐俸，且两次署理盐运使。未几，他以督粮道护理广东布政使印务，稽查严密，禁除若干积弊。同时，他受两广总督阮元的委托，总理辑纂刊刻《皇清经解》。

《皇清经解》，又名《学海堂经解》，阮元主编。共收录七十三家、一百八十三种著作，凡一千四百卷。

夏修恕为《皇清经解》作序，云：

《皇清经解》之刻，迺聚本朝解经之书，以继《十三经注疏》之迹也。自《十三经注疏》成，而唐、宋解经诸家大义，多括于其中。此后，李鼎祚书及宋、元以来经解，则有康熙时通志堂之刻。我大清开国以来，御纂诸经，为之启发。由此经学昌明，轶于前代。有证注疏之疏失者，有发注疏所未发者，亦有与古今人各执一说，以待后人折衷者。国初如顾亭林、阎百诗、毛西河诸家之书，已收入《四库全书》。乾隆以来，惠定宇、戴东原等书亦已久行宇内，惟未能如"通志堂"总汇成书，久之恐有散佚。道光初，宫保总督阮公立学海堂于岭南，以课士士之愿学者，苦不能备观各书。于是，宫保尽出所藏，选其应刻者付之梓人，以惠士林。委修恕总司其事，修恕为属官，且淑于公门生门下，遂勉致力。宫保以六年夏移节滇、黔，修恕校勘剞劂，四载始竣。计书一百八十余种，庋板于学海堂侧之文澜阁，以广印行。不但岭南以此为注疏后之大观，实事求是。即各省儒林亦同此披览，益见平实精详矣。

道光九年九月，广东督粮道、前翰林院检讨、新建夏修恕谨记。

嘉庆二十五年（1820）三月初二，两广总督阮元在广州府城西（今下九路文澜巷一带）创办"学海堂书院"。

夏修恕为学海堂书院撰题一副对联，简明易懂。联曰：

实事求是；

空谷传声。

再说，道光七年（1827），夏修恕俸满离任，赴吏部引见。

道光九年（1829），广州府、肇庆府等深受西江下游地区滥行围垦筑堤工程之害，洪水灾害频仍，近百位名人、士绅纷纷上书当局。当时，两广总督李鸿宾、广东巡抚卢坤试图实施拆毁堤坝的行动，执行者是夏修恕。

夏修恕详细考察了沙田区内应该拆毁的堤桩、坝闸，东莞县有八处，香山县（今中山市）、顺德县有十七处，番禺县有五处，新会县有四十二处，共有七十二处，"此外，未经查出有碍水道者恐尚不少"（清道光《南海县志·卷十六·江防略》）。

次年，夏修恕呈上奏折《禀请理水患》给李鸿宾、卢坤，详细列举了违法围垦工程所造成的危害和拆毁堤坝的方法、困难，以及如何禁垦的行动。但是，由于工程的浩大，牵涉到太多的人和事，他在奏折的末尾说："开具清折，禀候宪台察核示遵。至此事将来究竟应如何设法严禁，方可久行无碍之处，恭候钧裁巩。"（清道光《南海县志·卷十六·江防略》）

史料记载："道光九年己丑五月，西潦骤涨，广、肇两属基围，多被冲决。总督李公、巡抚卢公洞悉其弊，令司道札饬属县，查勘碍水坦亩坝，分别拆毁。出示严禁圈筑，广、肇绅士继以是联请，既蒙批准，而粮道夏公委员，查勘覆拆毁。方行，越庚寅围四月，夏公既擢臬使。去又数月，卢公旋亦移节，遂使两郡大利害，兴之不果，除之不力。"（清道光《南海县志·卷十六·江防略》）

是年四月，夏修恕升任湖南按察使，护理布政使印务，为官清廉，不扰民，不苛征。十一月，他调任山西按察使。

道光十二年（1832），夏修恕调任安徽按察使。

是年九月初四，夏修恕因在山西按察使的任内未能审明太原府阳曲县（今山

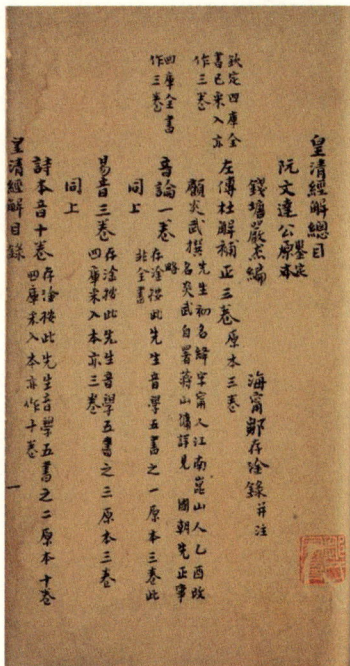

西阳曲县）知县"李联蒙借案索赃案"，道光帝下达谕旨，将夏修恕与山西巡抚博尔济吉特·阿勒精阿、布政使邱鸣泰、冀宁道王志瀜、太原府知府王世绂等一同发交吏部议处，降三级调用，以从四品衔候补。继而，他又因在湖南按察使的任内"失察逆猺滋事"，追加处分，于补官时再降两级留任。不过，他坦然面对，请假归乡，被后人誉为"德让君子之遗风"（清同治《新建县志》）。

道光十九年（1839），夏修恕补授思南府（今贵州思南县）知府，主修《思南府续志》。

次年九月，夏修恕卒于任上。

耿直刚烈的苏廷魁

苏廷魁（1800—1878），字德辅，号赓堂，肇庆府高要县人。清道光元年（1821），考中举人第三十一名。道光十五年（1835）三月，考取第二甲第七十六名进士，选为翰林院庶吉士。

苏廷魁考取进士后，亲笔题书"进士"两个大字，制作成匾额。同时，他还在匾额的上面镌刻翰林院掌院学士、主考官穆彰阿的名字，以表示感激恩师的栽培之情，并高高地悬挂在祖居——广利乡长利村青云坊。

道光十八年（1838）四月，苏廷魁授翰林院编修，充起居注协修。次年二月，任国史馆纂修。道光二十一年（1841），任会试同考官。次年，任福建道监察御史。道光二十三年（1843）三月，奉命协理京畿道（治今陕西西安市）。此后，历任湖广道、山东道、江西道监察御史。

第一次鸦片战争期间（1841年6月—1842年8月），苏廷魁力主修筑虎门（今东莞市虎门镇）炮台和广州府府城的燕塘墟、大沙河、龟岗等要塞，以防止英国侵略者进犯广州府城。

英国侵略者攻陷浙江舟山岛（今舟山市）、镇江府（今镇江市）后，清王朝政府被迫于道光二十二年七月二十四日（1842年8月29日）签订中国近代史上的第一个不平等条约——《南京条约》。

在签订丧权辱国的《南京条约》之前，清王朝内部主和派和主战派之间的斗争，尤为尖锐激烈。

在主和和主战的问题上，道光帝一直摇摆不定。

主和派的代表是太子太保、英武殿大学士、首席军机大臣穆彰阿，他到处散布英国侵略者的炮火"猛烈异常，无可抵御"（道光朝《筹办夷务始末》）的言论，认为与英国侵略者打了三年仗，毫无作用，毫无效果；作战所需的费用与"讲和"赔偿的银两相差无几，而且作战要劳师动众，"讲和"则可安逸省心，还是"讲和"划算。

主战派的代表是东阁大学士、军机大臣王鼎，他劝说道光帝不要听信穆彰阿"议和"的误国主张。多次苦谏无效后，他于道光二十二年四月三十日（1842年6月8日）写下遗疏疾呼："条约不可轻许，恶例不可轻开。穆（穆彰阿）不可任，

林（林则徐）不可弃也！"随后，他自缢于寓邸，希望以"尸谏"来唤醒道光帝，出兵决战，拒绝议和。然而，他的遗疏落在穆彰阿的党羽、军机京章陈孚恩的手中，后者"灭其疏，别具以闻"（《清史稿·王鼎传》）。

王鼎死后八十一天，清朝政府被迫签订丧权辱国的《南京条约》。

王鼎以身殉国的消息传开后，苏廷魁渐渐看清了穆彰阿的嘴脸，愤然上书朝廷，力陈时弊，言极危切。他力数穆彰阿的罪责，称之为民变四起、国运日衰的罪魁祸首，还请求道光帝下令降罪于自己，以开直谏之路。

道光帝亲览奏折后，为之动容，对苏廷魁的耿直予以嘉奖。

清代学者陈康祺著《郎潜纪闻·本朝谏臣》云："嘉、道之间，苏廷魁、陈庆镛、朱琦为谏垣三直。又合吾浙金应麟，世称'四虎'。"

道光二十四年（1844）三月，苏廷魁任会试内监试官。四月，家乡传来令他悲痛欲绝的消息，父亲灿举因病医治无效，驾鹤归西！

孝悌为根本，百善孝为先。苏廷魁遵照"守制"，去除官职，回家丁忧三年，以尽人子之责，践行孝道。

宋孝期间，苏廷魁还牵头组织编写《长利苏氏家谱》，广东巡抚徐广缙予以作序，称赞长利村苏氏的先辈以善行闻名于乡里，苏廷魁以耿直闻名于天下。此外，他还接受徐广缙的聘请，主讲广州府粤华书院。

咸丰元年（1851）四月，苏廷魁在父丧服除后，复被起用，迁工部给事中。他上疏咸丰帝，"请求宏济之道，执劳谦之义，防骄泰之萌，推诚任贤，慎始图治，选择翰詹为讲官，严取孝廉方正备采用"（《清史稿·苏廷魁传》）。

陷于内外交困的咸丰帝，不得不承认苏廷魁的请求是可行的。

《清史稿·苏廷魁传》记载，苏廷魁上书弹劾文华殿大学士、首席军机大臣阿鲁特·赛尚阿徇私枉法，咸丰帝斥责他是"擅预黜陟"，将奏折抹去名字后，交给赛尚阿。赛尚阿看了奏折后，火冒三丈，怒气冲冲。在饮台垣酒时，赛尚阿问道："谁实弹我？"苏廷魅迎着赛尚阿居高临下的目光，立即站出来，凛然正气应道："公负国，某不敢负公。"在场的所有官员，对他的刚正不阿和傲岸风骨佩服得五体投地。

咸丰三年（1853），苏廷魁奔母丧返回广东。

次年七月，广东天地会首领李文茂率领起义军包围广州府城，有人建议借助英国侵略者镇压起义军。苏廷魁慷慨直陈，力持异议，事始寝息。

咸丰八年（1858），苏廷魁与刑部侍郎罗惇衍、太常侍卿龙元禧等，在广州府顺德县成立广东团练总局，招募广州府东莞县、南海县和府城三元里等地的勇士数万人，严清野，绝汉奸，奋起反抗英国侵略者。

次年，清朝政府向英国侵略者屈辱求和，撤销广东团练总局，苏廷魁愤然回乡，出任肇庆府端溪书院山长，历时三年。期间，他言传身教，严谨治学；管理有方，风气井然；精心育人，英才辈出。

咸丰十年（1860），太平天国翼王石达开的部将周春、侯诚戴等，率领起义军十万余人，从平乐府贺县（今广西贺州市）出发，经肇庆府怀集县、广宁县、四会县和广州府三水县等，攻打肇庆府城。在高要县水坑乡、鼎湖山一带，起义军与清军展开激战。在激战中，鼎湖山庆云寺被焚，建筑几乎全部烧毁。

为了修复庆云寺，第四十代住持淡凡和尚四出化缘募款。苏廷魁与名士、老师彭泰来等鼎力支持，且发动当地和外地的施主捐款捐物资助。经过三年的修建，寺院得以恢复旧观。

庆云寺山门的上方悬挂匾额，其"庆云寺"三个大字正是苏廷魁题书，字体端庄，笔力遒劲，风骨峻峭。

"庆云寺"三个大字写得极好，其别具心思的安排，实在了不起！因为"庆"、"云"两个字是繁体字，笔画较多，而"寺"字笔画较少，故将"寺"字的"、"写成"一"横，填补了下面的空档，使人感觉"庆云寺"三个字的分量是浑然一致的。

彭泰来撰写了《募修鼎湖山庆云寺序》，且题书一副对联，悬挂在山门的两侧。联曰：

莲花历劫香初地；

云液飞泉响万峰。

期间，苏廷魁与彭泰来同游顶湖山（鼎湖山）。高兴之余，苏廷魁赋诗《雨后望顶湖》。诗云：

绿动郊原发兴新，顶湖西望日初曛。

树开层岭明残雨，龙返双湫卷暮云。

往岁游踪诗境变，隔江春色斧柯分。

人间福地僧高卧，引水荒田了不闻。

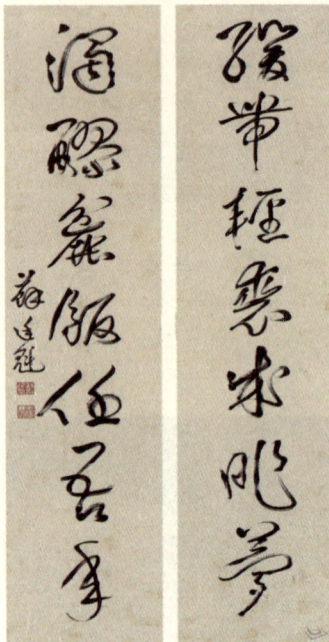

同治元年（1862），同治帝即位，赛尚阿伏法。他得知首章弹劾赛尚阿者为苏廷魁，即传旨进京面见，授开归陈许道（今河南东部）。

同治三年（1864），苏廷魁升河南布政使。

同治五年（1866），苏廷魁擢东河河道总督。期间，苏廷魁为衙署题写一副对联。联曰：

百花欲笑梦初觉；

万古不愁云自开。

同治七年（1868），黄河洪水冲决郑州府荥泽县（今河南荥阳市）的堤围，苏廷魁被革职处分留用。三个月后，决堤修复，他官复原职。

清代学者欧阳昱著《见闻琐录·缴余银》载，苏廷魁任东河河道总督期间，适值黄河在河南境内决口，便与河南巡抚奏请户部拨银一百万两，用于堵口工程。他是一位正直的官员，"亲督工，买料俱亲经手"。堵口工程完工后，余银三十万两。河南巡抚主张瓜分，他坚持将余银缴还国库。河南巡抚因"未遂其欲，恨甚，阴媒孽其短，弹奏之"。

户部因"向来河工告成，无不浮冒虚报者，外得十分之七，大小瓜分，以三分贿部，遂不驳。今苏公缴还馀银，除此陋规，部中亦恨"。于是，户部想方设法在他的奏折里面挑出"不合例数条"，制造事端，与河南巡抚一起参劾他。在内外夹攻下，他最终落得革职的下场。后任河南巡抚任道镕与他一样，"亦值某处河决，其请缴银"。结果，任道镕也是"被奏劾，革职去"。

欧阳昱无不感慨地说："盖河工积弊，以夸张其事，多请公款为能事；开报虚数，各饱私囊为长策。而二公于污秽之中，独欲显其清廉，宜乎犯众忌，而不得安于其位也！"（《见闻琐录·缴余银》）

试想，若苏廷魁、任道镕二公甘于自污，岂不既可保住官位与俸禄，也不至于引来同僚的忌恨。正是因为他们"欲显其清廉"，而违背了这个圈子内的游戏规则，怎能放心他们"安于其位"呢？

同治九年（1870），苏廷魁称疾告退回乡，诰授资政大夫，晋授光禄大夫。

光绪四年（1878），苏廷魁病卒于家，终年七十八岁。

苏廷魁的书法、诗文俱佳，著有《守柔斋行河草》两卷、《守柔斋诗钞初集》三卷和《守柔斋诗钞续集》四卷，以及《五经择要》、《手批东莱博议》、《中州奏议》等。

苏廷魁在公事之余喜爱作诗，忧叹民生疾劳，是难能可贵的。

彭泰来赞颂苏廷魁的诗作："抑而按之，声声见心。悲欣往来，旁触远览。时有所慨，隐系政俗。"

曾任北洋政府总统的徐世昌在《晚晴簃诗汇》中，赞颂苏廷魁的诗作是"葩敷藻耀"。

苏廷魁任东河河道总督时，写了四首讽喻诗，皆是指刺当时的大吏，盛传于世，流传至今。

其一云：

岭海风清坐啸秋，身兼三组叹诸侯。

琼筵争睹鹦鹳珧，锦段多归翡翠楼。

传道建威临越镇，何劳执宪告交州。

龙骧酌水题诗处，凫舸扬旌访古游。

其二云：

蓬莱仙吏不知名，任达疏慵洵有情。

力拯鱼头劳障水，生来猿臂善谈兵。

陶公览运分阴重，桓发金输博戏轻。

录事囊家多侠客，涸翁华发念苍生。

其三云：

李郎年少擅歌场，日坐朱门燕寝香。

花下濡头逃酒令，镫前假面学谈娘。

鸳鸯鏁络葳蕤结，琥珀钩生的皪光。

会得东山丝竹意，劝君行乐莫相忘。

其四云：

十丈红尘晴醉乡，冈头歌舞惜荒凉。

何来日下埋轮使，惊散春风结客场。

汉殿果应冠獬豸，坡山不久驻仙羊。

口碑今比阎罗老，当日谁陈借寇章。

苏廷魁的《申甫太守邀集七星岩，醉中口占》诗，是应酬之作。他在醉中仍然不忘忧国之事，甚是可取、可嘉。

其一云：

石室寒烟待客开，星岩许我梦频来。

相逢不问人世间，万事归消酒一杯。

其二云：

玉堂谱忝七科前，回首金门意惘然。

闻道天津氛祲没，知谁生面画凌烟。

诗名所说"申甫太守"，是指肇庆府知府金兰原。

时值重阳，天高气爽，云淡风轻，苏廷魁偕友人同登圭顶山（今龟顶山），写下《九日登圭顶山阁》诗。诗云：

五管云山势欲东，天门双峡控当中。

长林已变深秋色，高阁初凭万里风。

正得逍遥忘日暮，何因鞅掌触途穷。

西江入广潮归海，几见书生战伐功。

古往今来，读书人崇尚和追求"立德"、"立功"、"立言"，其实都是旨在追求"身后之名"、"不朽之名"。

"上马击狂胡，下马草军书"（陆游《观大散关图有感》），以身报国，建功立业，乃古代读书人梦寐以求的人生境界。

"守柔"两个字，出自道家经典《道德经》中"见小曰明，守柔曰强"（《第五十二章》）。

苏廷魁以"守柔"名斋，不仅寓以深意，也可以看出他的志趣、学识和精神境界。

治水有功者杨霈

千百年来，端州人民与洪水灾害作顽强的斗争，修堤建闸，筑陂开渠，驱水魔，排内涝，谱写了诸多的骄人业绩，留下了许多的动人故事，感人肺腑，催人奋进。

杨霈，字慰农，直隶奉天省铁岭县（今辽宁铁岭市）人。清道光九年（1829），考取第二甲第六十九名进士。道光十四年（1834），任重庆府巴县（今重庆巴南区）知县。道光二十年（1840），任肇庆府知府，颇有政绩，为百姓爱戴。

道光十九年（1839），西江暴发洪水，景福围的飞鹅嘴段堤围溃决，厚载祠圮于洪水中。洪水退后，修复堤围，在绅民的请求下，肇庆府高要县知县瑞宝倡率捐修厚载祠。

厚载祠，名取"坤厚载物，德合无疆"（《易•坤》）之意。

瑞宝于道光二十四年（1844）撰《重建景福祠碑记》云："随据地方绅耆以重建斯祠为请，余即为转请于道、府宪均允。为倡率捐修，并选邑中孝廉梁以时、张大德、莫京达，拔贡黄登瀛、汤盘、黄其维等董其事。广为劝谕，共得白金一千二百余两，及时鸠工庀料兴工。"

道光二十三年（1843）八月，厚载祠修复，"以七星岩有北海所书景福二字，与姓相合因的名祠"（瑞宝《重建景福祠碑记》），更名"景福祠"。随后，景福围绅民再次重修嵩厓书院。"邑人请于官，集金建复，费金七百两有奇"（林世恩《高要县景福围志•卷二•沿革志》）。

"嵩厓"两个字，乃景日昣（1661—1733）之号。清康熙三十六年（1697），景日昣任高要县知县。

嵩厓书院除了供奉高要县知县景日昣的禄位外，因分巡肇罗道观察使王云锦和肇庆府知府赵怡山、杨霈等皆捐献俸金，倡率修筑堤围，故将他们的禄位亦供奉入书院，四时祭祀，香火不断。

邑人马呈图于民国年间纂修《（宣统）高要县志》云："道光二十四年夏，

大水，西潦涌涨，郡城不没仅二版，围堤尽决。决堤后，天降淫雨，衢道泛舟，城内用水车车水出城。"

当时，西江洪水的水位高达11.52米，为历史的最高纪录。在洪水的水痕之处，杨霈题书刻石，记载其事。

至今，七星岩风景名胜区摩崖石刻还保存着"杨霈题字"石刻，可以作为西江下游的水文历史资料。

"杨霈题字"石刻位于石室岩下的石室洞口外东侧上方，镌刻于清道光二十四年（1844）。石刻高0.65米、宽4.60米，大字为行书。

原文如下：

道光甲辰，水痕至此。

郡守杨霈书以志痛。

考虑到景福围历年修筑所需的费用颇繁且重，杨霈倡议官吏常捐银两。

道光二十七年（1847）五月八日，杨霈撰书《官吏常捐围基经费碑记》，且刻石立碑，今存于肇庆市人民医院。碑高1.8米、宽0.86米，碑额为篆书，正文为楷书，晕首，端砚石。碑阴为杨霈题诗，行书。

原文如下：

肇庆景福围基，绵亘五十余里，实村民田园、庐墓之保障也。惟基身低薄，浮松之处尚多。每遇西潦盛涨，即虞冲缺。小民荡析离居，官斯土者，实深悯恻。本府尝与郡城绅耆等，悉心讲求，佥云必须于基堤内外，密筑基柱，以撑护围身，方足以资巩固。惟需费颇繁，无项可措。兹本府拟递年捐银一百两，黄江厂吏亦递年捐银一百两，共成二百两，存贮府库。年终水落，发交值年绅士领出，勘明金易次第，挨次兴筑。年复一年，捐无停止，使基柱愈筑愈密，围身如磐石之安，田园无浸没之苦。业经禀明道宪，永为常例。兹将所议章程，泐之贞珉，俾历久不磨，以垂永远。果能日久行之而无弊，自不独为都人士幸，且将后来者幸也。

道光二十七年岁次丁未五月朔有八日，赐进士出身，奏署广东督粮道兼护肇罗道，知肇庆府事杨霈并书。

捐资基柱章程备列于左：

一、议府中每年捐银一百两，按月存贮府库，以备年终汇给绅士领用。遇有升迁交卸，按日匀捐。移交后任接捐凑合，永远递年照捐，以期永久而裕经费。

一、黄江厂吏每年捐银一百两，按月存贮府库，以备汇给。如遇役满，新吏承充旧吏，按在役月、日匀捐。新吏照数按捐缴贮，永远遵守，不准延欠。

一、基柱原为保护全围而设，必须排密挨筑，乃能坚固持久。惟始初兴筑，又必须择其险要先之。应责成值年公正绅士，确勘基段情形，分其缓急先后，必期工坚料实。则数年至数十年后，栉比筑成，全围安如磐石矣。

一、递年官吏捐出银两，存贮府库。于年底水浅，围基全露时，值年经管公正绅士领出，会同围总人等，勘明基段，认真兴筑，挨次筑成。仍将用过工料、银两，造具草册，缴府以备查核。

一、府中给发领银印簿一本，发交现在在议办公呈之绅士轮交。值年绅士年底持簿赴府具领。由本府接见，当面给发，以杜书差人等克扣侵蚀之弊。

一、基柱缓急次第，责成绅士等勘议。是年应于某段筑起，至某段止，于领银时禀明。仍于工竣后，将是年筑基柱若干个，每个高、阔若干丈，于工料销册内逐一声明，以免混乱。

一、官捐吏捐，及绅士倡议兴筑基柱，并明定章程，永为常例。各缘由，由绅士等妥议。建立碑石，使后任官吏俱有据依，以垂永久。

一、每年工竣后，由值年绅士禀请本府亲临验收，不准稍有偷减，以昭核实。

碑阴原文如下：

精卫偶衔石，填海思利赖。愿力贵坚久，积小成高大。

哀哉岁甲辰，患出所备外。全堤正危急，桂林忽崩坏。

水势建瓴下，八围同日败。长吏伤疮痍，事定痛未艾。

万姓复何辜，其罪在臣霈。防患既无术，取祸愬谁盖。

补牢鉴前失，积铢弥后害。所望善同心，论功无殿最。

继此官吏贤，湛恩永汪濊。堤名副景福，百世安平泰。

捐资勒石告成，复纪以诗。道光丁未五月十二日，铁岭杨霈并书。

至此，官府每年向景福围捐献银两成为定例，景福围始拥有较为固定的经费。

高要县知县吴信臣修、邑人黄登瀛纂于清同治二年（1863）之《（咸丰）续修高要县志稿》云："丙辰夏，大水弥月，景堤几溃，屡救获全，此预筹备救基费之功不可忘也。肇罗道王云锦倡捐五百两，知府杨霈捐八百两，知县瑞宝捐三百两，皆交围总局发当商生息，专为备救基费。"

在景福围的"备救基费"中，杨霈捐银八百两，可谓治水有功者矣！

老坑，乃开采砚石最早的坑口，故名。因洞内常年渍水，又称"水岩"，或称为"老坑水岩"。唐代，老坑砚石被朝廷列为贡品，不得随意开采，即便允许开采，也有时间限制。

道光二十年（1840），杨霈在前任肇庆府知府广桂亭的一方端砚上题铭："端溪之石，以大西洞为最；大西之石，又以康熙间所开者为冠绝古今。自卢厚山制军开坑后，虽有冰纹、鱼脑诸名目，实则断纹交错，已不复有完石。求所谓晶莹如一段紫玉者，几如景星、庆云。……此石乃嘉庆初年，广桂亭守端时所开，当不逊康熙间物，其石质粹美。……诚大西之妙品。"（蔡鸿茹《杨霈铭广玉端砚》）

杨霈认为，嘉庆初年所开采的老坑砚石，可与康熙年间所开采的老坑砚石相媲美。

道光二十五年（1845），两广总督耆英呈请修葺端溪书院，批司行府筹议未决。翌年，书院颓圮益甚，杨霈和分巡肇罗道赵长龄、高要县知县赵亨衢带头捐俸，且率属下所捐得金三百五十两，合前分巡肇罗道观察使王云锦储修费一百四十两，前高要县知县瑞宝储修费四百两，并选翰林院编修马仪清、举人梁以莳、拔贡黄登瀛、诸生何传瑶等董其事，广为劝谕，重修书院。

再说，在旁人的眼中，自梳女总是让人难以捉摸的。

幽静神秘的观音堂是自梳女烧香拜佛之处，坐落在今端州区城东的江滨东路塔脚巷，西邻古塔路，北侧为塔东二路，南靠西江河，是珠江三角洲自梳女的历史见证者。

观音堂大门门楣镶嵌汉白玉石匾额，地位的尊贵不言而喻。"观音堂"三个红色大字出自杨霈之手，镌刻于清道光二十八年（1848）。大门两侧镌刻一副对联，联曰：

一尘不染清修界；
众善同修自在天。

在晚清遗老徐珂编《清稗类钞·物品类·玻璃大镜》中，记载了这样一件怪事：

湖广总督杨霈家居京师，少通脱。及为广州守时，以千金购玻璃大著衣镜，径丈五尺，将以馈定郡王载铨。然为物过巨，虑招物议，未敢显然致送，乃由海道运京师，嘱其兄子某往诣某甲。某甲者，京师无赖子，居西城陋巷，与乞儿伍者也。访数日，始得之，告以故。甲令以镜异送城外某寺，付某僧手，语之曰："若勿问我所为，时至，自相告也。"如其言。数日无耗，以为镜已被骗矣。欲往询甲，又念其戒，不敢往。一日晨起，甲忽至曰："镜在定王府旁某肆，可自往致送，吾已以始末面告王，径往无患也。"兄子大惊，问其故，则乘某巨室出殡城外，丧车返时，庋镜其中，以入城矣。

同时，在徐珂编《清稗类钞·物品类·谢忠愍与粤寇战于天津》中，还记载了这样一件事：

咸丰癸丑，粤寇北犯畿辅。长芦盐运使杨霈制枪五百杆，招募壮丁，在署教演，号曰"芦团"。旋奉旨，派前浙江巡抚梁宝常等，协同天津地方官办理团练，乃立义民局二十八处，每局五六十名，按期训练。县人张锦文倡捐团练经费，并上守御策於盐政文谦。文善之，发令箭一支给锦文，俾筹布置。锦文自练壮丁三千名，号曰"铺勇"。当是时，天津镇协各兵连年徵调在外，城中惟芦团、铺勇，而义民二十八局散布，一县通计惟数千人。

咸丰四年（1854）九月，杨霈授湖广总督。次年五月，在与太平军的作战中，以"坐视不救"之罪被朝廷革职。

近代古文家、诗人吴恭亨著《对联话·卷一·题署》云："清季军兴，湖广总督杨慰农霈以阳湖张仲远、道员曜孙为营务处。战败镌职，同侨居襄阳，尝过隆中谒诸葛武侯祠，各署联而去。杨联云：'谁谓将略非其所长，当时予智矜才，终逊此一生谨慎；可惜天心未曾厌乱，至今知人论世，岂徒传两表文章。'张联云：'行藏以道，出处因时，使无三顾频烦，亦与水镜鹿门，甘心肥遁；成败论人，古今同慨，似此全才难得，尚有子由承祚，刻意讥评。'各各借酒杯浇块垒，身分亦各宛肖。千古失败英雄入此庙读此联，正不知生若何感想。"

治水功绩显著的王云锦

王云锦，光州直隶州固始县（今河南固始县）人。清嘉庆十六年（1811），考取第三甲第十名进士。道光十二年（1832），授分巡肇罗道观察使。

今天，王云锦如在九泉之下有知，一定会知道在西江河畔北岸的端州，人们仍在深深地怀念他。

端州，位于西江中下游北岸，南临西江，北靠北岭山，周围是几十万亩的良田。西江如同一条美丽的飘带，自西向东缓缓地流过端州。

但每逢雨季，西江一改平素的温文尔雅，变得浊浪翻滚，奔腾咆哮。许多时侯，洪水无情地肆虐端州，冲垮堤围，毁坏房屋，淹没田地，使农作物颗粒无收，给人们带来了无法估量的灾难。

道光十三年（1833）五月，西江暴发洪水。十三日（6月30日），洪水陡涨；十八日（7月5日），天降暴雨，景福围白沙汛至龙母庙段的堤围尽决，洪水冲破跃龙桥窦。

西江洪水峰高浪大，来势凶猛，犹如作恶多端的蛟龙，瞬间万变，惊心动魄。王云锦立于风雨中，站在堤围上，督率下属和百姓奋力救护。终因洪水的来势又大又猛，堤围还是崩决了。眼前成了一片浑浊：浑浊的田地，浑浊的大雨，浑浊的洪水。

这场特大的西江洪水，几乎使端州遭受灭顶之灾。

西江洪水退后，依照旧章，百姓按亩科银，筹款修筑堤围。王云锦捐银1.3万两，作为灾民的赈费。

道光十四年（1834）夏，一场巨大的洪水又铺天盖地席卷端州。

高要县知县吴信臣修、邑人黄登瀛纂于清同治二年（1863）之《（咸丰）续修高要县志稿》载，道光十四年夏五月，西江河水暴涨，"新堤、旧址冲决有加"。

清宣统年间《高要县志》载："夏四月二十九日雨至，五月十四日决堤，雨始休。去秋至今，护城堤再决于龟顶山龙母庙，诸堤多决。"

狂澜平息，水患消退，需对景福围的堤围加固增高。亡羊补牢，未为晚也。

　　如何制服这条桀骜不驯的蛟龙，如何为一方百姓带来安康呢？王云锦陷入了长长的思考中，眉峰挤迭成一层层。经过深思熟虑后，他提议"改筑旧堤避湍悍"（林召棠《修培景福围桂林堤加石工记》）。

　　当时，西江河畔的旧堤周围已被改造成农田，故遭到农田所有者的反对，"豪民以田税告营弁，以武场告众，断断然"。最终，在王云锦的出面斡旋下，达成了"改筑旧堤"共识，此事才得以解决。

　　在王云锦的带领下，一支浩浩荡荡的队伍开始了艰苦卓绝的劳动。"嗨哟，嗨哟……"，这是合作的团结，号子吆喝，高亢激奋；"滴答，滴答……"，这是集体的力量，汗珠流淌，此起彼伏。

　　经过几年的劳苦艰辛，终于筑成了坚固的桂林堤。清代广东三大状元（庄有恭、林召棠、梁耀枢）之一的林召棠应邀撰写了《修培景福围桂林堤加石工记》，且刻碑以垂纪念。

　　林召棠（1786—1872），字爱封，号荫南，高州府吴川县（今广东吴川市）人。清嘉庆八年（1803年），考中秀才。道光三年（1823），状元及第。道光十三年（1833），受两广总督卢厚生的聘请，主讲肇庆府端溪书院，长达十五年。

　　《修培景福围桂林堤加石工记》碑镌刻于清道光二十二年（1842），共有四块，皆为高0.51米、宽0.35米，端砚石，楷书，阴刻；竖书，从右至左为四十行，满行为十九个字，共有七百二十六个字。碑文记载了修复景福围桂林堤的原因与经过，以及所耗原材料的数量与费用，极力赞颂了王云锦防洪治水的功绩。

　　《修培景福围桂林堤加石工记》碑原立于王云锦生祠，后来祠毁，放置于肇庆市堤围管理所仓库（即"飞鹅庙"旧址），今存于梅庵。

　　原文如下：

修培景福围桂林堤加石工记

　　赐进士及第，翰林院修撰，吴川林召棠撰并书。

　　道光二十有二年四月，桂林堤工成。自新铺石角至蕉根，凡一十七段，其长一千一百一十四步，椓杙累石，加坚土而筑之。石以斤计者，七百六十二万三千五百。土以井计者，二千五百三十七。木以株计者，八百。糜白金一千六百两。越七旬工竣。司其事者，拔贡生张其继，增生何传瑶；董其役者，贰尹肖公谆；

总其成者，前、后令尹陆公孙鼎、瑞公宝。捐廉俸，兴其役者，观察使、今署盐运使王公也。先是，道光十二年冬，公来巡肇罗。明年七月，西江异涨，公督僚属救护，风雨立堤上，人力卒不能施。公适权南韶连道而去。是冬，捐一万三千金为肇庆灾民屋村、馈粥费。明年春，公旋节议改筑旧堤避湍悍。豪民以田税告营弁，以武场告众，断断然。公力持之，事始决。冬春，田事少休，公省骑从，往来周视各堤，饬父老先事培筑，必坚实乃已。西江来数千里，挟万山之流。夏久雨，水悍甚，漫且决，势不可御，非迅补筑。夏败稼，秋禾不得种。民方艰厄，公力主借公帑，需费浩大，民逡巡不敢复请。公探其意，先发之，俾材裕而工固。每水暴至，民曰："公在，力能完，我无恐。"即不幸决，民曰："公力尽已，天灾无可尤者。"民之恃公，笃信于公，固如此也。二十一年夏，公权都转晋权臬事，将及一岁。慨然念肇之民，恃堤为命。高要围二十有五，而城垣、仓廪、营署所庇。上游一决，水建瓴下，盆塘等八围皆不可保，惟景福围要且巨。景福之西曰桂林堤，当小湘、香炉二峡之中。水始放而怒不得骋。堤土松，易渗泄。隔江堤势斜下，溜直如箭。水割岸陡，则堤根必危。即防于微矣，不计其久，可乎？命一再勘议，必筹其备，曰："肇之民与吾同安乐，勤苦于堤工且十稔矣。今一载不得亲其事，吾心缺然。虑之所及，力之所能，不图其安，吾可以无疚乎！"堤成，咸歌舞之。既崇既固，惟民之依；有田有庐，惟公之赐。公平日视民之事，如饥渴之于饮食；去民之患，如疾痛在其体，其郁于中而发于外也。如矢激于机，迅驶不可遏；如河注于海，百折而必达。矢之以诚笃，而行之以果断，盖公素所蓄积然也。公名云锦，河南固始人，嘉庆辛未进士。

里人区远祥钩勒。

过了几年，端州又遭受西江洪水的袭击。

清宣统年间《高要县志》载，道光十九年（1839），"夏大水，护城堤决厚载祠之飞鹅咀"。

西江洪水退后，修复护城堤。在绅民的请求下，高要县知县瑞宝倡率捐修厚载祠。

瑞宝撰《重建景福祠碑记》云："地方绅耆以重建斯祠为请，余即为转请于道、府宪均允。为倡率捐修，并选邑中孝廉梁以时、张大德、莫京达，拔贡黄登瀛、汤盘、黄其维等董其事。广为劝谕，共得白金一千二百余两。及时鸠工庀料兴工，于癸卯年八月廿八日至甲辰年二月廿七日而告竣。从此，庙貌重新，神明普佑，江堤永固，民物阜康。阖境既已乂安，奕世自应载福。"

道光二十四年（1844）二月，厚载祠修复，改名"景福祠"。随后，景福围绅民重修嵩厓书院，"邑人请于官，集金建复，费金七百两有奇"（林世恩《高要县景福围志·沿革志》）。

咸丰五年（1855），观音庙住持僧人碧青因参与红巾军的活动，肇庆府知府郭汝诚将观音庙改建为"龙图书院"。对修筑景福围作出颇多贡献的王云锦，端州百姓感恩戴德，捐款在书院为他建造生祠，香火供奉，四时祭祀。

后来，王云锦生祠成为景福围董事会的议事场所。围绅订立了详细的管理章程，对生祠的经费来源、祭祀活动的细节，以及值事人员的选定等，都作出明确的规定。

传说，抗日战争期间，西江窜来了一群日本侵略者。他们乘着舰艇，脸上露着杀机，准备在端州登岸。突然，一股大风凭空生起，"呜——呜——呜——"，平静的河水顿时变得汹涌澎湃，吐着白沫，掀起巨浪，将日寇舰艇尽数覆没。此后，百姓都说这是王云锦在显灵。

这是传说而已，世界上根本就没有神灵。不过，笔者坚信，一位曾经为百姓作出卓著贡献的人，他所产生的影响力，就如同奔流不息的西江河水，势不可挡，永不停歇。

回想一百七十多年前的王云锦，他的肉体早已像尘埃那样，飘散在时间的流水中。但是，历史却把他的名字载入史册，人们把他的名字记在心底。随着岁月的流逝，他永远地活在人们的心中。

今天，后人去寻觅这位治水功绩显著的王云锦，分明感受到有一种力量、一种激情，在心底悄然滋长。他让人感受到一段历史的墨痕，一个时代的背影，一种民族的精神。岁月将继续延伸，但留在后人心底里那个坚毅执着的身影，永远不会消失。同时，不会消失的，还有那永不停歇的西江河水。

龚骖文与《奉天诰命》碑

《奉天诰命》碑镌刻于清乾隆四十六年（1781），高0.96米，宽0.5米，厚0.28米，紫端石，四周凸雕龙云水波图案，正文为楷书，镶嵌于今肇庆市端州区睦岗街道办事处的三村村民委员会岗边村。

原文如下：

奉天诰命

奉天承运，皇帝制曰：考绩疏庸，特重推恩之典；服官资敬，聿推式谷之功。尔龚镇国，乃刑部贵州司主事加一级，龚骖文之父。世檀清门，代传素业。家风淳厚，垂弓冶之良模；庭训方严，启诗书之令绪。兹以覃恩，赠尔为奉直大夫，刑部贵州司主事加一级，锡之诰命。于戏！薄籤金而示诲，世泽常延；锡肇带以加荣，天休弗替。

诰命之宝（印）。

乾隆四十三年五月初二日。

辛丑八月初八吉旦敬勒。

邑人马呈图于民国年间所纂修《（宣统）高要县志》载，清初，龚起龙由莱州府掖县（今山东莱州市）迁居肇庆府高要县附城（今端州区正西路一带），生子镇国，任韶州府英德县（今广东英德市）、广州府清远县（今广东清远市）把总。镇国生子骖文，累官至宗人府府丞。

乾隆二十八年（1763），龚骖文参加殿试，考取第三甲第五十一名进士，授翰林院庶吉士。乾隆三十三年（1768），乾隆帝按文字的优劣考核翰詹等官，任翰林院检讨的他被评为四等，令休致。乾隆三十六年（1771），授刑部贵州司主事。后迁刑部浙江司员外郎、江西道监察御史，参与纂修《四库全书》。

乾隆帝在位六十年，"文治武功"均有建树，素有"乾隆盛世"之誉。他自诩十全老人，一生六下江南，十一次巡行山东。

乾隆五十二年（1787）十一月，乾隆帝对军机大臣颁下谕旨：预备出巡，天津府（今天津市）不需备办彩棚、戏台、采莲船等物。

次年二月初七，乾隆帝离开北京紫禁城金銮殿，在协办大学士、吏部尚书刘墉等人的陪同下，乘坐安福舻，直向天津府驶去。这次出巡，是他第四次临幸天津府。

二月十九日，乾隆帝驻跸天津府府城。

乾隆帝到了天津府后，见到的情况果然是按照谕旨所办，减少了许多浮糜，十分高兴。

其后数日，乾隆帝泛舟三岔河口，拈香于望海寺、崇禧观，策马进北门、出东门。同时，他还在海光寺召试诸士，谕令直隶和各省士子迎銮献赋。

乾隆帝对考取一等的举人陈煜，赏赐内阁中书；对考取候补的人员，照例按次补用；对贡生王苏、王苣孙和生员吴镕，赏赐举人，准许他们一起会试；对考取二等的刘梧、黄掌纶、钟丛之、邵士铎，各赏赐缎一匹。

直臣，即忠臣；忠臣，即贤臣。有明君，才有贤臣，这是百姓的逻辑。向来，中国人就有讴歌贤臣的传统。在专制的清代，仍有产出贤臣的土壤。

监察御史，官职不大，俸薪不多，但可以纠查各个级别的官员，甚至是皇亲国戚，并且可以直接向皇帝上呈奏章，这就是特权啊！而且，允许他们"独立言事"，允许他们"闻风弹奏"。就是说，只要是出于公心，即使没有证据，只是"听说"，事后查无实据，他们也不会有背负"诬陷"罪名的危险。

监察御史龚骖文发现，在迎銮献赋而考取的人员中，就有两个侍郎、一个巡抚、两个藩司的亲子和京堂翰詹、科道的子弟。真是太不公平了！于是，他呈上奏章，说朝中大臣的子弟不得与寒士竞进，此等皇恩应让给寒门子弟！

《清实录·乾隆朝实录》云："御史龚骖文奏，此次天津恭献诗赋士子，有由三分四库书总校赏给举人者，又有两侍郎、一巡抚、两藩司亲子及京堂翰詹、科道子弟。遇乡试之年，例入官卷者，应逐一查明，严加防范，以杜替倩等语。朕向来省方观民，清跸所临，士子迎銮献赋，举行召试，量才录取，分别赏给中书、举人。原以振拔单寒，为苦志力学者劝。若此等士子内，其父兄已登仕籍，均得邀恩以官卷入场应试。则自有出身之途，又何必于巡幸时，进献诗赋，冀图录取，侵占寒畯之路。至由三分四库书总校议叙赏给举人者，伊等以雠校微劳，得厕举科，已为侥幸。若又应召试，复思幸获，尤属不知止足。岂朕嘉惠寒素，劝励绩学之意。所有此次进献诗赋士子，内而京堂，外而督抚、藩臬，以及翰詹、科道子弟，并校书议叙赏给举人及由俊秀报捐贡监生者，竟著毋庸考试。嗣后，巡幸各省，设有召试之典，即以此为例。"

正是这道得罪了诸位高官的奏章，让龚骖文在后来的仕途中步步高升，迁光禄寺少卿、提督顺天府（今北京）学政、顺天府府丞。嘉庆三年（1798），以通政司副使擢光禄寺卿。次年，升宗人府府丞。嘉庆六年（1801），因年老龙钟，嘉庆帝令以原品休致。

乾隆十一年（1746），高要县知县王士瀚将位于肇庆府府城五经里北段的华严庵

（今肇庆市第一中学北侧）修拓为"端江义学"。嘉庆十八年（1813），分巡肇罗道窦国华重修"端江义学"，且邀请致仕归于故里的贤达龚骖文任主讲。一时间，负笈求学者达三百余人。

龚骖文主讲"端江义学"前，曾写下《晤王明府承熙，谈及来岁延余主讲端江义学》诗。

其一云：

古端人士总彬彬，户诵家弦美里仁。

华国文章真拔萃，齐家孝友各还淳。

汇征济济看多士，顺则闲闲迈庶民。

讲学此间原不易，拥皋惭愧抱经身。

其二云：

丝帐宏开萃俊英，鱼鱼雅雅鲁诸生。

图书艺苑兰为栋，词赋华林笔可耕。

自有高文藏秘府，从无万卷让连城。

云衢咫尺原非远，朝日梧桐听凤鸣。

龚骖文去世后，葬于高要县南岸的新兴江口。

《清实录·同治朝实录·卷一百六》载，同治三年（1864），"予广东故宗人府府丞龚骖文入祀乡贤祠，从署巡抚郭嵩焘请也"。

郭嵩焘（1818—1891），号筠仙、云仙、筠轩，别号玉池山农。长沙府湘阴县（今湖南湘阴县）城西人，湘军的创建者之一，中国首位驻外使节。清同治二年（1863），任广东巡抚。光绪二年（1876）冬，任驻英国公使。光绪四年（1878），兼任驻法国公使。

晚清著名书画家冯誉骥

　　走进肇庆市端州区城东的五经里一巷，可以见到一座古老的高门大户，那就是"冯誉骥故居"。

　　冯誉骥故居建于清代，硬山顶，素瓦当，青砖墙，砖木结构。坐南向北，三间三进，面阔14米，进深26.4米。头门为凹肚形，二门设有两扇木质的大门，两扇大门的外面是横向开合的栅栏式木趟栊。正厅保存着当年的木屏风，是以岭南花木佳果为题材的镂空雕刻，造工精巧，栩栩如生。

　　综观此故居，整座建筑保留了清代广东民居的建筑风格，具有浓郁的地方特色。

　　据冯誉骥的后人介绍，这座建筑是冯誉骥为官时所建造的。

　　那么，冯誉骥是何许人也？

　　冯誉骥（？—1883），字仲良，号展云、崧湖，晚号卓如、钝叟，斋曰"绿伽楠馆"。少时，肄业于清代两广总督阮元在广州府创立的学海堂书院。道光二十年（1840），领乡荐。道光二十四年（1844），考取第二甲第七名进士，授翰林院庶吉士。次年，迁翰林院编修。

　　冯誉骥迁翰林院编修后，返回五经里完婚。岭南的著名学者陈澧为他撰题一副贺婚联，语言雅致，清新质朴；对仗工整，贴切自然；要言不烦，寓意丰富。联曰：

　　莲炬移归，艳传梅岭；

　　兰闺静对，闲话蓬山。

　　对联上联描写冯誉骥返乡完婚，"莲炬"是指莲花形的蜡烛；"梅岭"是指"大庾岭"，为"五岭"（越城岭、都庞岭、萌渚岭、骑田岭、大庾岭）之一。

　　对联下联是专颂冯誉骥的婚事，"兰闺"原是汉代的后妃宫室，后来泛指女人的居室；"蓬山"是指"蓬莱山"，就是传说中仙人所居的地方，这里是赞颂冯誉骥的婚事之美。

　　道光二十六年（1846），冯誉骥任广西乡试正考官。

　　道光二十八年（1848），冯誉骥任山东学政。他在济南府（今山东济南市）

建造"经古堂",以兴教育,且撰题一副对联悬挂于府署。联曰:

　　数仞墙高,圣人居近;

　　万间厦广,寒士颜欢。

　　咸丰元年(1851),冯誉骥擢詹事府右庶子。咸丰三年(1853),迁詹事府左庶子;稍后,授日讲起居注官。次年,任湖北学政。咸丰八年(1858),迁翰林院侍读学士。

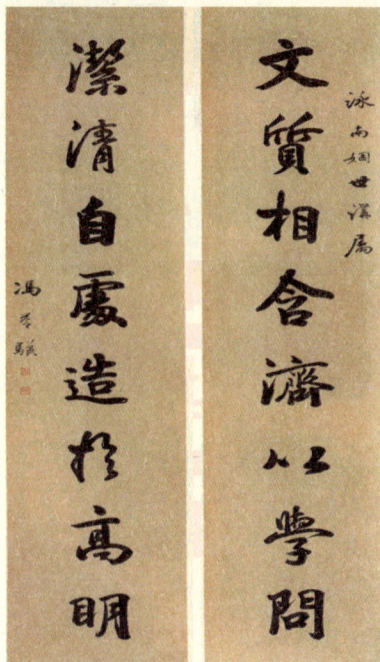

　　咸丰十一年(1861),冯誉骥任江西学政。他将回京时,为南康府建昌县(今江西永修县)的望湖亭撰题一副楹联。联曰:

　　东下壮军声,横槊高歌,遥想一时豪杰;

　　北归停使节,落帆小泊,闲看千里湖山。

　　同时,冯誉骥还为望湖亭旁侧的鸿雪轩撰题一副楹联。联曰:

　　泥雪人生几鸿爪;

　　津亭诗句万牛毛。

　　同治年间,冯誉骥返回五经里丁优。

　　同治九年(1870),冯誉骥受聘主讲广州府应元书院。

　　同治十二年(1873),冯誉骥迁詹事府少詹事,兼福建学政。

　　光绪二年(1876),冯誉骥迁内阁学士,兼礼部侍郎。翌年,迁刑部右侍郎,后擢刑部左侍郎。光绪四年(1878),授礼部右侍郎。次年,授刑部左侍郎,兼吏部左侍郎,任江南乡试正考官。

　　光绪五年(1879)八月,冯誉骥迁陕西巡抚。

　　史载,光绪六年(1880),在冯誉骥的主持下,采取"富户多捐,中户少捐,下户免捐"的办法,重建赋役仓库,贮粮积谷,以备凶荒。陕西91个厅、州、县捐存稻、粟、麦、豆共86.6万石,修建赋役仓库1 600余处。

　　《清史稿·食货二·赋役仓库》云:"光绪中,惟陕西巡抚冯誉骥所筹建者千六百余所为最多云。"

　　期间,冯誉骥重视农桑,兴修水利,崇文兴学,受到陕甘总督左宗棠的称赞:"种树、开渠、农桑、学校,古之言治者,莫或遗之。……公言及此,秦民之福也。"(《左宗棠全集·书信》)

256

光绪九年（1883）七月二十四日，陕西道监察御史刘恩溥弹劾冯誉骥，朝廷命户部尚书额勒和布、都察院左副都御史张佩纶驰往陕西查办。经查，冯誉骥在吏治、差徭、厘捐、垦荒等诸要政中，任用非人，粉饰废驰，以致属吏、家丁等因缘为奸，弊端纷出迭起。

十月，冯誉骥被朝廷革职。同案的陕西盐法道常瑛和西安府渭南县（今陕西渭南市）知县朱兆鸿、临潼县（今西安市临潼区）知县汪凤耘，以及汉中府南郑县（今陕西南郑县）知县罗骧，并陕西候补通判王炳煌、候补同知张兆蓉等皆被革职，前陕西按察使沈应奎、临潼县知县沈家桢、陕西候补知县史悠顺等亦一并革职，前凤翔府（今山西凤翔县）知府、营田局提调王赞襄被勒令休致。

冯誉骥被革职后，寓居扬州府（今江苏扬州市）。著有《绿伽楠馆诗稿》。

冯誉骥平生嗜好书画，为"粤东三子"（张维屏、黄培芳、谭敬昭）之一的张维屏所赏识，岭南的士人皆以他为宗师，是晚清著名的书画家之一。其书法逼真于北宋著名政治家、文学家欧阳修之作，晚年效于唐代书法家李邕；其画仿于清代著名画家王翚，秀润工致谨严。

在《岭南书法丛谭·冯誉骥》一文中，近代岭南著名书法家麦华三对冯誉骥书法大加赞叹："七龄童即能作擘窠大字之高要冯誉骥，尝见其十龄时，跋苏古侪离骚页册，即已中规中矩，崭然露头角。迨后，更由率更以窥北海，于峭劲之中，有浑厚之气，遂成名家。"

时至今日，冯誉骥的书画作品已被国家文物局列入"精品和各时期代表作品不准出境者"名单。

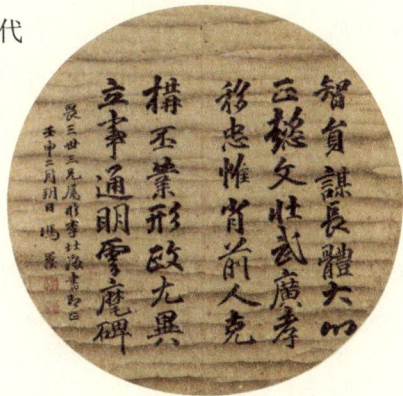

钦点翰林马仪清

肇庆市端州区黄岗街道办事处泰宁村的马氏宗祠悬挂一块巨幅匾额，镌刻"钦点翰林马仪清"七个大字，显得特别醒目。

马仪清（1815—1895），字君湖，号应龙，晚号芸湖山人，肇庆府高要县永安乡旧屋村人。他是岭南地区马氏始祖端的第二十三世孙，也是高要县永安乡马氏始祖天与的第十五世孙。

清嘉庆二十二年（1817），阮元任两广总督，广东各地兴办书院风生水起，为全国先行。

马仪清生性聪颖，勤奋好学。他随父亲到广州府，入读学海堂书院，深得名师教诲，学业突飞猛进。

道光二十年（1840），马仪清参加全省乡试，考中恩科第五名举人，成为清代以来高要县永安乡旧屋村、江溪村马氏的第三位举人。前两位举人，一是道光八年（1828）考取第八名举人马腾芳，一是道光十四年（1834）钦赐举人马赴堂。

道光二十四年（1844）春，马仪清赴京参加殿试朝考，考取第二甲第一百零二名进士。授翰林院庶吉士，官至翰林院编修、江苏候补道。

今天，马仪清的家乡尚存围杆和甲石碑（功名碑），碑文写道："道光甲辰科进士殿试二甲，朝考入选钦点翰林院庶吉士，臣马仪清立。"

马仪清赴京参加殿试朝考，得到刑科掌印给事中兼会试内监试官、同乡苏廷魁的关照。

据说，马仪清考中举人时，所用名字是"马应龙"。苏廷魁对他说，不要用"应龙"之名参加殿试朝考，因此名有冲撞皇帝之意，恐有不利，且建议改用"仪清"之名参加殿试朝考。

在殿试朝考期间，通过苏廷魁介绍，马仪清结识了主考官之一的穆章阿。穆章阿很欣赏他的才华，让他入选翰林院庶吉士。散馆后，他再授翰林院编修。

马仪清考取进士时，正值第一次鸦片战争结束。由于穆章阿专权，力主议和，致使清王朝政府被迫签订丧权辱国的《南京条约》、《虎门条约》等。当时在虎门公开销毁鸦片的钦差大臣林则徐，亦被革职流放。

其时，朝廷上下谏议罢黜穆章阿的呼声，一浪高于一浪。但是，在道光帝的庇护下，罢黜穆章阿未能成功。

道光三十年（1850）正月，咸丰帝即位。十月，他罢黜穆章阿。随后，一大批"穆党"人士受到牵连。

此时，马仪清正准备升迁至四品衔的候补道员（分巡兵备道），到江苏任职。但他想到自己是翰林院出身，娶穆章阿之妹为妻，恐受"穆章阿事件"的牵连，再加上此时太平天国运动风起云涌，乃乱世多事之秋。他经过一番考虑后，毅然放弃升迁的良机，辞官回归故里。

马仪清辞官回到广州府后，一直居住在西关，帮助父亲打理生意。他是"文澜书院"的三大名绅（梁纶枢、伍崇晖、马仪清）之一，并积极参与广东地方的重要事务和文学交流活动。

马仪清的父亲马信泰，字佐良，又字展谋。早年，他赴广州府谋生，为人诚实谦逊，聪明勤快，踏实肯干。后来，他日渐发迹，遂接妻儿到广州府定居。他在西关开设"顺泰行"，成为洋货"十三行"（伍秉鉴"怡和行"、卢继光"广利行"、潘绍光"同孚行"、谢有仁"东兴行"、梁丞禧"天宝行"、严启昌"兴泰行"、潘文涛"中和行"、马佐良"顺泰行"、潘文海"仁和行"、吴天垣"同顺行"、易元昌"孚泰行"、罗福泰"东昌行"、容有光"安昌行"）之一，商名为"秀官"，实力曾排在前八位。

承充西关"十三行"的商贾者，必须是以身家殷实、自愿承充为条件，经清王朝政府批准，发给行商的证照，才能开业经营。所以，他们属于半官半商的性质。在他们之中，有不少人是以"捐输得官"，清王朝政府索性给商贾者一个"官"字的封号，称为"某官"，或者称为"某秀"。

当时，西关一带是对外贸易的繁华商业区。但是，该处地势低洼，濠涌纵横密布。若不及时清理濠涌，每逢大雨，则排泄不畅，街道积水很深，周边住户怨声载道。

因疏通濠涌之事涉及西关"十三行"商贾者的利益，名绅何太清、钟启韶等遂于嘉庆十六年（1811）配合官府，对濠涌进行了一次清理。事后，怡和行、广利行等十二家商行主动捐出房屋十三间，成立"清濠公所"，目的是"永为修濠之用"。

259

后来，为了笼络科场的士子，"十三行"商贾集资"更择数椽建为书院，为士子会文之所"，取名为"文澜书院"。冬季，书院主持清理濠涌活动；春、夏、秋三季，则是以文会友，评选佳作，奖励优秀。

按照当时的规定，清濠公所的经费由文澜书院管理，每年推举"孝廉殷实者一人管箱"，其余商贾轮流值理。由于发起者和与会者的名望，"粤省科场士子，皆以入院为荣"，而"科场得意者多出身院中"。

文澜书院创办最初的五十年，西关一带就有数十人考取进士，传出了"下西关是风水宝地"的佳话。港澳、海外归侨和天津、汉口、上海的粤帮商贾，多在西关附近购买或者建筑房屋，"以效孟母择邻之雅"。

为此，文澜书院"香火日盛"，势力大增。书院除了拥有不少捐赠的资产外，还把房屋用以出租，而且还拥有广州酒家之冠的"文园酒家"。

文澜书院的士绅与朝廷翰林院之人多有交情，往往借此途径，参劾来粤任职的外籍官吏。同时，他们亦与地方权豪有着盘根错节的关系，故历任督抚莅粤接任，无不先来拜会主事。

清末民初，在清理濠涌和助学方面，文澜书院作出了不小的贡献。废除科举制度后，它仍以清理濠涌、助学的公益团体身份存在，又因为支持胡汉民宣布"广东独立"（脱离清王朝政府）而势力稳固。

后来，文澜书院的管理者发生变化，文气味浓之人逐渐淡出，土豪趁机占据了上风，终于出现了"罗崧藩案"，致使已有一百多年历史的书院不复存在。

话又说回来，马仪清考取进士后，返回家乡建造了一所宗祠，坐落在北秀公祠的旁侧，名曰"太史第"。同时，他勤奋好学、孜孜不倦考取进士的精神，激励了旧屋、江溪两村的马氏后人发奋读书，博取功名。光绪三年（1877），江溪村马少成考中举人；光绪二十年（1894），旧屋村马之骥考中举人。

道光二十六年（1846），马仪清捐银重修位于肇庆府府城的端溪书院。

马仪清除了学术渊博外，还爱好书法，字体端庄秀丽，尤以行书称著。

高要县"禄步文社"的正门上方镶嵌了一块长一丈二尺、宽三尺的石匾额，镌刻着"禄步文社"四个柳体大字；而大门左、右两侧的白色麻石镌刻一副对联，联曰：

　　万里江流绕若襟带；

　　九霄云汉唤为文章。

　　禄步文社的匾额与对联，皆为马仪清题书。

　　咸丰八年（1858），高要县蚬岗村的"南曜公家塾"重修，马仪清为家塾题书石匾额。

　　光绪年间，马仪清病逝，葬于今端州区黄岗街道办事处岩前村的马栏岗。

热心教育事业的张丙炎

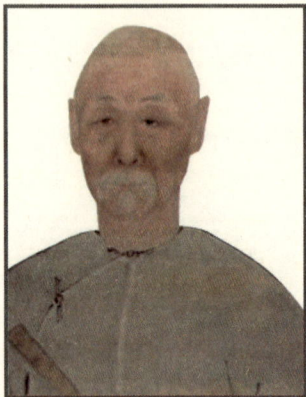

张丙炎（1826—1905），字午桥，号药农，一号榕园，扬州府仪征县（今江苏仪征市）人。

张丙炎少承家学，锐志读书。清道光二十四年（1844），参加乡试，位居第六十七名。此后，他是越考越精神，越考越上进。

张丙炎参加乡试复试是一等第十八名；会试是第八十九名，复试是一等第一名。

会试分为三场举行，三日一场。会试主考官由四人组成，称为"总裁"，由都察院副都御史以上、进士出身的大学士、尚书以下的官员担任。每份试卷先由一位内阁中书考官批阅，后为四位"总裁"加批、会商，形成统一的"荐批"意见。

张丙炎的评语，第一场是"法密理醇，笔情恬适，酣畅诗稳"，第二场是"屑玉霏珠，镂金错采"，第三场是"原原本本，殚见洽闻"。

咸丰九年（1859），张丙炎参加殿试，考取第二甲第五名进士，授翰林院庶吉士。

张丙炎在翰林院庶吉士、国史馆协修、内阁中书、军机章京等职位上，一待就是十一年。

"章京"，乃官名，相当于各衙门大臣的秘书，地位极其重要。

军机处成立于雍正七年（1729），初名军机房、办理军机处。军机处的职官有军机大臣，俗称"大军机"；有军机章京，俗称"小军机"。

同治九年（1870），翰林院编修张丙炎出任廉州府（治今广西合浦县）知府。"廉有地名涠州岛，要塞也。英人乞为船坞，丙炎不许。复改乞北海为市，丙炎于其来置酒款之，而峻其仪节，时人以为不损国体"（王澄《扬州历史人物辞典》）。应该说，他维护了国家的尊严，故被后世广为称颂。

其实，凭着张丙炎的阅历，对英国人的虎狼之心早已洞悉，无奈国力颓败，又不敢公开冒犯，只好礼送出境。由此可知，他的用心可谓良苦。

光绪二年（1876），张丙炎任肇庆府知府。

张丙炎任肇庆府知府期间，热心地方的教育事业，对肇庆府教育的发展和人才的培养，发挥了一定的作用。

次年，张丙炎捐献俸金为端溪书院购置书籍六大橱，设置一名掌书专管，制定管理的条规，按时晾晒书籍。如因管理不善而造成书籍遗失或霉烂，即撤换管理之人。由于有专人的管理和借阅的条规，虽然藏书不多，但书院内部职责分明，管理完善，便于借阅，深受生员的欢迎。

张丙炎任肇庆府知府期间，还为星岩书院撰题一副楹联。联曰：

兀兀醉翁情，欲借斗杓共酌酒；

田田词客句，闲倾荷露试烹茶。

这副作为高级学府的楹联，乍看起来，颇有令人费解之处。其实不然，这是一副独具特色的佳作，不仅构思巧妙，对仗工整，且寓意颇深，韵味悠长。在对句中，作者点化出两类截然相反的鲜明人物形象。

不妨来看：对联上联点化出一个酒意微醺的醉翁，似乎手中还持着酒杯，摇摇晃晃，将杯中的酒一饮而尽；兴犹未尽，再高擎着酒杯，仰望着长空，突然思绪驰骋，飞向深邃的夜空——应向苍穹借北斗，共饮蟾宫桂花酒。

对联下联描写了一群颇有闲情雅意的青年学子，在夏雨初晴后，来到碧水红莲的池塘畔。他们笑声琅琅，兴致勃勃，将荷叶上那晶莹滚动的露珠轻轻地收起，倾入容器中，准备试烹茶茗。

后来，张丙炎迁道员，加盐运使衔。光绪四年（1878）秋，母亲去世，他丁忧回到扬州府，营建豪宅居住，名曰"冰瓯馆"，结束了在南国边陲八年的宦游生活。后来，他写了一首诗，表明自己当时的心迹。诗云：

怀君屡忆旧丰神，踪迹暌离意气亲。

一种文章见肝胆，六年江海困风尘。

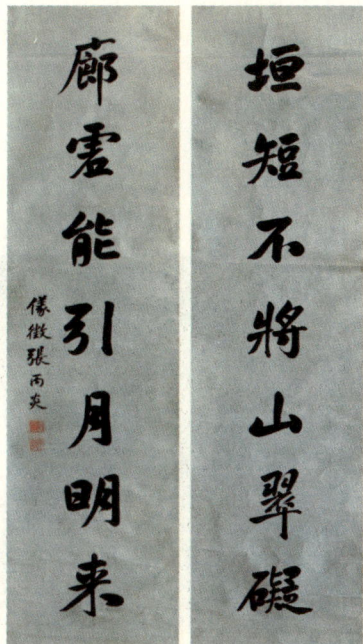

可怜的读书人冯誉骢

冯誉骢，字叔良，号铁华，晚清著名书画家冯誉骥之弟，曾居住在今肇庆市端州区的五经里一巷16号。清道光二十四年（1844），考中举人第四十三名，授惠州府博罗县教谕。历官浙江衢州府（今衢州市）、处州（今丽水市）、金华（今金华市）知府。咸丰十年（1860），太平天国起义军攻克杭州府（今浙江杭州市），他奉命回粤请饷。尝谓朝廷大吏用人"喜谐悦而不论其才，治事喜虚饰而不求其当。属吏就其所喜而避其所恶，风气既成，相率为伪，此浙江之所以为太平军所破也"。著有《说文谐声表》、《广韵切语》、《双声迭韵谱》等。民国五年（1916），出版《钝斋诗钞》两卷，广东学者陈沣作序。

清康熙四十七年（1708），衢州知府杨廷望改普润庵（尼姑庵）为府学，名曰"爱莲书院"。

乾隆十年（1745），衢州府知府胡文缚重修爱莲书院，易名"正谊书院"。

冯誉骢任衢州府知府期间，手书其兄誉骥题写的对联赠送给正谊书院。联曰：

数仞墙高，圣人居近；
万间厦广，寒士颜欢。

"阮公祠"位于杭州府吴山城隍阁的南面，为纪念清代学者、浙江巡抚阮元而建。

阮元（1764—1849），"扬州学派"的代表人物之一。字伯元，号芸台，别号雷塘庵主，晚号怡性老人，扬州府甘泉县（今扬州市邗江区）人。道光十五年（1835），拜为体仁阁大学士。道光二十六年（1846），晋太傅衔。道光二十九年（1849），卒于扬州府，谥"文达"。

冯誉骢任金华府知府期间，为阮公祠撰写了一副对联。联曰：

南国启文明，溯学海渊源，讲台横径来弟子；
中朝隆将相，问擎天事业，高峰矗汉肖先生。

《晚晴簃诗汇》是清代诗歌总集，由近代著名政治家、书画家徐世昌于民国十八年（1929）编纂，选录了冯誉骢所作的四首诗。

其一，《过独流昔官军破贼处》诗云：

纵目平芜阔，居然古战场。

寒沙沈剑戟，废垒下牛羊。

日落墟烟寂，天空秋水长。

乱余几人在，应与计耕桑。

其二，《严子陵祠下有怀慰农》诗云：

桐江江涨接西泠，相望遥遥两客星。

烟水似随高士去，湖山还为使君青。

天涯驿路怜芳草，画舫鸥波隔远汀。

孤负平生钓游约，移文应愧北山灵。

其三，《别信州》诗云：

六载溪山稳泛舟，他乡人作故乡留。

最难风雨重阳日，背指黄花出信州。

其四，《金陵乱后，名胜都尽，惟飞霞阁尚存。周缦云侍御以十二月十九集同人祀坡公生日，绘图徵诗，孙君琴西诗最感慨，为赋长句》诗云：

天风吹尽高城铎，雪边重见飞霞阁。

弇阳诗老坡后身，自采梅花荐清酌。

坡公千载一来归，城郭人民感是非。

孙郎太息周郎笑，莫作新亭泪洒衣。

冯誉骢因事被革职后，主持西安府孝义厅（今陕西柞水县）书院，直到老且病而辞职，时年七十三岁。

冯誉骢是一位可怜的读书人，早年考中举人，但仕途并不通达，官越做越小。他的哥哥、陕西巡抚冯誉骥被陕西道监察御史刘恩溥弹劾革职后，他虽然继续主持孝义厅书院，但官场上的世态炎凉，以及书院不发学俸，导致他居无定所，连饭都吃不上，故自嘲为"如涸辙之鱼"！

一个来自广东肇庆府的古稀老人，孤身在陕西，就像大海中的一叶孤帆，飘飘荡荡，渺渺悠悠。他在诗中写道："菽粟调赒无戚友，眉燃需水唤无应。"同时，他十分思念亲人，但"欲上扬州骑鹤去，恨无多贯腰间缠"，"春秋南下我心欢，缺少路资也枉然"！

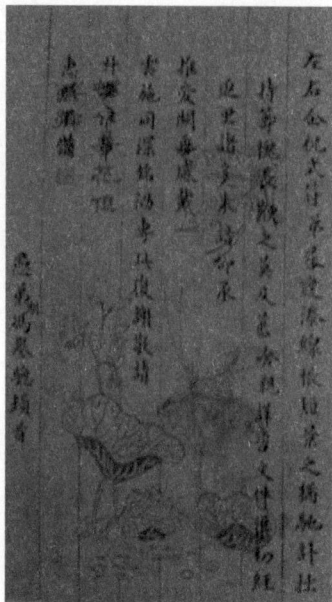

265

情钟于端州的方浚师

方浚师（1830—1889），字子严，号梦簪，凤阳府定远县（今安徽定远县）人。清咸丰五年（1855），考中举人。历任内阁中书、总理各国事务衙门章京、侍学讲士、记名御史、两广运盐司、直隶永定河道按察使、分巡肇罗道等职。在官三十年，公余之暇，无书不读，多才多艺。著有《蕉轩随录》、《蕉轩续录》、《退一步斋诗集》、《蟣政备览》、《岭西公牍汇存》、《袁枚年谱》、《粤闱唱和集》、《总理各国事务衙门同官录》等，藏书达六十万卷。

《岭西公牍汇存》是方浚师于同治八年至光绪五年（1869—1879）署分巡肇罗道时的公牍集成，大多数是肇庆府及所隶罗定直隶州（今广东罗定市）、阳江直隶厅（今广东阳江市）的民事与刑事案件公文，共有八十三件。

宋城墙，位于今肇庆市端州区的宋城路南侧，南临西江，北靠北岭山。北宋政和三年（1113），兴庆军节度使郑敦义将土城墙拓建为砖城墙，形成一套以城墙、壕水相结合和水、陆相联系的城防体系。

清同治十一年（1872），分巡肇罗道方浚师重修宋城墙，且撰写《重修肇庆府城垣记》，云：城墙有空心炮台6座，基方2.5丈，高2.8丈；每台分为三层，上立有瞭望垛口，乃施放火器之处；城墙的四围开小窦，若圆若方，下置炮门；又有兵房十三间，小炮台十七座，水城炮台两座。水城炮台：一在东南隅外，有水城一堵，长5.5丈，中为炮台；一在西南隅，有炮台而无水城。城墙之外有壕堑，广8尺，深6尺，东、西、北三面绕城。城内还有内壕，内壕通窦出城，外接外濠，注入西江。

公务之余，方浚师游览七星岩，挥毫写下《游七星岩归漫赋》。赋云：

自从官京师，趋车畏尘坌。今兹薄领间，偶发游山愿。
良朋约三五，各诩腰脚健。甫出城北门，田畴绿草蔓。
分秧劳农夫，荷蓑立水面。南方节候早，于此乃益见。
云重头似压，径仄踵欲穿。七朵奇峰悬，相看目惊眩。
高者天可倚，低者地能旋。猛如狮象卧，雄如兵甲顿。
排如玉笋班，焕如霞锦缘。峥嵘纷起伏，崎争后先。
左得右已失，此舍彼复恋。巍巍天门开，露出摩尼殿。

了无斧凿痕，五丁力恐逊。放胆步石室，披襟豁烦闷。
长桥中央驾，绵亘拖匹练。初愁阴冷甚，继觉情景变。
半空一滴水，声若碎玉片。涓涓不停住，遂尔成回漩。
可是骊龙醒，含珠时喷溅。再进境愈佳，晓天明一线。
持桭击石鼓，噌吰音自远。惜哉钟久哑，常抱不鸣恨。
我行足渐软，颇悔游未遍。禅房且栖息，蔬笋具晨膳。
老僧前致词，使君得毋倦。汲泉瀹新茗，清脾胜阳羡。
归来整匡床，酣睡抛书卷。好山复入梦，岚翠增妍蒨。
忽然大雨倾，满身珍珠溅。阿香持北斗，霹雳闪紫电。
斯时两腋轻，凌风任推转。飞上最高峰，寒气逼衫祛。
众星落我手，抱之金光缠。一笑开双眸，摩挲端石砚。

方浚师分巡肇罗道期间，情系于端州，情钟于端州，撰写了不少楹联。

北宋元符三年（1100），哲宗赵煦病死，端王赵佶登上皇帝宝座，是为徽宗。他在庆幸之余，认为端州是一块风水宝地，特对端州恩宠有加，将端州军改名"兴庆军"（"军"为宋代军事重镇的名称），寓意"兴旺喜庆"。同时，他还设置节度使，总揽军政大权。

政和三年（1113），宋徽宗诏令将兴庆军升格为兴庆府。重和元年（1118），他又将兴庆府改名肇庆府，亲笔题书"肇庆府"三个大字，制作成匾额，悬挂在肇庆府府署。

从此，"肇庆"之名沿用至今已九百年。

当年，肇庆府府署建有"晚香亭"，方浚师撰写一副楹联。联曰：
亭台位置不仅优绌，要知贤太守心，方得山水真乐；
花木栽培略如农圃，请与都人士约，毋忘稼穑艰难。

迎恩亭建于明万历年间，位于今端州区迎恩路南端的渡口码头旁侧，即原"肇庆市江滨招待所"东侧，毁于民国期间。

肇庆府高要县知县韩际飞修，邑人何元、彭泰来纂于清道光二年（1826）之《高要县志》云："迎恩亭在城东门外临江，道光五年署县叶承基捐俸甃亭前石路……"

因迎恩亭临西江而建，成了人们歇息和欣赏风景的好去处。

清同治年间，方浚师为迎恩亭撰写一副楹联。联曰：
驿路界东西，直远通万里群江，千盘庾岭；
鸿泥谁主客，且坐看春帆细雨，秋水文波。

披云楼雄踞于今端州区人民中路以西的宋城墙上，崇楼杰阁，势如插天，前瞰西江，后枕北岭山，因常有云雾缭绕，故名。

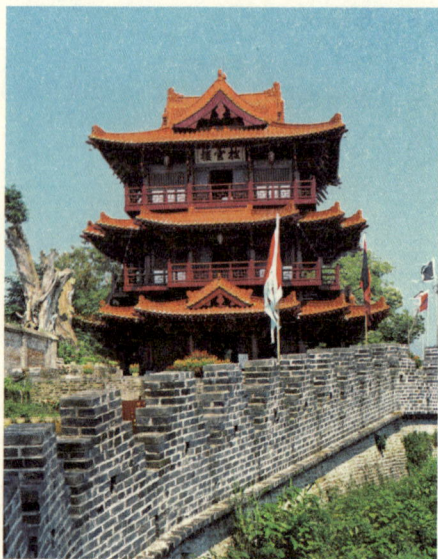

披云楼始建于北宋政和三年（1113），兴庆军节度使郑敦义将土城墙拓建为砖城墙时增建，乃战事的瞭望台，木结构，高三层，且制作匾额悬挂于楼上。

明洪武元年（1368），江西行省郎中、肇庆府知府黄本初筑城浚池，百废俱兴，既修其城，又重建披云楼。成化三年（1467）冬，肇庆府知府黄瑜到任，尽撤其旧，重新构建，特请福建按察司副使何乔新撰写《披云楼记》，且立碑永垂纪念。万历二十九年（1601）十二月，肇庆府知府陈濂重修此楼。崇祯年初，肇庆府知府陆鳌再次修葺此楼。

清康熙六年（1667），肇庆府知府杨万春重修披云楼。乾隆三十九年（1774），此楼不幸被大火烧毁，分巡肇罗道耿平主持修复。道光三年（1823），摄肇庆府府事、候补道夏修恕和高要县知县韩际飞重修此楼。

同治年间，方浚师登上披云楼，撰写两副楹联。

其一曰：

举头天外，高处不胜寒，看修雉骈罗，几叠云山开画本；

倚槛风前，壮心殊未已，问元龙在否，千秋湖海共襟期。

其二曰：

此间为锁钥雄关，下环湘峡，上溯苍梧，对雉堞巍巍，敢云坐镇；

难得是春秋佳日，亭近晚香，台邻宝月，喜鸿泥处处，留证登临。

宝月台，原称"补月台"，位于今端州区城北的宋城路附近。该处有"肇庆八景"之一的"宝月荷香"。

荷叶撑绿伞，蜻蜓花间飞，花影水中摇，群鱼塘中戏，荷香随风送，莲花竞芳菲，此处享有"宝月台榭万荷香"的美誉，久负盛名。

置身于"宝月荷香"的美景中，心花必定随着荷花而怒放。因此，方浚师游览后，撰写了一副楹联。联曰：

对面即星岩，七朵芙蓉呈绮丽；

赏心倾露盏，一池菡萏正芬芳。

桂林书院旧址位于今端州区睦岗街道办事处的桂林村，已毁。

当年，方浚师为桂林书院撰写一副楹联。联曰：

小山旧近使君居，望月思乡，正香满蟾宫，可许八公移桂种；
广厦新成多士庇，临风作赋，愿学宗鹿洞，好凭五子证薪传。

孔广陶与题名题字石刻

　　孔广陶（1832—1890），孔子的第七十代孙，广州府南海县罗格乡（今属佛山市南海区）人，清代广东著名藏书家、刻书家，官至奉政大夫、刑部福建司郎中。字鸿昌，号少唐，又称少唐居士，以盐业起家，收藏极丰，喜刻名籍。著有《孔氏岳雪楼书画录》，于咸丰十一年（1861）成书。

　　光绪年间，广州府藏书名家有"城南孔、城北方"之说。"城南孔"是指在城南太平沙建有"岳雪楼"的孔广陶，"城北方"是指寓居于城北狮子桥聚龙里的道员方柳桥。

　　孔广陶的藏书之处——岳雪楼，称为"三十三万卷书堂"。它与买办商人伍崇曜的"粤雅堂"、官商巨富潘仕成的"海山仙馆"，以及著名政治家、思想家、社会改革家、学者康有为的"万木草堂"，合称"粤省四家"。

　　岳雪楼所收藏的书籍，以清代殿本（皇家刻本）、名人校抄本为特色，宋、元代的精椠皆插架丰富，其中最巨者为殿本《古今图书集成》。据说，此书是他斥巨资买通皇宫中的太监秘运出宫而来。编有《三十三万卷书堂目录》，但收入者皆属于通常阅览的书籍，善本未列入其内。

　　孔广陶除了藏书外，尤好刊刻出版古籍。他所刊刻的精良书籍主要有《岳雪楼鉴真法帖》、《北堂书抄》（唐代类书）一百六十卷。此外，他还刊刻《古香斋袖珍》十种。由于他喜欢收藏古钱币，曾将所藏的古钱币拓成《泉谱》自赏。随后，他编著《清淑轩钱谱》，对古钱币的叙述极为详备。

　　至今，鼎湖山风景名胜区摩崖石刻还保存着四幅"孔广陶题名题字"石刻。

　　第一幅是"孔广陶题名"石刻，位于老龙潭的涅槃台石壁，镌刻于清同治二年（1863）。石刻高2米、宽1.8米，共有三行。

　　原文如下：

　　正法眼藏，涅槃妙心。

　　鼎湖龙潭住庵智常刻。

　　大清同治癸亥三月己巳，南海孔广陶观。

　　第二幅是"孔广陶题名"石刻，位于登庆云寺石蹬的转折之处，镌刻于清同治二年（1863）。石刻高2.5米、宽0.5米，楷书。

原文如下：

同治癸亥春，偕番禺胡敬修、胡承恩、南海李征尉来游，孔广陶题。

第三幅是"孔广陶题字"石刻，位于跃龙庵右边的龙泉坑溪边石壁，镌刻于清同治二年（1863）。石刻高0.2米、宽0.6米，楷书。

原文如下：

圣僧桥。

孔广陶题。

庆云寺禅师成鹫于清康熙年间撰《鼎湖山志》云，罗汉桥，亦名"圣僧桥"。相传，寺僧一日早起，见桥上有数僧人，形状魁梧，憩担濯足于桥下。寺僧遽见，急回寺院披衣出迎，则寂无人迹，盖圣僧示现云。或说为唐代高僧鉴真、日本僧人荣睿一行经过此地的一个旁证。

第四幅是"孔广陶题字"石刻，位于飞水潭大瀑布右侧的石壁，镌刻于清同治二年（1863）。石刻高0.4米、宽1.4米，行书。

原文如下：

喷雪。

同治癸亥，南海孔广陶题。

陈建侯与题咏石刻

　　明代苏州府昆山县（今江苏昆山市）进士王临亨撰《粤剑编·卷一·志古迹》云："七星岩，在端城东北六七里，大小七峰，石骨矗立，参差如斗，故名。"

　　广西桂林的山，千奇百怪；杭州西湖的水，千姿百态。可以这样说，它们都堪称为"中国一绝"。而肇庆七星岩得天独厚，巧妙地把两者结合起来。它是大自然的一个杰作，兼有桂林的山、西湖的水之美。

　　也许诗人的灵犀是相通的，也许诗人的情感是共鸣的。肇庆七星岩的山水，不仅是今人叫好，古人的评价也很高。

　　陈建侯（1837—1887），字仲藕，福州府闽县（今福州市仓山区）螺洲乡人。清咸丰五年（1855），举顺天府乡试榜，纳资为户部主事。因在老君塘战胜捻军（太平天国时期北方的农民起义军），奏改直隶州知州。同治元年（1862），赴湖北主持天门县白沙潭和监利县柴林河、子贝渊等水利工程。同治六年（1867），署安陆府（今湖北安陆市）府事。又升盐运使，调任汉阳府（今武汉市汉阳区）。后授德安府（今江西德安县），又调武昌府（今湖北武汉市），升道员。

　　光绪七年（1881），丁母艰，陈建侯以服阕辞官，仍留于湖北，以道员归。委办宜昌府（今湖北宜昌市）川盐局，严禁贪污，将增收厘税几十万缗周济贫民。

光绪十三年（1887），陈建侯权荆宜施兵巡道。七月，郑州府（今河南郑州市）决口，巡抚倪文蔚上疏请调他。他备陈堵筑之宜和赈抚之策，亲自察勘情势。因劳成疾，他至归德府（今河南商丘市）府署，偶觉困乏，无疾而逝。倪文蔚奏请优恤，且将他的事迹宣付于史馆立传。

陈建侯著有《易原》、《说文提要》等，喜作擘窠大字，曾有"大清中兴颂"隶书镌刻于今广西桂林的象鼻山。

陈建侯服阕期间，南游各地的风景名胜。光绪九年（1883），他游览肇庆府七星岩，题咏且立碑于石室岩下的石室洞璇玑台左侧。

陈建侯的题咏用烘云托月的手法，高度赞美了肇庆七星岩。碑刻为花岗石，三碑并立，高1.83米，宽1.27米，楷书，共有十五行。

原文如下：

五岳归来不看山，料应未上七星岩。
劝君放眼寻将去，更有蓬莱在世间。
黄龙白鹤足丰姿，胜地犹留去后思。
今日较量谁第一，罗浮似逊此峰奇。
去岁曾游灵隐寺，飞来峰下听潺潺。
玲珑岩岫依稀似，恐是尘中撮合山。
岭南作客兴偏嘉，日日看山不觉赊。
咫尺武夷偏未到，山灵笑我久离家。
年来踪迹类游仙，遍访人间各洞天。
似待桂林归棹日，评量王后与卢前。
欲留诗句在深岩，此日偏歌行路难。
寄语同年贤太守，烦君为我倩人馋。
光绪癸未季春，三山仲耦陈建侯作并书。

273

以兴学教士为己任的张之洞

张之洞（1837—1909），清代洋务派的代表人物之一。字孝达，又字香涛、香岩，号壶公、无竞居士，晚年自号抱冰老人，直隶省南皮县（今河北南皮县）人。同治二年（1863），考取探花，授翰林院编修，开始步入仕途。

光绪六年（1880），张之洞授翰林院侍读。翌年，擢内阁学士。与宝廷、陈宝琛、张佩纶纠弹时政，号为"清流"。光绪八年（1882），任山西巡抚。翌年，中法战争爆发，他力主抗争，迁两广总督。起用退仕的老将冯子材，在广西边境击败法军。设广东水陆师学堂、矿务局，创办广州府广雅书院，武备、文事并举，以图自强。

光绪十五年（1889），张之洞调任湖广总督。在督鄂（湖北）十七年间，他力主广开新学、改革军政、振兴实业。由此，湖北的人才鼎盛，财赋称饶，成为清朝后期洋务新政的中心地区。

光绪二十八年（1902），张之洞充督办商务大臣，署两江总督。光绪三十二年（1906），晋协办大学士，擢体仁阁大学士。翌年，任军机大臣，掌管学部。后督办粤汉铁路，充实录馆总裁官。与曾国藩、李鸿章、左宗棠并称"晚清四大名臣"。著有《张文襄公全集》二百二十九卷，其中包括诗集四卷、古文两卷、骈文两卷等。

张之洞任两广总督期间，为肇庆府府城的百姓办了几件实事，至今仍被人们引为谈助。

光绪十一年（1885）夏，广东暴发特大洪水。西、北、东三江同时陡涨，沿江的肇庆、韶州、广州三府十余县皆受洪水的肆虐，城垣倒塌，堤围漫没，庄稼冲走，大批居民殁于洪涛中，灾情十分严重。

邑人马呈图于民国年间纂修《（宣统）高要县志》载，光绪十一年（1885）五月，洪水暴发，肇庆府府城决堤二十有一，张之洞遣肇阳罗道潘骏猷督修堤围，又命湘军统领、提督陶定升带领部下的弁勇赶赴肇庆府帮同救灾。同时，他还制定固堤加围的措施，劝请绅商捐银，用于赈济灾民。

史载，光绪十二年（1886），张之洞重新开采老坑取石制砚。采得的砚石分作十二股，官得三股，以作贡品。

至今，肇庆市端州区黄岗街道办事处的白石村还保存着《两广总督部堂兼署广东巡抚部院张，为开采砚石以备贡品事案》碑，镌刻于清光绪十五年（1889）。该碑呈长方形，端砚石，高1.32米，宽0.84米；碑文从右至左竖书25行，共有1 172个字，楷书，阴刻。

光绪十二年（1886），端溪一带出现各方霸占砚坑且又无序开采的状况，加上民间谣传开坑取石有伤风水，一时间，民众诉讼不休，白石村村民深受困扰。

光绪十五年（1889）夏，张之洞从广州府乘船前来肇庆府巡视羚羊峡，以及西江沿岸的堤围。白石村村民得悉后，以梁念忠为首的匠人，扶老携幼，"拦街递品"，呈上诉状，请求解除封禁老坑采石，让村民继续开坑取石制砚，以解决生计问题。

随后，张之洞巡视羚羊峡，对砚坑进行实地调查，平息了以"有碍风水"为名、不准开坑取石制砚的争讼，解除封禁老坑。同时，他核准石匠开采砚石以备贡品事和修改匠人开坑取石的章程，明令各级官吏、衙役不得敲诈勒索，私受一砚一钱。

张之洞的裁决让白石村村民受惠不浅，村民便将《两广总督部堂兼署广东巡抚部院张，为开采砚石以备贡品事案》镌刻成碑，当作神明，虔诚供奉。

"文革"期间，此碑几乎被毁掉。白石村村民想尽了一切办法，冒着生命危险，把它收藏起来，才逃过一劫。1984年11月，此碑被定为"肇庆市文物保护单位"。

张之洞此次核准开采老坑取石制砚，是历史上一次有组织、有规模的开采。所得的老坑砚石皆是珍品，时人称为"张坑"。

史载，张之洞是一位集砚成癖的老手，对端砚尤为偏爱。相传，他有一种特别的嗜好，就是每天以五百方端砚放置水中，躬身轮视，专心地欣赏端砚上的青花、冰纹、金银线、胭脂晕等石品，以及那晶莹诱人的各种"石眼"，享受着"人生一乐"。

广东省中国文物鉴藏家协会会长谢志峰捐赠的116方古端砚，陈列于肇庆市博物馆（今阅江楼）。在116方古端砚中，其中有一方古端砚可谓弥足珍贵，名曰

"程柱光铭平板砚"。

光绪十七年（1891），端州砚匠程柱光看到张之洞在砚州岛包公楼的题联，深受感触，便将此联镌刻于砚台。联曰：

丹心一颗，千金哪比人格贵；

清风两袖，万贯不移品行贞。

公务之余，张之洞登临天宁寺（遗址在今天宁北路），写下《九日登天宁寺楼》诗，抒发了对时事的感叹。诗云：

过阙当行复暂留，数将新绿到深秋。

贪看野色时停骑，坐尽斜阳尚倚楼。

霜菊吐香侵岁晚，西山满眼隔前游。

廊僧亦有苍茫感，何况当筵尽胜流。

张之洞任两广总督期间，"孜孜求治，凡所兴革，皆关大体"（徐世昌《大清畿辅先哲传·张文襄公传》）。其中措施之一，就是查缉走私，整顿税收，广开财源，其政绩为世人共睹。

张之洞先后整顿了肇庆、潮州、梧州等府税厂，取消税厂包揽制，革除一切苛税，各级税务官员皆由官府派遣。同时，他还将增加的税金收入用于筑台购炮、兴修堤围等。

值得一提的是，张之洞官任一地，都极其重视当地文化教育的发展，将兴学教士作为己任，创办书院，延请名师，重视训诂与修治经史之学，培养实用之才。

张之洞出于对两广地区教育现状和士风的强烈不满，决定按照自己的办学理念创办新型书院，为两广地区培养人才，以图振兴衰败中的清王朝。

从《创建广雅书院奏折》中，可以看出张之洞创办书院的用心良苦。

原文如下：

窃惟善俗之道，以士为先；致用之方，以学为本。广东、广西两省，地势雄博，人才众多，文学如林，科名素盛。惟是地兼山、海，东省则商贾走集，华、洋错居；西省则山乡跷瘠，瘴地荒远，习尚强悍，民俗不齐。见闻事变，日新月移，欲端民俗，盖必自厚士风始。士风既美，人才因之。

查两广总督旧沿，肇庆设有端溪书院，为总督课士之所，两省人士皆得肄业其中。自总督移至广州，书院不能亲临考校整饬。虽岁时封题课试，规矩纵弛，士气不扬。且原有斋舍止四十间，大半敝漏，不足以容来学。每逢应课，大率借名虚卷，草率塞责。臣到粤以来，兵事倥偬，又值水、旱为灾，未遑及此。比年海宇清宴，民生粗安，一切筹办诸事宜，规模略具。两省人士屡以整饬书院为请，当经委员会同肇庆道、府勘议兴修。特以限于地势，该书院东邻府学宫，西邻肇庆协署，后城、前市无从拓展。且以肇庆山川峭急，游学者少，除肇庆一属外，他处诸生罕有至者。官绅、士林佥谓，宜别有经画，设于都会，于事为便。查省城粤秀、粤华、应元三书院，专课时文，斋舍或少或无，肆业者不能住院，故有月试而无课程。前督臣阮元所建之"学海堂"、近年盐运司钟谦钧所建之"菊坡精舍"，用意精美而经费无多，膏火过少，又以建在山阜限于地势，故有课程而无斋舍。窃思书院一举，必宜萃处久居，而后有师长检束、朋友观摩之益。至于稽核冒名代倩，犹在其次。且以上各书院，多为东省而设，西省不得与焉。东省外府亦罕有应课者，臣以文学侍从之。臣过蒙圣恩，滥忝兼圻之寄，才识迂拙无所建明，至善俗储才之端，职所当为，不敢不勉。

因于广东省城西北，五原源头乡地方，择地一区。其地山川秀杰，风土清旷，建造书院一所，名曰"广雅书院"。考江西白鹿洞书院、湖南岳麓书院，皆远在山泽不近城市，盖亦取避远嚣杂、收摄身心之意。广州省会地狭人嘈，尤以城外为宜。计斋舍二百间，分为东省十斋，西省十斋。讲堂、书库一切具备，延聘品行谨严、学术雅正之儒以为主讲，常年住院，定议立案。不拘籍隶本省、外省，总以士论翕服为主，不得徇情滥荐。调集两省诸生才志出众者，每省百名肆业其中，讲求经义、史事、身心、经济之学，广置经籍以备诵习。宋儒周子曾官岭南，著有德惠，并无祠宇于义阙。如今，建祠院中，并祀古今宦寓名贤、本省先正有功两粤文教者，以示诸生宗仰。

肆业生额数，东省广州府三十名，肇庆、高州、惠州三府各十名，韶州、潮州两府各六名，琼州府、嘉应直隶州各五名，廉州、雷州两府各四名，南雄直隶州三名，连州、罗定两直隶州各二名，阳江直隶厅一名，驻防一名，连山、赤溪、佛冈三直隶厅共一名。西省桂林府三十名，梧州、寻州两府、郁林直隶州各十名，平乐、南宁两府各八名，柳州府七名，思恩、庆远两府各五名，太平府三名，泗城府二名，镇安府一名，百色直隶厅、归顺直隶州共一名。远郡、下邑师友尤难，各属遍及以示公溥，丰其膏火，每月两课校其等差，优给奖赏。道远各府、州，分别远近加给来往盘费，总令其负笈住院，静心读书，可以自给，免至内顾为忧，纷心外务。院内课程经学，以能通大义为主，不取琐细史学；以贯通古今为主，不取空论性理之学；以践履笃实为主，不取矫伪经济之学；以知今切用为主，不取泛滥词章之学；以翔实尔雅为主，不取浮靡士习；以廉谨厚重为主，不取嚣张。其大旨，总以博约兼资、文行并美为要归。不住院者，不领膏火，以便考其行检。无故不得给假，以其专一有成。严立规条，责成监院考察约束，违者即行屏黜。欲其不分门户，不染积习，上者效用国家，次者仪型乡里，以仰副圣天子作育人才之至意。

其书院常年经费所需甚钜，臣以多年积存廉俸公费等项捐置其中，并顺德县沙田充公之款，南海绅士侯选道、孔广镛等捐款，发商生息共岁得息银七千一百五十两。查黄江税厂羡余，历年即以提充端溪书院经费，改章后征收教旺。上年，臣奏定三六平余一项，除支销外，尚有赢余，即于此款内每年拨银五千两。又于红盐变价充公项下，每年拨银五千两。拨款、息款共岁得银一万七千一百五十两，以充书院师生膏火、监院薪水、人役工食，一切祭祀、岁修杂费。至建造地价、工料，经顺德县青云文社、省城惠济仓各绅，爱育堂各董事，诚信堂、敬忠堂各商，闻风鼓舞，情愿捐资修造。现已于闰四月二十日集款购料兴工，约计十月可成。当经札委两广盐运司，会同东布政司督饬委员，妥为办理。并饬监院、教官，妥议一切详细章程，禀定立案。现经臣发题各属诸生试以文字，数首出色者，即行调取。并咨商两省学臣，如有才志可造之士，亦即咨送。

窃谓《易象》有云："君子以居贤德善俗言，贤者会集则俗自化也。"《论语》有云："君子学以致其道言，同学讲习则道易成也。"惟望从此疆臣、学臣加意修明，维持不废，庶于边海风气，人才不无裨益。

其旧有端溪书院，臣已檄饬道、府酌提书院本款，就原有规模修葺完整，并酌加诸生膏火，厘整章程，以存旧观。"学海堂"年久失修，亦经饬司量为葺治，于原设专课生广名之外，增设十名会课，改为每月一次，责成学长申明旧章程，以期无废前规所有。

创建两广诸生合课书院，缘由相应奏明立案，以期经久。谨会同广东抚臣吴大澄，广西抚臣李秉衡，广东学臣江鸣鸾，广西学臣李殿林，恭折具奏。

光绪十二年（1886），张之洞在广州府创办广雅书局和广雅书院。同时，他仍然十分关注端溪书院的办学情况。尤为可贵的是，他不怕非议，大胆地起用因弹劾李鸿章主和而获罪的梁鼎芬，以及因弹劾总管太监李连英而降职的朱一新，使两者先后担任肇庆府端溪书院和广州府广雅书院山长（校长），显示了不凡的气度。

张之洞的平生所为，最为后人称道的，就是在中国教育由封建传统向现代化迈进的过程中，作出了历史性的贡献。

光绪二十七年（1901）十月，张之洞封为太子少保。翌年十月，他呈上《筹定学堂规模次第兴办折》，提出兴办各类学堂。

光绪二十九年（1903）十一月，张之洞奉旨入京。朝廷批准他所呈请

《奏定学堂章程》，这是中国近代第一个以法令的形式公布，且在全国范围推行的学制，当时称为"癸卯学制"。

光绪三十一年（1905）九月，张之洞奏请停止科举，兴办学堂，得到朝廷诏准。自翌年起，所有乡试、会试和各省的岁考一律停止，一切士子皆由学堂出身，结束了已有一千三百多年历史的科举制度。

直臣名师朱一新

朱一新（1846—1894），字鼎甫，号蓉生。金华府义乌县（今浙江义乌市）人，人称朱义乌。清同治九年（1870），考中举人。光绪二年（1876年），考取第二甲第三十名进士，授翰林院庶吉士。任翰林院编修，迁湖北乡试副考官。光绪十一年（1885），任陕西道监察御史。因上疏奏言海军用人不当，又弹劾总管太监李连英恃宠骄妄，触怒慈禧太后，降为候补主事。后以母病为由，请准回归故里。光绪十三年（1887）八月，应两广总督兼广东巡抚张之洞的邀请，主讲肇庆府端溪书院。光绪十五年（1889），任广州府广雅书院山长。一生著述丰富，著有《奏疏》一卷、《外集》四卷、《汉书管见》四卷、《京师坊巷志》两卷、《佩弦斋文存》三卷、《无邪堂答问》五卷、《诗古文词杂著》八卷等。

光绪十二年（1886）四月，直隶总督兼北洋大臣李鸿章以北洋海军训练成军，奏请朝廷，派员前来巡视阅军。慈禧太后降旨，令总理海军事务衙门大臣、醇亲王奕譞前往巡视阅军。

醇亲王临行前，奏请慈禧太后，请求派遣总管太监李连英随行伺候。慈禧太后二话不说，准奏。

李连英（1848—1911），晚清著名的宦官。本名李英泰，河间府大城县（今河北大城县）人。咸丰三年（1853），净身入郑亲王端华府邸。进皇宫后，改名为李进喜。同治十一年（1871），慈禧太后赐名连英，民间讹作莲英。在皇宫期间，以事上以敬、事下以宽、谨小慎微见称，受宠于慈禧太后，朝廷的大臣亦争相用银两贿赂笼络之。光绪二十年（1894），慈禧太后打破"太监品级以四品为限"的皇家祖制，封为正二品总管太监，统领皇宫中所有的宦官，被人们呼为"九千岁"。

李连英随行巡视阅军，明显地破坏了"太监不得干政"的祖训。

陕西道监察御史朱一新得知李连英随行巡视阅军，于八月十四日向清光绪帝上书《豫防宦寺流弊疏》，云："乃今夏巡阅海军之役，太监李连英随至天津，道路哗传，士庶骇愕。意深宫或别有不得已苦衷，匪外廷所能喻。然宗藩至戚，阅军大典，而令刑馀之辈厕乎其间，其将何以诘戎兵崇体制？……从古阉宦，巧于逢迎而昧于大义，引援党类，播弄语言，使宫闱之内，疑贰渐生。而彼得售其小忠小信之为，以阴窃夫作福作威之柄。"

慈禧太后阅览朱一新的奏疏后，火冒三丈，暴跳如雷，将朱一新降为候补主事。一个月后，朱一新以母病为由，上表请准回归故里。此后，朱一新致力于著述与讲学。

时任两广总督张之洞不怕遭人非议，大胆地邀请刚正不阿、敢于冒犯朝中权贵的朱一新，让他主讲肇庆府端溪书院。由此可见，张之洞气度非凡，胆识过人。

当时，端溪书院是两广地区的首席学府之一，对肇庆府教育、文化的发展和人才的培养，产生了重要的影响。

朱一新在主讲端溪书院期间，兼管星岩书院，教务相当繁重。但是，他笃守力行，力求一个"诚"字，"务通经以致用"（《清史稿·朱一新传》）。他对生徒诱掖开导，不遗余力，常谓："有学问，有学术，学问之坏，不过弇陋而已，于人无与也；学术之坏，小者贻误后生，大者祸及天下。"（《无邪堂答问·卷一》）

在端溪书院的管理、招生、课程、考核等方面，朱一新多有创造性的改革，既吸取传统书院的教育精华，又有新学的特色。特别是在课程方面，他改变那种专教应对科举考试的做法，摒弃时文陋习，不开设应对科举考试的课程，设置有用之学。同时，他对西学亦十分重视，提倡学习自然科学。

朱一新在主讲端溪书院期间，还应邀主持编纂《德庆州志》。

朱一新主讲端溪书院只有两年时间，而且教务相当繁重，所能利用的业余时间极为有限，因而仅完成了《德庆州志》的部分初稿。后来，他移掌广州府广雅书院，仍然继续编纂《德庆州志》，也是利用业余的时间搜集资料。

光绪二十年（1894）六月，朱一新在广雅书院山长任内与世长辞，英年早逝，终年四十九岁。

时任江苏南京钟山书院山长、原广雅书院第一任山长梁鼎芬闻讯后，为好友朱一新撰写了一副挽联。联曰：

斯人甚贤，未报君父恩，如何瞑目；

视吾犹弟，便倾江海泪，未抵伤心。

肇庆府德庆州籍学生梁廷赓也为老师朱一新撰写了一副挽联，以寄托哀思。联曰：

> 七年中负笈，相从绛帐优容，岂期望道无成，滥列门墙惭最久；
> 八日内莫楹，忽梦白云长去，此后索途瞑摘，感怀身世怅何依。

民国十七年（1928），肇庆府高要县马呈图、德庆州梁廷赓为缅怀老师朱一新、梁鼎芬的教泽，募资筹款，在今七星岩风景名胜区的玉屏岩南麓建造"朱梁二先生祠"。

至今，七星岩风景名胜区摩崖石刻还保存着"朱一新题名"石刻。

"朱一新题名"石刻位于石室岩下的石室洞内西壁，镌刻于清光绪十五年（1889）。石刻高0.6米、宽1.5米，楷书，共有九行。原文如下：

> 光绪己丑，义乌朱一新、会稽陶浚宣、井研廖平、番禺徐铸同游。浚宣题。

石刻所说"陶浚宣"（1846—1912），清末著名书法家。原名祖望，字文冲，号心云，别号东湖居士，又号稷山居士，绍兴府会稽县（今绍兴市柯桥区）人。光绪二年（1876），考中第二十四名举人。光绪十二年（1886年）会试，挑取朕录方略馆，议叙同知，升用知府，擢道员，加三品衔，赏戴花翎。后应两广总督兼广东巡抚张之洞的聘请，任广州府广雅书院山长。

石刻所说"廖平"（1852—1932），清末民初学者、思想家，成都府井研县（今四川井研县）青阳乡盐井湾人。初名登廷，字旭陵。光绪五年（1879），考中举人。改名廖平，字季平，晚号六译。光绪十六年（1890），考取第二甲第七十名进士。一生治经学，著述甚丰，共计有一百多种。融合古今中外的多种学说，形成一套独特的经学理论体系，在中国学术史上占有重要的地位。

石刻所说"徐铸"，广东词人。字巨卿，一字香雪，广州府番禺县人。光绪十一年（1885）考中举人。曾任广州府广雅书院监院，著有《香雪堂诗稿》。

张曾敭的功与过

张曾敭（1852—1920），字小帆，又字润生、抑仲、筱骊，号筱帆、静渊，直隶省南皮县（今河北南皮县）人。清同治十年（1871），考取第二甲第八十四名进士，授翰林院庶吉士。同治十三年（1874），迁翰林院编修。光绪三年（1877），任会试同考官。光绪十一年（1885），知长沙府（今湖南长沙市）。翌年，转知永顺府（今湖南永顺县）。

光绪十六年（1890），张曾敭授肇庆府知府，"有惠爱，督抚交章论荐"（《清史稿·张曾敭传》）。

北宋康定元年（1040），包拯知端州军州事。为振兴文化和教育事业，他倡议且带头捐俸在端州军城北的宝月台创办"星岩书院"（今肇庆市第一中学）。

张曾敭任肇庆府知府期间，重修星岩书院。同时，他还增建斋舍、讲堂，筹措经费购置书籍，选取正、附课生徒住院，肄习经史、词章，自任主讲。

星岩书院《章程》规定：延请山长，每月授课按端溪书院之例。官课一次，对取得超等、特等、上取、中取成绩的生徒，从优酌情给予奖赏；师课两次，对取得上取成绩的生徒，亦给予奖赏。后因经费不敷，仅实行了一年。

同时，张曾敭还为星岩书院强学堂撰题一副楹联。联曰：

此地为江山灵秀所钟，后起英才皆磊砢；

我辈有道德切磋之谊，愿持旧学与商量。

至今，七星岩风景名胜区摩崖石刻还保存着"张曾敭题名"石刻。

"张曾敭题名"石刻位于石室岩下的石室洞内西壁，镌刻于清光绪十七年（1891）。石刻高0.9米、宽0.6米，楷书，共有七行。

原文如下：

光绪辛卯六月，南皮张曾敭，闽林绍年，海阳王洪，番禺徐铸同游。绍年书。

光绪十九年（1893），张曾敭任广州府知府。翌年，授福建盐法道。光绪二十一年（1895），迁福建按察使。光绪二十五年（1899），任四川按察使，后迁福建布政使。翌年，授湖南布政使，后授广西布政使。光绪二十八年（1902），授四川布政使。翌年，迁山西巡抚。光绪三十一年（1905），转湖南巡抚，后转浙江巡抚。

张曾敭是一位叱咤风云的人物，功绩显著：整顿福建盐务、广西财赋，镇压黄河后套马贼刘天佑，惩治浙江盐枭，参与浙路交涉等。"光绪初，督抚权重，及其末年，中央集权，复多设法令以牵制之，吏治不可言矣。……曾敭论法律，并能持正。"（《清史稿·列传二百三十六》）

张曾敭并不是与民争利的贪官污吏，为百姓办了不少的实事。但是，他因杀害近代民主革命志士秋瑾，遭到全国人民的唾骂。

光绪三十三年（1907），秋瑾与安徽巡警学堂监督徐锡麟联络浙江、上海的军队和会党，组织光复军，拟于7月6日在浙江、安徽同时举行起义。7月13日，因事泄露，她在绍兴府（今浙江绍兴市）大通学堂被捕。7月15日，她从容就义于绍兴府的轩亭口，葬于卧龙山的西北麓。

秋瑾之死，引得全国舆论哗然，连国外的报纸也纷纷指责。"刽子手"绍兴府知府贵福、浙江巡抚张曾敭、会稽县（今绍兴市柯桥区）知县李瑞年、绍兴府劣绅胡道南等，皆遭到全国人民的唾骂。从此，他们仕途不顺，或死或藏，都不得善果。

张曾敭不得不称病乞退，后被朝廷调补为江苏巡抚，但引发了江苏绅界、学界颇具声势的"拒张运动"。他尚未履任，再被朝廷改派为山西巡抚，仍然是难平民愤。在全国人民的责骂声中，他忧惧成疾，辞官返回原籍，十四年后去世。

晚清官场第一奇人梁鼎芬

晚清官场有一个奇人，名曰梁鼎芬。

梁鼎芬（1859—1920），晚清著名学者、教育家。字星海，一字心海，又字伯烈，号节庵，别名不回山民、浪游词客、翠羽词人、孤庵、病翁、葵霜、藏山、藏叟等，室名曰"有耻堂"、"葵霜阁"、"栖凤楼"、"抗愤堂"等，广州府番禺县人。少失父母，寄养姑家。曾就学于正五品卿、菊坡精舍山长、岭南大儒陈澧的门下，且得到翰林院编修、舅舅张鼎华的教诲。清光绪三年（1877），考中举人。光绪六年（1880），考取第二甲第三十三名进士，授翰林院庶吉士。光绪九年（1883），授翰林院编修。

有道是："精神即性格，性格即命运。"

梁鼎芬可谓少年得志，博学且有奇才，但性格十分怪异，是晚清著名的"一根筋"，导致他在仕途上坎坷曲折。他经常做出一些让人感觉匪夷所思的事情，简直就像滑稽剧，世人送他一个外号，叫作"梁疯子"。

在政治舞台上，梁鼎芬投入的"精彩"表演，往往被人们当作疯子之举。他的"糊涂"且投入的"精彩"表演，感动了自己，却没有感动别人。

中法战争期间，李鸿章一味主和，于光绪十年（1884）四月二十七日与法国代表、海军中校福禄诺在天津签订丧权辱国的《中法简明条约》。李氏迁延观望，错失时机，人莫敢言。

以敢于直谏著称的梁鼎芬上书弹劾李鸿章，"至比之杨忠愍之参严嵩"（张祖翼《清代野记·翁李之隙》），名震全国，蜚声朝野。奏疏云："为疆臣骄横奸恣，罪恶昭彰，吁恳特旨明正典刑，以申国法，而纾众愤。"

那么，李鸿章何许人呢？

李鸿章（1823—1901），字子黻、渐甫，号少荃、仪叟，庐州府合肥县（今安徽合肥市）人。时任直隶总督兼北洋大臣，位极人臣，权倾朝野，是慈禧太后最为倚重的心腹大臣！

一个小小的翰林院编修敢有此举，不啻于虎口拔

牙，在太岁头上动土。梁鼎芬的弹劾，只能是徒劳之举，还为自己招来了一系列处罚。

慈禧太后勃然大怒，梁鼎芬被"追论妄劾，交部严议，降五级调用"（《清史稿·梁鼎芬传》），任太常寺司乐，成为清王朝空前绝后的"从九品翰林"。翌年，梁鼎芬又由从九品翰林到被劾免官。为此，梁鼎芬十分愤怒，一气之下，镌刻"年二十七罢官"一方小印，作为自我调侃之物。同时，他还收拾包袱，回广东老家。

道家的经典《老子·五十八章》云："祸兮福之所倚，福兮祸之所伏。"冥冥之中，命运已经给梁鼎芬选择了另一条道路。

当时，两广总督兼广东巡抚张之洞正以"激励风节"为名，招纳"挂误失意"的朝士以为己用。梁鼎芬加入张之洞的幕府后，长期追随左右，运筹帷幄，呕心沥血，尽其能事。他力助张之洞度过晚清政局的重要转折时期，功不可没，不愧为张之洞智囊团最得力的幕僚。"文襄大事必以谘询，辄深谈竟夜，习以为常。"（吴天任《梁节庵先生年谱》）

光绪十三年（1887），张之洞慕梁鼎芬"天下高其风节，……学问如此渊博，重信不疑"（刘禺生《世载堂杂忆·去思碑与纪功碑》），聘请他为肇庆府端溪书院山长。

"师者，所以传道授业解惑也"（韩愈《师说》）。梁鼎芬穷其一生，都在寻求这句话的真谛。

清代，端溪书院是岭南地区的著名学府，梁鼎芬在这里为发展岭南地区的教育事业和培养人才，作出了很大的贡献。

端溪，原本是地名，位于今肇庆市端州区东郊羚羊峡口的烂柯山。由于用端溪一带所产的砚石制成砚台，具有"呵气可研墨，发墨不损毫，冬天不结冰"的特质，深受文人墨客的喜爱。在唐代，端砚已被列为贡品。

因此，广东按察司佥事李材于明万历元年（1573）创办书院时，就以"端溪"命名。

清光绪十三年（1887），张之洞重修端溪书院，堂宇古雅，规模宏大。尊圣阁易名"景贤阁"，楼阁下面为"全祖望祠"，祠东为更衣所，祠西为祭器所；东西两廊有斋舍三十二间、监院室一间、书库一间。大堂匾额"广德堂"和揆天阁下面的讲堂匾额"教忠堂"，乃梁鼎芬题书。

社会的进步使梁鼎芬的眼光不再留恋古人遗留下来的"四书五经"，而是放眼于天下，纵横四海，吸纳吞吐，容天下之技而为己用。他大力引进和传播近代西方列强的农业、工业、军事等方面的先进知识，传道、授业、解惑，为近代中国的工业化培养人才，奠定了一定的基础。

在教学内容和教学方式上，梁鼎芬突破专课八股制的旧式书院风格，致力于将端溪书院改造成为培养通经致用人才的新式书院。他修订《端溪书院章程》、《端溪书院学规》、《端溪书院生徒住院章程》等，力求做到有章可循。

同时，梁鼎芬还十分重视藏书的搜集与管理，创建藏书库，设置大书架三十七个。除了购买书籍外，他还提倡捐赠书籍，致力于搜罗历朝历代和同时代的人文集，以及各省的地方志书，促进了书院藏书量的发展。当时，藏书有经、史、子、集、典志、类书等563部，共9 482册。

在肇庆府府城，梁鼎芬写下的题联甚多。从这些联语中，可以窥见他的为人处世风格。

肇庆府高要县知县韩际飞修，邑人何元、彭泰来于清道光六年（1826）纂《高要县志·建置略》载，忠节八贤祠位于肇庆府府城的隔岗，原名"净明寺"，由肇庆府知府陈可大于南宋绍兴年间建造。明嘉靖二年（1523），肇庆府知府曾直改建为"忠节八贤祠"，祭祀"精诚偦直"之人，分别是唐代张柬之、李绅，北宋刘挚、邹浩、胡寅，南宋胡铨、雷正、张世杰，共八人。

梁鼎芬为忠节八贤祠撰写一副楹联，言尽人意，感人肺腑。联曰：

流落岂云悲，独怜迢递修门，无路再陈万言疏；

精诚偦来格，应念徘徊壤屋，有人重赋八哀诗。

梁鼎芬曾为端溪书院爱莲亭撰写一副楹联，联曰：

前贤草木皆可敬；

独对江山有何思。

星岩书院为知端州军州事包拯于北宋康定元年（1040）创办，是肇庆历史上第一所官办书院，位于城北宝月台，聘请已致仕的前端州郡刺史梁燮任掌教。

梁鼎芬为星岩书院众绿厅撰写一副楹联，道出了书院所处之地宝月台的胜景。联曰：

招邀数君子；

沉醉万荷花。

同时，梁鼎芬还为星岩书院的斋舍撰写一副楹联。联曰：

切云明月修奇服；

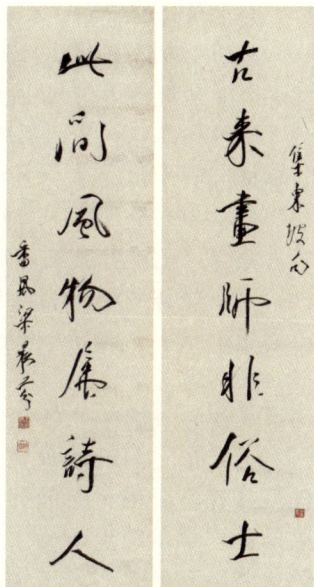

苦茗青灯要此时。

在肇庆府府城，梁鼎芬写下多首诗作。透过这些诗作，可以窥见他的思想境界。

梁鼎芬赋诗《初到肇庆口占一首》，描写了沿途的风景。诗云：

峡尽见江城，江流日夜争。

几人画形胜，满眼说升平。

入境知民俗，怀贤识令名。

微躬系风教，何以慰诸生。

梁鼎芬写下《端居赋兴》诗，道出了悠然安逸的心境。诗云：

闲庭雨过昼添寒，柳竹青葱俯一栏。

渐与世疏文笔放，偶缘春好酒杯宽。

石唇苔润初安臼，水面萍分独下竿。

惟有佳禽笑多事，中年心意未阑珊。

光绪十三年（1887），梁鼎芬与徐铸同游肇庆七星岩，写下《同徐铸访七星岩，石镌祖龙学题名，作长歌》诗。诗云：

秋风动地潭水枯，清游载酒子与吾。笑谈已过艾塘外，回见村屋皆画图。

纷纷姓氏满岩洞，周书宽博包书瘫。范阳择之亦至此，博陵崔子相驰驱。

更闻石镌字未灭，苏斋有纸不得摹。春洲畸人始寻见，著书且补仪徵无。

我今粗猛仗心胆，子复英特少髭须。巉岩共向尺径入，鞠躬恍若公门趋。

余生世途每宽坦，到此真觉形体拘。手扪苔壁引蛇沫，以火斜烛相叫呼。

分明七字鲁公体，银钩洒落琼枝腴。回身小立若有会，追忆史乘微叹吁。

公昔从游泰山下，要埒守道兼宽夫。抗言衍圣定百世，袁州启学繁生徒。

临川柄国柱人罪，酒瓶三百轻召辜。惜哉不遇张子厚，流窜德庆成冤诬。

遗文焕斗穆修派，手力傥可分开洙。此官虽鄙奚足贵，方寸萧散谁能逾。

题名山洞知几处，大云铜石罗浮俱。他年同著几緉屐，尽收宝刻当瑶瑜。

至今，七星岩风景名胜区摩崖石刻还保存着"梁鼎芬题名"石刻。

"梁鼎芬题名"石刻位于石室岩下的石室洞副墨岩洞内的尽头之处，镌刻于清光绪十三年（1887）。石刻高0.2米、宽0.45米，楷书，字体秀劲，刻工精湛。

原文为：

梁鼎芬、徐铸同游。

说起张之洞的教育功绩，梁鼎芬功不可没，时人称张之洞"言学事惟鼎芬是任"（《清史稿·梁鼎芬传》）。张之洞更是充分肯定梁鼎芬的教育功绩，称赞梁鼎芬"学术纯正，待士胚诚，于教育事体，大纲细目擘画精详。任事多年，勤劳最著。"（苑书义《张之洞全集》）同时，张之洞请求朝廷赏加梁鼎芬为正二品衔，以示赞扬与鼓励。

梁鼎芬对自己与张之洞共同开创的教育业绩颇感自豪，自题对联于武昌府（今湖北武汉市）两湖书院的寓宅大门。联曰：

往事忆觚棱，身别修门二十载；

新阳尽桃李，教成君子六千人。

对于张之洞的知遇之恩，梁鼎芬自是涌泉相报。张之洞调到哪里，梁鼎芬就跟到哪里。

光绪十五年（1889），张之洞调任湖广总督，梁鼎芬就跟着前往武昌府，在两湖书院任史学分教、山长等职。

光绪二十年（1894），张之洞调任两江总督，梁鼎芬又跟着前往江宁府（今江苏南京市），主讲钟山书院。

日子差一点就可以风平浪静地过去了，但梁鼎芬又一次"忍不住"，上书弹劾庆亲王奕劻和直隶总督袁世凯。

《清史稿·梁鼎芬传》云：光绪三十二年（1906），梁鼎芬"入觐，面劾庆亲王奕劻通赇贿，请月给银三万两以养其廉。又劾直隶总督袁世凯'权谋迈众，城府阻深，能诟人，又能用人。自得奕劻之助，其权威遂为我朝二百年来满、汉疆臣所未有，引用私党，布满要津。我皇太后、皇上或未尽知，臣但有一日之官，即尽一日之心。言尽有泪，泪尽有血。奕劻、世凯若仍不悛，臣当随时奏劾，以报天恩'"。

最初，张之洞不知道梁鼎芬有此奏疏，闻后叹息，又惧怕受其牵连。果然，梁鼎芬的忠心不得好报，再度激怒了慈禧太后，被慈禧太后下诏诃责。他遂"引疾乞退"（《清史稿·梁鼎芬传》），以镇江府（今江苏镇江市）焦山的海西庵为清静之地，与世隔绝，闭门读书。

世人都说梁鼎芬简直就是"愚忠"典范，演出了一幕幕极尽"愚忠"的闹剧。

梁鼎芬"愚忠"于光绪帝的轶闻，就是极具讽刺性的故事。

光绪三十四年十月二十一日（1908年11月14日）傍晚，三十八岁的光绪帝躺在冰凉且寂静的中南海瀛台涵元殿，满含悲愤地离开了人间。梁鼎芬"奔赴哭临，越日即行"（《清史稿·梁鼎芬传》）。

梁鼎芬两度前往位于易州（今河北易县）梁格庄的清西陵，叩谒光绪帝暂安之殿，在梓宫前面"瞻仰流涕"（《清史稿·梁鼎芬传》）。为了表达对光绪帝的景仰和思念之情，他还在寝殿的外面露宿。

在建造光绪帝的崇陵时，梁鼎芬经常到工地瞻视，且为工程建造筹款募捐。光绪帝出葬时，他由两个亲随挽扶到崇陵前执绋，从行宫一直走到地宫。当人们将棺椁、陪葬品布置妥当后，已经全部退出地宫，唯有他还疯疯癫癫地坐在地宫里面，准备为光绪帝殉葬。后来，他被亲随背了出来，才算完结了事。

张之洞的知遇之恩，梁鼎芬从未忘怀。

光绪三十五年（1909），张之洞去世。梁鼎芬闻讯后，亲自送葬到张之洞的原籍——直隶省南皮县（今河北南皮县）双庙村。在张之洞发丧的路上，他一路步行，一路号啕大哭，老泪纵横，悲痛欲绝。他的痛哭之声，竟压过众孝子。

梁鼎芬为张之洞撰写了一副挽联，字里行间充满了对张之洞的深切缅怀之情。联曰：

甲申之捷，庚子之电，战功先识孰能齐，艰苦一生，临殁犹闻忠谏语；
无邪在粤，正学在湖，讲道论心惟我久，凄凉廿载，怀知哪有泪干时。

张之洞殡葬后，梁鼎芬仍然在张之洞的老宅前面徘徊不走。此后，他每次坐火车经过南皮县时，必定肃然起座，面东敬立，以示哀悼。他晚年在北京时，每月十五日必到张之洞祠行礼。

辛亥革命后，梁鼎芬闲居上海，以遗老自居。

民国五年（1916），在末代皇帝溥仪的老师陈宝琛推荐下，梁鼎芬潜心为年仅十多岁的溥仪写"起居注"，把溥仪吹捧为"真英主也"（溥仪《我的前半生·母子之间》）。

次年6月30日，长江巡阅使兼安徽督军张勋策划复辟。卧病多日的梁鼎芬强行打起精神，以清王朝皇室代表的身份前往总统府，威逼黎元洪"退位"、"让国"，"奉还大政，以惠中国而拯生民"（蔡东藩《民国演义》）。

7月1日凌晨，张勋穿上蓝纱袍、黄马褂，戴上红顶花翎，率领康有为等群党，拥立十二岁的溥仪登基，宣布"临朝听政，收回大权，与民更始"（《清史稿·张勋传》）。然而，仅仅过了十二天，"张勋复辟"便失败了。

民国八年（1919）11月14日，病忧交加的梁鼎芬在北京去世，葬于崇陵右侧的小山，永远为光绪守陵，赐谥"文忠"。

这位光绪年间的进士，官至布政使一职的士大夫——梁鼎芬，在临死之前，始终不肯与已生存八年的民国握手言和，居然留下遗言不可刊刻自己颇有成就的《梁鼎芬诗集》。

梁鼎芬在死前留言："我生孤苦，学无成就，一切皆不刻。今年烧了许多，有烧不尽者，见了再烧，不留一字在世上。我心凄凉，文字不能传出之也。"（吴天任《梁节庵先生年谱》）

梁鼎芬是"近代岭南四家"（梁鼎芬、罗惇曧、曾习经、黄节）之一，诗作颇有成就，何必统统地付之一炬呢？一个堂堂长髯的男子，竟然有《红楼梦》中焚诗断痴情的小女子林黛玉之举，真可谓糊涂至死也！

后人推测，可能是梁鼎芬因无能为力挽回时局，希望后人将自己完全遗忘。的确，从政治取向考察，他确是一个螳臂当车、不识时务的悲剧角色。作为传统的士大夫，他一直以为改朝换代的民国，只是换汤不换药的王朝而已。他对西学颇有研究，但始终不愿意承认西方那一套可以救中国，而认为中国只有自救，且只有大清皇帝才可以自救。

重修《肇庆府志》的屠英

　　屠英，字木斋，徽州府歙县（今安徽歙县）人。清嘉庆六年（1801），考取第三甲第二十二名进士。嘉庆二十年（1815），由国子监助教出任梧州府同知。道光十一年（1831），任肇庆府知府。

　　道光三年（1823）十一月，肇庆府高要县知县韩际飞设局重修《高要县志》，聘请黄登瀛、彭泰来等知名人士参与编纂。道光五年（1825）十二月，该志脱稿告竣（高要县知县叶承基任内），历时三载。

　　重修的《高要县志》，共有二十三卷。内容有：首为一卷；卷一是"沿革表"；卷二是"职官表"；卷三至四是"舆地略"：疆域、都图、户口、风俗、物产、附图；卷五是"山川略"，附图；卷六是"水利略"；卷七是"建置略"：城池、廨署、学校、坛庙、津梁、附图；卷八至九是"经政略"：田赋、禄饷、学制、祀典、兵防、恤政、盐课、积贮；卷十是"前事略"；卷十一至十四是"金石略"；卷十五是"古迹略"；卷十六至十七是"选举录"；卷十八是"宦迹录"；卷十九是"谪宦录"；卷二十至二十一是"列传"：人物、列女、耆寿、瑶疍、梵释；卷二十二是"杂录"。

　　这是距《高要县志》纂修四十年后第一次续修《高要县志》。肇庆府知府屠英作序，云：

　　道光壬午秋，大府阮公以《广东通志》告成，檄修《肇庆府志》，属甘泉江君郑堂总纂。适余于役护贡，未及商订。夏观察来摄府篆，因前书颇有遗漏，重加纂辑并檄所属各修新志，以备采。甲申春，余返视郡，各县志书陆续修竣。乙酉秋，高要绅士以新志将次锓版而问序于余，以高要本以高峡山得名。"要"字，读"要荒"之"要"，不若为"要道"之"要"。考其建邑，自秦、汉以来，或属南海，或属苍梧。至梁天监六年，置高要郡，建广州都督府治于高要。隋平陈，改置端州，至宋升为肇庆府，属县时有废置，而高要县名未之或易。

　　国朝定鼎，仍建两广总督府治于高要。岂不以连五岭控三江，形胜屹然居高扼要也哉！唐开元中，定天下州府为四辅、六雄、十望、十紧，"紧"即"要"也。今府、州、县缺，有冲繁疲难之目，"冲"亦"要"也。高要绾两粤咽喉，尤为要隘。今制府虽移驻广州，而往来巡阅标下六管暨肇协之兵，不下八千人，岁支饷十余万。诚以地当要害，期于有备而无患也。唯邑志失修已一百五十余年，其间户口之增减，风土之移易，官司人物之递更，日积月累，倘不亟为巧订，恐愈久而愈没有真则。凡上焉，籍以微其政；教下焉，籍以验乎民俗。俾官斯土者，得以体国而经野；生斯土者，得以酌古而准今。志书其要，务乎是役也。经始于韩宰，继董于尹，而踊跃输捐，分任纂校用克成书者，惟邑之绅者是赖。余既嘉二君，政通人和，修举废坠；又喜邑人士，急公好义，大有造于乡邦，均能知要也。语云：鉴于水者，知妍与媸；鉴于古者，知得与失。后之揽者，按籍而稽，若为治典之要，若为教典之要，若为礼典及政典之要，皆了如指掌。较若列眉，岂独形居高扼要而已哉！至其体例，精详记载，公当足以信今而传后。观者自能得之，奚容赞一辞也夫。

道光乙酉嘉平月，知肇庆府事木斋屠英序。

序中所说"阮公"，是指两广总督阮元；所说"江郑堂"，即经学家、目录学家、藏书家江藩；所说"夏观察"，是指署理肇罗道兼摄肇庆府事务夏修恕。

道光年间，重修《肇庆府志》，由肇庆府知府屠英修，知名人士江藩、胡森、黄培芳纂。

重修《肇庆府志》始于道光三年（1823），由肇庆府知府夏修恕主持，未完成而去任。

道光九年（1829），肇庆府知府珠尔杭阿与肇庆府训导黄培芳设修志局于文昌宫（遗址在今城中路），继续编修《肇庆府志》，脱稿于次年夏。

道光十一年（1831），屠英接任肇庆府知府，又对《肇庆府志》作了补充，自道光十年（1830）冬起至十三年（1833）春止。该志从编辑到刊刻成书，历时十年之久。

道光年间重修的《肇庆府志》，共有二十一卷。内容有：卷首为"序文"、"职名"、"凡例"、"目录"、"地图"。卷一至四为"舆地"：疆域、沿革；山川、附瑶山；形胜、晷道、星野、气候、户口、厢乡；风俗、附瑶僮蜑；物产；关隘、附江防、海防、水利。卷五至七为"建置"：城池、廨署；学校、附书院义学；坛庙、梁津。卷八为"古迹"：废城、署宅、园亭台阁、坊表、寺观、冢墓。卷九至十为"经政"：禄饷、恤助经费附；祀典、赋税、盐政、积储、蠲恤、武备、邮递。卷十一至十三为"职官"。卷十四至十五为"选举"。卷十六至十七为"政绩"。卷十八至二十为"人物"。卷二十一为"艺文"（书目）、"金石"。卷二十二为"事纪"、"杂记"。

治学严谨的陶邵学

陶邵学（1864—1908），广州府番禺县人。字子政，一字为希源、子源，学者称为颐巢先生，居处曰"颐巢"。清光绪十五年（1889），考中举人。光绪二十年（1894），考取第三甲第一百一十七名进士。授内阁中书，旋构疾返粤。

北宋康定元年（104），包拯知端州军州事。为了振兴文化和教育事业，他倡议且带头捐俸在城北宝月台创办星岩书院，聘请已退仕在金津坊（今黄岗街道办事处渡头村）居住的梁燮任掌教。

梁燮（977—？），字汝和，号梅峰，河南府洛阳县（今河南洛阳市）人。北宋咸平元年（998）春，进士及第。初试南雄州（今广东南雄市）州判，后迁河南监察御史。祥符年间，敕御端州郡（今广东肇庆市）刺史、中议大夫。"端士民感德，至秩满日，累奏，敕留历年任十一年。"（梁洪森《金津坊志·家状》）

星岩书院是肇庆历史上的第一所官办书院，也是岭南地区最早创办的一所书院。它对当时文化和教育相对落后的西江地区，产生了重大的影响。

光绪二十二年（1896），陶邵学任星岩书院主讲。他连任八年，培养士风，磨砺"实学"，使星岩书院与端溪书院齐名，并称于时。期间，他为星岩书院众绿厅撰题一副对联。联曰：

千顷澄波，坐思叔度；

此中嘉植，宜说濂溪。

对联上联所说"叔度"，是指东汉时汝南郡慎阳县（今河南正阳县）黄宪，号征君。出身贫贱，少年好学。以德行举孝廉，成为饱学之士。满腹经纶，学富五车，名动官府，连朝廷的"三公"（大司徒、大司马、大司空）周藩都钦佩，奉他为圣贤，公开承认他的人品和学品在自己之上。

对联下联所说"濂溪"，是指北宋哲学家、宋代理学的创始人周敦颐，字茂叔，号濂溪，世称濂溪先生。官职不高，但清廉奉公，高风亮节，人品与学识为后世所称道。北宋诗人、书法家黄庭坚赞誉："人品甚高，胸怀洒落，如光风霁月。廉于取名而锐于求志，薄于徼福而厚于得民，菲于奉身而燕及茕嫠，陋

于希世而尚友千古。"（《宋史·道学·周敦颐传》）

同时，陶邵学还为星岩书院院长室撰题一副对联。联曰：

云藏大壑能为泽；

树养深山自得年。

春日郊游，面对着旖旎的风光和绚丽的奇景，陶邵学写下《沥湖》诗，云：

门对明湖烟水清，偶来湖上踏青行。

几回夜雨寒生浪，十里春波绿到城。

杨柳一旗花外舫，栗留双翠树边程。

风光应似莫愁好，略少桃根打桨迎。

其《咏端州风物》诗，以物写景，自然地流露出卧病在床的心境。诗云：

六年卧病此江涯，小邑能安室万家。

俗古溪丁犹采石，地贫园市不藏花。

云连茨米湖边聚，霜冷嘉鱼峡上槎。

三宿已为桑下恋，此生休作故园嗟。

陶邵学的《祝英台近·咏雁来红》词，载入近代江西派词人、画家夏敬观撰《忍古楼词话·雁来红图卷词录》。词云：

露花寒，风絮老，棖触旧情绪。谁洗胭脂，更洒断肠处。一群粉蝶游莺，芳菲阅尽，是谁把少年空误。

念芳意，挤受今日秋风，明朝又秋雨。留得嫣红，休自怨迟暮。知他三月春韶，杜鹃枝上，应更啼痕还苦。

其《满江红·寄范锡谋》词，借咏物以怀人，深切地表达了作者的思念之情。词云：

江上鸿飞，似报我、归期唯必。又刚是旧巢新扫，画梁无迹。岁晏龙蛇方起蛰，月明惊鹊空三匝。叹人生、何许最伤情，悲乡国。

梁园赋，空凄切；玉关梦，无消息。念茫茫对比、百端交集。江海长闲吾老矣，世图邂逅君应惜。漫愁多、损了少年怀，加餐食。

清末，随着西方列强的不断入侵，民族危机和社会危机空前加剧。在变法维新思想的推动下，"废科举、兴学堂"的潮流不可遏止。改革封建的传统教育，逐步使中国的教育实现近代化，已经成为中国近代教育发展的趋势。

光绪二十七年（1901）九月十四日，朝廷决定将全国各地的书院分别改为大、中、小学堂。于是，各地纷纷遵照办理，很快就在全国范围内掀起了一个书院改学堂的热潮。

在这种背景下，分巡广肇罗道蒋式芬、肇庆府知府多龄于光绪三十一年（1905）在端溪书院的旧址创办"肇庆府中学堂"，招生一个班，学制五年。中学堂成为肇庆最早的中学、岭南地区的著名学府，开近代学校之端，启近代教育之蒙。这是肇庆有中学之始，也是肇庆中学的创办之始。

陶邵学德高望重，是名噪一时的积学之士，委聘为肇庆府中学堂监督（校长）。他热心教育，治学严谨，育人有方。当时，中学堂纪律严明，学风良好，管理完善，在省内很有名气。

在治学上，陶邵学循系盖世之儒，专向于儒，学精于礼，尤服膺朱子礼仪。"今之学者，当以新学溯旧学而得其本真，即以旧学正新学而祛其蔽害，惟能通古学而不愚，斯有以持世变而不惑。"（简朝亮《清故进士陶子政墓志铭》）他的这种治学观点，对后人的影响很大。

在《清故进士陶子政墓志铭》中，清末民初岭南地区著名经学家、教育家、文学家简朝亮对陶邵学予以高度的评价：

学者言曰：凡侍于陶先生，矜浮之气，鄙吝之萌，不觉自消，皆敬服焉。当是时历中日之役，海内士大夫以为外国若此，其强中学不足以竞存，于是西学行天下，趋新者从风悉靡，沿旧者相与疵之，又不自知其失。子政怀抱绝学，则言中学本真，大资实用，先王之政合先圣之教，而敷形下之，器有形上之道而成。昔者中国之强，皆得中学实用，以彰实效，今有文足征也。近世中学其卑者，八股举业，既得举视为毕生学成。……今中国忧弱，此非中学之咎，乃中学不明，人材衰乏，势使然也。

陶邵学是清末帖派的代表人物之一，与罗家勤、梁鼎芬、梁于渭并称"番禺帖学大家"。早年，他受到元代著名书画家赵孟頫、明代著名书画家董其昌媚弱书风的影响，书法带有浓郁的台阁气息。他步入中年后，随着人生阅历的日益丰富，改变了以往的审美取向，追求唐代著名书法家李邕、北宋著名书画家米芾颇具个性的书法。在学习赵孟頫、董其昌的基础上，他的书法融入了李邕、米芾的结体和用笔，逐步形成了自己的风格与样式。

陶邵学一生著有《礼运错简》、《续汉志刊误》、《补后汉书·食货·刑法志》、《琴律》、《颐巢类稿》等。

光绪三十四年（1908）六月十四日，陶邵学病逝。十一月二十六日，葬于肇庆府府城。

民　国

英雄无命哭刘郎，
惨澹中原侠骨香。
我未吞胡恢汉业，
君先悬首看吴荒。
啾啾赤子天何意，
猎猎黄旗日有光。
眼底人才思国士，
万方多难立苍茫。

——民国·黄兴《挽道一弟作》

孙中山三次莅临肇庆

为了建立和巩固广东国民革命根据地，筹划讨伐北洋军阀的前方战事与后方军备，孙中山曾经三次莅临广东肇庆。

那么，孙中山为何要三次莅临肇庆呢？就是因为肇庆地处两广地区水路、陆路的咽喉要冲，上接广西梧州，下达广东广州，具有重要的战略地位。

民国十年（1921）8月，第二次粤桂战争尚未结束，孙中山却发出挥戈北伐、统一中国的号令——"铲除所有督军和日本势力"（1921年8月5日《孙中山致荷马李夫人函》），以求"趁戡乱之功，完护法之愿"，"谋国家之统一"（1921年9月14日《民国日报》）。广东省财政厅厅长马育航向他坦言：广东的财政状况无法应付军饷与费用，劝其暂缓北伐，但未被采纳。

10月13日，在国会非常会议上，孙中山宣布出巡广西，拟在桂林设立大本营，取道湖南，出师北伐。在此形势下，他有了第一次莅临肇庆之行。

15日下午5时，孙中山偕夫人宋庆龄，乘坐汽车到达广州天字码头，登上"宝璧号"舰，启程出珠江，沿西江赴广西梧州。随行人员有行营部李杞堂、秘书长胡汉民，总统随员叶剑英、徐维扬、邓家彦、陈少白、焦易堂等，以及总统府参军十二人，共二十余人。

第二天上午8时，孙中山先生抵达广东三水县（今佛山市三水区）河口；下午5时，他抵达肇庆，逗留了一个晚上。

17日早晨，孙中山离开肇庆，于下午4时抵达梧州西门码头（今中山码头）。他电召粤军总司令陈炯明前来梧州商谈北伐大事，陈炯明出于个人的私利，反对北伐，以"保境息民"为托词，拒召见。

陈炯明（1878—1933），字竞存，惠州府海丰县（今广东海丰县）人。清光绪二十四年（1898），考中秀才。光绪三十二年（1906），就读于广东法政学堂。宣统元年（1909），推选为广东咨议局议员。宣统三年（1911），广东"和平光复"后，任广东副都督，后为代理都督。民国元年（1912）4月，任广东总绥靖经略，后任广东护军使。次年6月，继任广东都督。7月18日，宣布广东独立，讨伐袁世凯。民国四年（1915）12月，回到东江一带，组织民军起义，成立"广东共和军总司令部"，自任总司令。12月2日，任命为"援闽"粤军总司令。经过十个月的奋战，打败福建督军李厚基所部，占领闽西南二十多个县。民国九年（1920）8月，奉孙中山之命回师广东。10月28日，攻克广州，被任命为广东省省长兼粤军总司令。

为了挽救陈炯明，孙中山专程前往广西南宁会晤他。

次日，孙中山在梧州换乘"广明号"巡轮西上。

24日，"广明号"巡轮驶抵南宁下游十余里的蒲庙，陈炯明与广西省省长马君武先到此处，候迎孙中山。

第二天凌晨，"广明号"巡轮驶抵南宁商埠码头停泊，孙中山和随行人员一同上岸，步入粤军总司令部行营。此时，军乐齐奏，群众举旗欢迎，他举帽还礼，容色欣悦。

孙中山抵达南宁后，立即与陈炯明会谈，反复向他说明出师北伐、统一中国的重要意义，且表明自己的坚决态度："决心讨贼，义无反顾。北伐不能，亦不戈而南。"同时，孙中山还要求陈炯明调动粤军四十个营参加北伐，由广东财政供应军需。但陈炯明心怀叵测，以广西、广东地区累年遭受兵灾，坚持主张先行整顿两广地区的内治为由，始终不明确表态，只是含糊其辞，"惟力是视"。最终，他还是没有出兵。

28日，孙中山离开南宁，绕道梧州北上，准备在桂林设立大本营，着手整军北伐。由于陈炯明的阻挠和其他种种原因，他在桂林策划北伐的计划终成泡影。

民国十一年（1922）3月26日，孙中山不得不在桂林大本营召开紧急会议，决定回师广东，改道由广东韶关出师北伐。

4月20日，孙中山偕秘书长胡汉民、粤军第二军军长许崇智、粤军第三师师长魏邦平等，乘坐"江汉号"舰离开梧州，于下午抵达肇庆。先期抵达的粤军第二军参谋长蒋介石和广东省政务厅厅长古应芬，前往码头迎接。

这是孙中山第二次莅临肇庆，逗留三天。

当日，孙中山电召陈炯明前来肇庆会晤，陈炯明抗命。

次日，孙中山下令免去陈炯明的内务部总长、广东省省长和粤军总司令三职，保留陆军部总长之职。陈炯明不悦，退居广东惠州。

22日，孙中山偕同胡汉民、蒋介石等离开肇庆。

6月16日，粤军陆军部总长陈炯明公开发动叛乱，炮轰广州观音山（今越秀山）总统府（今中山纪念堂前后），想置孙中山于死地。

民国十二年（1923）1月4日，孙中山通电讨伐陈炯明。西路讨贼军滇军总司令杨希闵、西路讨贼军桂军第一路司令沈鸿英、西路讨贼军桂军第二路司令刘震寰、广西梧州卫戍司令莫雄等，兵分三路，由梧州东下讨伐陈炯明。

4月15日，沈鸿英在广东花县（今广州市花都区）新街正式宣布接受北洋政府任命，就任"广东军务督理"之职，背叛孙中山。粤军第一师师长李济深奉孙中山之命，率领所部出击讨伐沈鸿英，从三水县直扑肇庆。

7月中旬，孙中山成功平定陈炯明和沈鸿英的叛乱后，乘公务之余，偕夫人宋庆龄和广州卫戍司令魏邦平夫妇，以及伍学晃、杨仙逸、李宝光等爱国华侨，专程从广州乘坐"大南洋"电船到肇庆的鼎湖山游玩。

这是孙中山先生第三次莅临肇庆，逗留三天。

孙中山等一行十余人到达高要县罗隐涌后，离船登岸，步行十多分钟，到达庆云寺下院——憩庵，休息半个小时。庆云寺僧人备山轿前来迎接，他坚持不坐轿，步行前往。行至鼎湖山的半山亭，休息半个小时后，继续步行前往庆云寺。此时，庆云寺的众僧列队在寺院门外欢迎他。当晚，他和随行人员在庆云寺留宿。

第二天上午，孙中山游罢庆云寺后，与随行人员顺级而下，来到"飞水潭"。他见到一泓潭水碧清，环境清新脱俗，如入仙景，欣然与随行人员到潭中游泳，历时一个多小时。游毕，他应庆云寺方丈的邀请，在斋堂用膳。膳后，他为庆云寺题书"众生平等，一切有情"对联，横批为"天下为公"。

孙中山游罢鼎湖山后，到肇庆各地检查善后的督办工作。

1980年，全国人民代表大会常务委员会副委员长宋庆龄欣然挥笔题书"孙中山游泳处"六个大字，被有关部门镌刻为长57厘米、宽23.5厘米的大理石匾额，镶嵌在鼎湖山飞水潭的石壁上。

如今三十多年过去了，不少游人到鼎湖山游览，都喜欢在这里照相留念，以此表达对孙中山的敬仰和怀念之情。

乐善好施的陈祝龄

陈祝龄（1870—1929），今肇庆市鼎湖区沙浦镇沙二村人。

陈祝龄出生于一个落第秀才之家，父亲陈辑庭因屡试不第，在乡间当了一名教书先生，家境贫寒，勉强度日。经姐夫黄云溪的帮助，他到天津就读。他勤奋苦读，聪颖过人，考入天津商业学堂，以优异的成绩毕业。

英国怡和洋行天津分行开设于清咸丰十一年（1861），地址设在天津英租界的维多利亚道（今解放北路157号）。它主要经营远洋轮船航运和沿海轮船航运，以及保险、进出口业务。同时，它还推销鸦片、军火，倾销洋货，掠夺工业原料和土特产品。

经姐夫黄云溪的介绍，陈祝龄受聘于怡和洋行天津分行。他从侍应生做起，累至练习生、职员、账房负责人。他精通英语，掌握国际商贸知识，擅长买卖，得以大施才干。他办事干练，为人敦厚朴实，深得总管的赏识，平步青云，屡获升迁。他在二十九岁时，已提拔为出口部买办。

在此基础上，陈祝龄与买办梁炎卿密切合作，自营国内外贸易与盐业，扩充实力，积累资本，声望日起。

陈祝龄生平热心公益，对社会慈善、赈灾救难、扶危助困、兴教办学等公益事业，常常是桑梓情重，乐善好施，热情慷慨，一掷千金，深为邑人所称道。

清光绪二十九年（1903），为了联络乡情和发展巩固广帮势力，天津海关道、广州府香山县（今广东珠海市）籍人唐绍仪倡议集资筹建广东会馆。唐绍仪捐银四千两，怡和洋行天津分行买办梁炎卿捐银六千两，陈祝龄捐银三千两，连同广帮商号、天津同乡等，共捐银十四万七千余两。

广东会馆坐落在天津老城的

鼓楼南面（今南开区南门里大街31号），于光绪三十年（1904）二月动工，光绪三十三年（1907）正月落成，现已辟为"天津戏剧博物馆"。它体现了岭南的建筑风格，且融合了北方四合院的特点，又凝聚了旅居天津的广东人创业之艰辛。

广东会馆为砖木结构的四合院式建筑，很有岭南的特色。满目都是岭南风格的设计，让人感受到浓浓的乡情，回家的感觉油然而生。院门宏阔，罗汉山墙高耸，厅堂出廊厦，内部装饰华丽。建筑的砖瓦、木料等大部分均是从广东购买。其中，重要的房间和门窗均用精美的砖雕、木雕作装饰。

陈祝龄出任广东会馆董事长，尽心尽力地打理经营事务达十余年。

民国九年（1920）夏，天津已聚集相当多的广东商人，子女的教育问题急需解决。在陈祝龄的提议下，借广东会馆为校址，开办了一所半私塾式的小学。后来，因大多数的广东商人寓居在英、法租界，天津招商局总办、广东音乐会会长麦次尹于次年捐资在法租界购地三亩，陈祝龄捐资盖楼。这所学校包括中学、小学两部分，命名为"旅津广东学校"（今天津第十九中学）。

总之，凡是天津慈善活动、教育事业的捐献，陈祝龄无不慷慨地支持。

清光绪二十九年（1903），星岩书院并入端溪书院；光绪三十四年（1908），乡绅周良玉、谢寰才、黎佩兰等在星岩书院故址创办"高要县阆邑公立中学堂"。

民国元年（1912），改高要县阆邑公立中学堂为"高要县立中学"。

民国三年（1914），高要县立中学因班级增加，向外募资兴建课室、校舍等。晚清举人、校长吴功补专程前往天津募捐，陈祝龄慷慨捐资兴建一座校舍，命名为"祝龄宿舍"。

次年，为了改变家乡教育落后的状况，摆脱愚昧，培育人才，陈祝龄捐银两万五千两，在沙二村兴仁里的基围东侧创建"祝龄学校"，购置图书、仪器、体育器械、教学用品等。学生免费入学，学校供应课本，且设立奖学金。

祝龄学校的教学大楼为西式建筑，用青砖建造，颇具一定的规模。肇庆名重才子梁清平题书"祝龄学校"四个隶书大字，意态潇洒，笔力雄健。吴功补撰题一副对联，寄语和鼓励学子，语重心长，情真意切。联曰：

祝捷才尤捷；

龄高学更高。

为保障祝龄学校的办学经费，陈祝龄拨出在中山县沙田的私产三百六十亩，作为学校的固定财产，每年的田租收入约为银三四千两。

民国二十七年（1938），抗日战争爆发，祝龄学校的办学经费发生困难，其时陈祝龄已去世近十年。虽然如此，每年仍由他的儿子福基津贴银一千两作为办学经费，不足部分则由陈氏族人的聚德堂祖尝解决。期间，学校改称为"沙浦乡第一中心国民学校"，直至高要县解放。

陈祝龄对七弟汝襄特别关心，独力资助他读书成才，就读于北洋大学（今天津大学），直至毕业。后来，他还资助汝襄留学美国，获得耶鲁大学铁路工程系硕士学位。清宣统三年（1911），汝襄回国参加殿试，获"赏给工科进士"。随后，汝襄随"中国铁路之父"詹天佑修筑八达岭铁路。

同时，陈祝龄对表弟朝玉留学美国，亦予以大力的支持。

民国四年（1915），西江暴发特大洪水。

景福围董事长龙兢持撰《高要县景福围民国五年修复全围纪念碑记》云："民国四年，西潦之大，为空前所未有。且东、北两江同时暴涨，下流梗塞，水无所归。加以霪雨兼旬，飓风助虐，水势湍急，溜直如箭。隔江各围，次第崩决，水势仍有加无已。景福围民众一心一德，群策群力，奋勇救护，誓与波神相抵抗。无如人力虽尽，天意难回。五月念七日，始决于塔脚，继决于黄岗，再决于桂林。崩决十七口，衺延四百丈。同日，峡下诸围悉不保，殃及广州，西关亦成泽国，荡析离居，鸿嗷遍野。"

广州大元帅府派员前往天津募捐，陈祝龄认捐五万银两，作为广东水灾赈济专用款。

陈祝龄的义举，深得孙中山先生的嘉许，亲笔题赠"乐善好施"四个大字横幅。他用苏绢装裱，横为五尺左右，宽为两尺多。如今，这面横幅保存在家乡，每年春节必定悬挂于祖祠，让邑人鉴赏。

当年，陈祝龄家乡南边的堤围溃决，灾民饥寒交加。陈祝龄派员先后三次在广州购买大米，共约三十万斤，运回家乡赈济灾民，人均分得三斗（重约二十斤）。全村的房屋均被洪水冲毁，他电汇两万银两，资助受灾户修复被毁的房屋，重建家园。

民国六年（1917），陈祝龄捐资重建魁星楼（今汉谋图书馆）。

民国十九年（1920），为了方便乡民在田间憩息，消除暑热，躲避风雨，陈祝龄捐资兴建百龄亭、三祝亭，且设置专人煮茶，常年供应往来行人的饭食。

陈祝龄对家乡特别眷恋，对家乡的父老关怀备至，出资一万银两购置铺位、田塱作为实业，以租金收益充作济贫抚恤金。凡族内的鳏、寡、孤和丧失劳动力者，按月赈济菜金、零用钱若干和大米三斗；死丧而无钱葬者，恤以丧葬金。

再说，陈祝龄参股兴建天津耀华里，出资建造大量房产，成为当时天津规模最大、式样最新的出租房屋，主要居住中上层人士。后来，他又组建"义德洋行"，聘请外国人当经理，当时在国内十分罕见。

在天津商界，陈祝龄颇有名声。在天津居住的广东商人中，他是具有号召力的精英式人物。

辛亥革命前后，陈祝龄积极支持且援助中国同盟会和中华革命党。民国十八年（1929），他在天津遭到军阀黑帮的绑票，不幸遇害，终年五十九岁。

20世纪30年代初，陈祝龄的遗孀、子媳将陈祝龄的骸骨运回高要县，安葬于永安墟的东方，土名曰"鲤鱼透水"。

清正自恃的邱云鹤

　　邱云鹤（1862—？），号邴君，今肇庆市端州区人。清光绪十一年（1885），选为拔贡。光绪二十年（1894），考中举人。民国元年（1912），任广肇罗中等实业学校（今肇庆市第二中学）校长。所居曰"端雅斋"，或称"问可楼"。平生清正自恃，工诗赋，擅书法，著有《端雅斋诗稿》。

　　邱云鹤写了一组《端城竹枝词》（七首），记载了昔日端州的风土人情、地方物产和一派繁荣的景象。

　　其一云：

　　茶亭街下镇江关，佑艇连延花艇环。

　　灯里琵琶杯上酒，有谁解唱念家山。

　　其二云：

　　银鹅金凤绣罗襟，豆蔻梢头二月深。

　　宝月塘边珠翠影，鸦鬟扶着礼观音。

　　其三云：

　　渡头村接卖花墟，趁晓春风压担余。

　　过得后冈沽菜市，前篮花朵后篮蔬。

　　其四云：

　　采菱舟小漾清波，沥水花多并蒂荷。

　　佛泉媚仙供七夕，满街人卖贝多罗。

　　其五云：

　　踏青路出白衣庵，糯米团轻翠竹篮。

　　坟上纸钱飞十里，游人山北又山南。

　　其六云：

　　石头岗上阅江楼，楼远青山绿水洲。

　　十二栏杆人倚遍，笛声吹破木兰舟。

　　其七云：

　　家家老屋掩柴扉，处处渔翁坐石矶。

　　笋洞春来蒲竹长，麦塘秋水鲤鱼肥。

　　其所作这组《端州竹枝词》，自然清丽，写情摹景，曲尽其态，富有韵味。特别是第一首词中"灯里琵琶杯上酒，有谁解唱念家山"之句，与唐代诗人杜牧《泊秦淮》诗中"商女不知亡国恨，隔江犹唱后庭花"之句，有着异曲同工之妙。邱云鹤生于清末，正是国家多事之秋，词中描写了当时花艇上的行乐，感慨

是很深沉的。

当年，位于西江河畔北岸的阅江楼是文人骚客吟咏酬唱之处。"江楼晚眺"是"端州八景"之一，千载风光，远近闻名，流传至今。

登上阅江楼，凭窗眺望，西江河水浮光点点，滔滔东去，远接天际；对岸青山连绵，文明塔、巽峰塔与阅江楼隔河相对，诗情画意，令人陶醉。

邱云鹤休闲散步于阅江楼下，心里有一种说不出来的惬意与闲适。为此，他挥毫写下《阅江楼下晚步记所见》诗。诗云：

潮来三峡剪波光，山拥孤城日色黄。

鸟影投巢无静树，人声趁渡有秋航。

谁云白马原非马，莫问藏羊与谷羊。

得失是非分欲辨，林飚一阵沸蝈蟛。

屈大均撰《广东新语·卷三·山语·七星岩》云，七星岩"东峰名玉屏者，以磴道胜。初折而上，一石半嵌山腰，大丈余，甚平，为扶啸台。又折而上，峻石夹立如堵墙，中通小迳百余步，一石横卧崖上，若门楣然，长丈。大可五尺，质苍黑，作斧劈皴。与诸岩石不类，疑飞来客石也。两端仅及崖际，离崖寸许，若不著崖然者，欹斜若醉，左右二石扶掖之，是名醉石"。

邱云鹤的《星岩醉石》诗，讲述了七星岩的传说之一——帝觞百神，韵味无穷。诗云：

上帝当年觞百灵，留此长醉不曾醒。

乍疑谷水遗黄石，莫是旗亭陨酒星。

游客拜风皆米芾，层岩高卧一刘伶。

大呼天下斗如此，顽性都宜两眼青。

诗中所说"米芾"，乃北宋书法家、画家，嗜好奇石，"元章爱砚复爱石，探瑰抉奇久为癖。石兄足拜自写图，乃知颠名传不虚"（倪镇《题米南宫拜石图》）。所说"刘伶"，乃西晋"竹林七贤"之一，平生嗜酒，曾作《酒德颂》，宣扬纵酒放达的情趣。

此外，邱云鹤还撰写了不少对联。

光绪三十年（1904），著名医家黎佩兰与乡绅周良玉、谢寰才等人，在阅江楼的旁侧创办"高要县阖邑小学堂"。学堂开学之日，邱云鹤赠送一副对联，以示庆贺。联曰：

小子为有造初基，少而习焉，践博学行己两言，异日毋惭顾炎武；
国家之需才孔亟，登斯楼也，推后乐先忧一念，同堂谁是范希文。

对联所说"顾炎武"，乃明末清初思想家、学者；所说"范希文"，即范仲淹，乃北宋政治家、文学家。

关侯庙旧址在羚羊峡口西江北岸的峡山，已毁。当年，邱云鹤为庙宇挥毫题书一副对联。联曰：

愿端人明春秋大义；
此高峡挹山水清华。

肇雅戏院旧址位于今端州区的旧街之西、昔日肇明电力厂的西北侧，已毁。当年，邱云鹤为戏院挥毫题书一副对联。联曰：

武城何处不弦歌，望大众薰陶风雅；
优孟犹能移世俗，愿吾侪爱惜衣冠。

昔日，圣堂岗会真堂位于高要县江屯，邱云鹤也为该堂挥毫题书一副对联。联曰：

会赌会吹无好处；
真善真恶有神知。

著名医家黎佩兰

　　黎佩兰，字詠陔，肇庆府高要县西厢乡上瑶里登云社（今睦岗镇上瑶村）人。年幼时，从著名的学者朱一新学于肇庆府端溪书院、广州府广雅书院，潜心钻研天文与地理。清光绪十七年（1891），考中举人。后来，绝意仕进，居家授徒。曾追随朱一新编纂《德庆州志》，撰写"舆地"卷，考辨精审，出处周详。见识超群，兼擅医术，著有《时症良方释疑》，言简意赅，医案翔实。曾尝制作天体仪、地球仪、测量度板、倒立日晷等仪器，精确到锱铢必较。著有《志陶轩笔记》一卷、《告蒙编》十卷和《天体仪说》；绘有《肇城街道图》，已刊印。

　　清代，岭南是瘟疫最活跃的地区，以天花、霍乱、鼠疫为主。对于岭南地区而言，天花、霍乱、鼠疫都是外来的瘟疫。尤其是19世纪传入的霍乱与鼠疫，危害最烈，流行最甚，发生最频繁，涉及范围最广。

　　光绪二十年（1894），广州、香港等地暴发鼠疫，俗称"发人瘟"。鼠疫连年向周边的城镇扩散，患疫者死之甚多。

　　肇庆府高要县劝学所所长黄兴鹗为黎佩兰撰写的《时症良方释疑》作《序》，云："肇城数年来，患时症遭劫颇惨。轻者幸药而愈，稍重者十每难痊一、二，人心皇皇，群医束手。当时，虽有高州派来《鼠疫汇编》一书，唯苦于书少地广，不能周知。即知之，未遽深信；信之，而先后缓急又未能如法善用，是以获效者寥寥。"

　　鼠疫的暴发，使黎佩兰的家人付出了极大的代价，其次女、大妹皆因误药病深而致死。

　　《时症良方释疑·序》云：为了及时救治肇庆城区的鼠疫患者，黎佩兰将医家罗汝兰撰写的《鼠疫汇编》一书"悉心研究，笃信无疑"。他赞同罗汝兰提出鼠疫是"由热毒所感"的看法，认为"此症系由热毒炼血成瘀所致。虽有轻重、迟速之分，必须用药追化血管之瘀，乃为对症"。

　　为此，黎佩兰首先在自己患有鼠疫的家人身上试用罗汝兰所用的治疗方法，几经摸索，疗效渐著，治愈多人。继而，他又将此法推广治疗其他的亲友与患疫者，治愈甚多，疗效满意。

　　《时症良方释疑》云，因罗汝兰撰写的《鼠疫汇编》一书"词语繁重，临事匆遽，无暇详阅"，

黎佩兰遂于光绪二十五年（1899）将该书摘要刊述，"以便省览"。

光绪二十七年（1901），黎佩兰与同道的数人谋议，结合自己对鼠疫患者治疗的心得和验案数十则，撰写《时症良方释疑》，刊行且广为宣传。

值得一说的是，在《时症良方释疑》一书中，黎佩兰详细地介绍了自己根据鼠疫患者的病状，对药方"解毒活血汤"进行加减，以及临床实践治疗的心得。

《时症良方释疑》一书的内容包括鼠疫方释疑、辨证、治法、方药、加减法、论买药、服药法、居处衣服饮食、思患预防、医案等部分。

黎佩兰认为，鼠疫患者"病人宜露风，此症与感冒风寒相反，不必避风，正可藉风以散其热"，"宜近水，宜近林木，屋宜透凉，有窗宜开通，地宜常洒扫，宜呼吸草树花香"（《时症良方释疑》）。

同时，黎佩兰还提出：宜多饮茶水，以涤血热。非独有病为然，饥宜食粉葛、黎洞薯、赤小豆、生马蹄、生地黄等，以少为贵，不饥则不必食。

民国年间，岭南地区著名中医吴粤昌在《岭南医徵略》一书中，对黎佩兰治疗鼠疫患者的方法，给予充分的肯定："由于其经治之鼠疫不仅多而且真，疗效亦可信。特别是在辨证方面，非亲身经验者不能道。"

光绪十二年（1886），崧台书院停办。黎佩兰等人将书院改建为"仓沮庙"，以纪念仓颉、沮诵创造汉字之功。光绪二十六年（1900），他撰书且立下《创建仓沮庙题名碑记》。

原文如下：

创建仓沮庙题名碑记

高要向无仓沮庙，城东里许有杰阁冠石头岗，曰阅江楼。其西麓，明洪武时曾置崧台驿。我朝顺治初，改二公祠，祀两广总督李率泰、王国光。后增祀李栖凤，名三公祠。雍正间，改崧台书院，增祀总督周有德、金光祖、鄂弥达，巡抚杨宗仁、杨文乾。院左为文昌祠，岁久废坏，橼瓦剥落。惟万历初平蛮一碑，岿然独存。光绪乙酉，邑人集议，崇祀仓、沮二圣。契龟爰谋，攘剔故基，式换新宫，骈坌输财，蟊此闳宇，书契代治。文字有灵，庙貌巍峨。孔鸟且奕，栖筑三楹。并祀文、武二帝、司藏神，洎李公八人，存其旧

也。经始于光绪丙戌，越五载落成，糜万金有奇，仙山楼城，一一皆始瓴瞥。乌可无记，以谂后来？

光绪二十有六年，黎佩兰谨撰书。

光绪二十六年（1900），八国联军攻占北京后，许多有志之士提出改革科举，倡导西学，以求强兵富国，得到社会各界的广泛支持。在内外交困的形势下，清王朝政府不得不顺应时势，废科举，兴学堂，开海禁，办洋务。

光绪三十年（1904），黎佩兰与乡绅周良玉、谢寰才等，在肇庆城区的阅江楼创办"高要县阖邑小学堂"，对推动新学和促进教育事业的发展，起到了积极的作用。

昔日，肇庆城区西郊的睦岗乡桂林堤（今睦岗镇棠下村）有一座疍民建造的庙宇，名曰聚龙庙，亦称疍家庙。人们在庙宇里面祈福，有求必应，灵验无比，以致每天到庙宇拜祭的善男信女络绎不绝，香火极其旺盛，"噼里啪啦"的鞭炮声不绝于耳。

当时，黎佩兰为聚龙庙撰题一副楹联。联曰：

有功德于民，六位时乘，振古奇勋追董父；

为众人之母，七乡泽沛，万年胙蛋渡程溪。

七星岩风景名胜区的仙掌岩，又名石掌岩，海拔为64.6米。因岩巅的柱状石芽形似五只手指，有着"天将欲倾我独撑"的气势，故名。

黎佩兰的《登仙掌岩》一诗，描写了仙掌岩的独特景致。诗云：

仙掌化为石，雷劈崖半死。

螺旋出其颠，天风梳石齿。

倒挂青根榕，突兀照湖水。

以慈善为乐的苏耀宸

苏耀宸（1873—1953），原名锦星，今肇庆市端州区东郊的黄岗镇沙湖村人。在家排行第二，人们尊称他为"苏老二"。少时，家贫如洗。稍长，佣工于"厚岗鱼苗店"。家境稍为富裕后，父子兄弟群力经营小本生意，开了间鱼苗店。父亲辞世后，自营"茂兴鱼苗店"。

勤奋拼搏　成就事业

清宣统二年（1910），苏耀宸与朋友合资创办"两广航业公司"，经营都城（今广东郁南县）至西南（今佛山市三水区）的轮货驳运业务。

民国初期，苏耀宸与原国民党著名将领余汉谋的胞兄骏谋合作，成立肇发船业公司，开设肇庆至广州航线，每天分别由肇庆、广州开航一班，船只分别为"肇昌号"、"穗昌号"。

民国十五年（1926）6月，苏耀宸在广州成立永成航业公司。这是一家最早经营小火轮拖带花尾渡的企业，以自置小火轮"星南号"拖带新购的"西安号"花尾渡，首航广州至广西梧州。此后，每隔四天分别由广州、梧州各开航一班。

所谓"花尾渡"，就是在渡船的头部彩绘一只"镇魔压邪"的貔貅，尾部绘制色彩鲜艳的海棠、牡丹、龙凤、麒麟等奇花异兽图案，栩栩如生，逗人喜爱。渡船本身没有动力，由小火轮拖带，无噪音，无震荡，既安全，又舒适。这是广东特有的一种内河定期航班渡船，被人们称为"花尾渡"，或称为"凤尾渡"。

民国二十七年（1938），苏耀宸已拥有七艘轮船和七艘渡船，资产达数十万元，员工四百多人。此外，他还在英国领事馆备案经营香港至汕头、汕尾航线，成为当时赫赫有名的实业家，被人们称为"西江船业大王"。

民国三十三年（1944），肇庆沦陷，苏耀宸率领船队退回西江，为抗日战争出力。

解放战争时期，苏耀宸派出三艘轮船和三艘渡船，到江门、崖门、肇庆等地支前，荣获人民政府颁发的《功劳证书》。

大仁大义　舍己救人

民国四年（1915）5月27日，西江河水暴涨，水位高达13.27米，肇庆城区"堤决于水。桂林、大曲、油柑塘等处决七口，三衙街决一口，塔根决三口，街尾决一口，下黄岗新基决一口，水基决四口，通共决十七口。袤延四百丈，荡析千万家，郡城一隅，尽成泽国。屋宇颓圮，人畜漂流，瞻乌哀鸿，触目皆是，童号妇泣，惨不忍闻"（林世恩《高要县景福围志》）。

此时，被洪水围困的数百名灾民拥挤在崇禧塔，生命危在旦夕。正当灾民呼天叫地、焦急万分时，苏耀宸亲率"河西号"轮船，冒着生命危险，从景福围的决口驶入堤围内，拯救被洪水围困在崇禧塔、屋顶和树上的灾民，将他们转移到安全的地方。

苏耀宸忙于抢救受困的灾民，无暇顾及自己家眷的安危。当时，他因为抢救受困的灾民而耽误了几个小时，连自己在崇禧塔脚内巷的住家也被洪水冲毁，一家七口（妻子已经怀孕）全部溺死，造成七尸八命的惨剧。事后，连一具尸骨也无法找到。

苏耀宸意志坚强，忍受着撕肝裂胆的痛苦，坚持抢救受困的灾民，忙于运粮救灾，施粮赈济灾民。

后来，苏耀宸再娶妻生子，门户复兴，家族兴旺。他所经营的航运业亦日趋发展，人们认为这是"善有善报"的福音。

苏耀宸大仁大义、舍己救人的崇高品质，至今仍被广大群众所传颂。

创办电力　光明端州

民国二年（1913），肇庆城区始有规模较小的日华电灯公司。当时，供电的线路只有一条，从公司（今江滨西路）起，东至五经里，西至沙街，架设的导线是裸体铜线，电压等级为2 200伏。

民国十三年（1924），鉴于地方缺乏电力照明，苏耀宸与早已停办的日华电灯公司协商，出资接过该公司的小型发电设备，加以充实，恢复发电，更名为端光电灯公司。

民国十八年（1929），端光电灯公司改制为端光电灯工商合作社。

民国二十年（1931），苏耀宸与顺德县大良电力厂协议批办，端光电灯工商合作社改名为端光荣记电力公司，由顺德县大良电力厂杨玉书任经理。

民国二十年（1936），端光荣记电力公司批办期满，易名为端光明记电力公司。

民国三十六年（1947），端光明记电力公司改名为肇明电力厂。当时，用电并不普遍，而且设备简陋，发电机容量较小，由一条主干线送电，供应天宁南路、天宁北路、正东路、学前街、新街等地使用，电压等级为2 200伏。

1949年10月18日，肇庆解放，苏耀宸主动把肇明电力厂的全部资产移交给人民政府，成立实业公司。

仗义疏财　慈善为乐

清光绪十二年（1886），广善堂创办于商贾汇聚、客似云来的繁华地段——正东路，是当时唯一由社会团体集资兴办的慈善事业。

光绪二十四年（1898）设立仁爱善堂，光绪三十二年（1906）设立方便医院，均先后并入广善堂。

民国十三年（1924），两广地区军阀混战，街道被毁，面目全非。广善堂亦难免遭此一劫，堂舍全部被焚。

战事平息后，广善堂重建一座砖木结构的两层楼宇，深达两进，中为天井，后厅宽敞明亮，乃办公、集会的地方。

民国三十六年（1947），为了支持慈善事业和办学兴教，苏耀宸将端光明记电力公司70%的资产捐赠给方便医院（今端州区妇幼保健院），且派出赵仕文协助管理；余下30%的资产捐赠给"高要县东文乡第七保国民小学"（即位于今端州区黄岗镇街道办事处沙湖村的河苑小学）。公司改名为肇明电力厂，由广善堂董事长梁松芳任经理，国民小学校长苏彤伯任副经理。

苏耀宸还在崇禧塔下的塔脚街开设苏仁信堂，聘请医生免费给人看病。对于身无分文者，拿到处方后，可到指定的药房免费购药，药费由苏耀宸支付。

苏耀宸还牵头组织善长仁翁成立民间慈善机构——广济堂，给饥寒交困者施食、施衣、施被，给无钱入殓者施棺，安葬飘浮在西江河中无人认领的尸体等。

民国七年（1918），苏耀宸与乐善好施的乡绅苏秀川、林焕饶、梁逢宪、梁焕廷等，捐资建造位于景福围北侧、元魁塔以东的广爱茶亭，广施博惠，积德行善，赢得了来往行人的赞誉。

民国十八年（1929），道人何近愚、陈鸾楷、麦星阶等，在香港发起创建全真教龙门派道观。苏耀宸与梁绮湄、周朗山、苏寿祺、阮禅卿等鼎力支持，捐资建造位于新界区粉岭百福村的道教丛林——蓬瀛仙馆。

1953年，苏耀宸病逝，享年八十岁。

重视培养子侄的吴远基

吴远基是在联合国长期担任要职的吴大业和近代著名教育家吴大任之父，也是被誉为"近代中国物理学之父"吴大猷的伯父。

吴远基（1877—1958），字幼舫。清光绪二十三年（1897），选为府学拔贡。官内阁中书，署直隶省曲周县（今河北曲周县）知县。

民国七年（1918）夏，吴远基、陈德彬、孔燊浦、马呈图等人泛舟到今肇庆市端州区东郊的羚羊峡口，登龙华寺，访葬花冢，然所在已失。当时，寺院的僧人恰好外出，他们上前询问，亦不可得知。无意中，他们发现禅榻的下面有一块碑刻，拿出来一看，原来是晚清文学家、书法家、篆刻家、诗人彭泰来于道光十四年（1834）撰写的《花冢铭》。意外的收获使他们欣喜若狂，当即就将碑刻搬到舟中。碑刻运回城区后，镶嵌在阅江楼西侧的仓沮庙东壁。

原文如下：

花冢铭

于乎！古而无死，蛾眉同木石之顽。天若有情，鲛泪溢沧溟之涨。风雨如晦，茵溷随化。伤心者才人之竟，游戏者幼妇之事。冥冥泰虚，问孰答哉！牂牁之阴，高峡之阳，柯山之西麓，陈子愚谷，何子星查，罗子玉符，葬花之冢在焉。桂源诸峰，实曰灵窟；坟依莲寓，参此色界。玉棺三寸，撰神仙之挽歌；漆镫九泉，照胡蝶之幽梦。万艳抱于同穴，孤云怆而忆泥。斯亦缘从感幻，哀以乐致者也。倩女未嫁，生己离魂；空香不灰，死异凡骨。明月白露，筑金粉以埋忧；山空水流，藏文章而度劫。宰树红豆，忽然为人。墓田素馨，再世倾国。偏何姗姗在鸾情凤想间乎？冢立屠维赤奋若之岁。后五年，昨梦生为之铭。非春非秋，迟云容出地之日；歌耶哭耶，镌娲皇补天之石。铭曰：香国非佛，蓉城非仙，女夷之阡，男儿可怜。

民国八年（1919），吴远基、罗次唐主理高要县阖邑总局事务。他俩主持重修羚峡旱路，且立下《重修峡路记》碑，以资纪念。

碑文如下：

牂牁逦迤而东，距县城二十里许。高峡烂柯，两山夹峙。江行其中，是为羚羊峡，旧志又名灵羊。巍峰插云，悬崖滴翠，山径盘折，才通行人。牵缆者，旅行者，踯躅其间，如飞鸟度柯叶上。岁久废漫，榛荆蔽之。而奸民采石，纵横交错，崩离阻绝。重寻故径，或迷不可复识，行者苦之。龙门茶亭，为休憩之所，亦即倾圮。今年，余与罗君次唐，忝主阖邑局务。为鸠资召匠，于是全峡纤路、桥梁及茶亭，均修复。工竣附志于此，俾后来者，续有修筑。崎岖之境，尽化坦途，尤所望也。

中华民国八年十二月二十五日，高要吴远基记。

民国十六年（1927），吴远基续修《高要县水坑吴氏家谱》。

清咸丰十年九月十一日（1860年10月24日），朝廷钦差大臣恭亲王奕訢与英国全权代表詹姆斯·布鲁斯在北京签订《中英北京条约》，天津被辟为通商口岸。

天津开埠后，来此地经商的广东籍人士日益增多。

民国十年（1921），为了满足全体旅津广东籍人士的迫切要求，英国怡和洋行天津分行买办、广东会馆董事长陈祝龄，以及天津招商局总办、广东音乐会会长麦次尹等人，慷慨捐款捐地，协力倡办"旅津广东学校"（今天津第十九中学），地址在法租界26号（今和平区滨江道）。

陈祝龄写信给邑人吴远基，希望他前来天津，诚聘为旅津广东学校校长。吴远基接到来信后，欣然同意前往。

为了使子侄们都受到良好的教育，吴远基在前往天津任旅津广东学校校长时，把吴家四个男孩——长子大业、次子大任、侄子大猷、侄子大立，带到天津读书。兄弟四人都非常争气，一起考入规模较大、水平较高的私立学校——南开中学。

随后，吴大业、吴大任、吴大猷兄弟三人（吴大立因母亲病重，返回广东）都以优异的成绩考入天津南开大学。他们勤奋刻苦，成绩突出，品学兼优，受到老师和同学们的一致称赞，被誉为"吴氏三杰"。后来，他们都成为闻名遐迩的学者。

吴远基任旅津广东学校校长期间，恪尽职守，勤奋工作，处处以大名鼎鼎的南开中学为蓝本，且亲自到南开中学，向声名显赫的张伯苓校长求教与取经。

陈祝龄对吴远基给予高度的评价："他是驶直舵的。"这句话的意思是说，他为人耿直，勤奋敬业，脚踏实地。

正当旅津广东学校处于不断发展扩大的时候，却发生了一件非常不幸的事情：民国十八年（1929）10月

31日，陈祝龄因资助革命活动，被军阀黑帮绑票，且勒索赎金十万元。吴远基因与陈祝龄的关系十分密切，受到牵连，亦被军阀黑帮拘留数日。后来，陈祝龄竟被军阀黑帮撕票，不幸遇害。为此，吴远基辞去校长一职，返回老家，居住在五经里。

吴远基回到肇庆城区后，长期从事《民国高要县志》的纂修工作，且续修《高要县水坑吴氏家谱》。抗日战争胜利前后，他任国民党高要县临时参议会副议长、议长。

民国三十六年（1947）十二月，《民国高要县志》成书，共有二十三卷，其中卷三至卷五为"氏族篇"，由吴德元初纂，范锡谋、吴远基改纂；卷十一为"堤防篇"，由吴远基纂述；卷十七为"营建篇"，由范锡谋、吴远基纂述。

民国三十五年（1946），高要县成立七星岩鼎湖山名胜建设委员会，吴远基任副主任委员。期间，他与余佶闲、陈德彬、梁赞燊等人，极力反对在七星岩的麒麟尾采石，保护了七星岩风景名胜区。

新中国成立后，在土改运动期间，吴远基被错划为"地主"分子，于20世纪70年代后期才得以平反。在那个极"左"的年代，他备受歧视，精神压抑，心情沮丧。

1955年，在南开大学任教授的次子吴大任将父亲接到天津。

1958年，吴远基因心脏病在天津去世，享年八十二岁。不久，他的续娶妻子亦病故了。

至今，人们步入鼎湖山风景名胜区，在飞水潭左侧的石壁仍然可以看到"吴远基题字"石刻。石刻高0.5米、宽1.5米，大字为篆书，小字为隶书。

原文如下：

苍崖白练。

民国六年四月，粤海使者、三原王典章，同高要吴远基、吴县潘镐，观瀑并题。

肇庆名重才子梁清平

梁清平（1878—1947），字澄徽，又字夷若，号诏云、啸云。祖籍为广州府南海县，世居于肇庆府，清末附生。清末民国初肇庆名重才子，西泠印社社员。清光绪二十九年（1903），被礼部右侍郎、广东学政朱祖谋录为博士弟子员。历任广西横县、陆川县知县，以及《广西官报》总编、广西军政府秘书、广东高要县政府秘书等，后入选《中国美术家人名辞典》。

民国四年（1925），著名实业家、津门巨富陈祝龄为了改变家乡教育落后的状况，摆脱愚昧，培育人才，捐银两万五千两，在今肇庆市鼎湖区沙浦镇沙二村兴仁里的基围东侧创办"祝龄学校"。

祝龄学校的教学大楼为西式建筑，用青砖建造，颇具一定的规模。梁清平题书"祝龄学校"四个隶书大字，意态潇洒，笔力雄健。

民国二十四年（1935）9月，高要县修志局改组后，《民国高要县志》正式开始分工编纂。

民国二十六年（1937）7月7日，卢沟桥事变爆发。次年10月，广州沦陷，肇庆戒严，修志局的编纂人员纷纷地逃难于乡村，《民国高要县志》的编纂工作不得不停了下来。

民国三十年（1941），高要县县长林世恩将修志局与宾兴馆合并。同年冬，高要县县长伍琚华奉国民党陆军上将、广州绥靖公署主任余汉谋（今肇庆市端州区正西路人）之命，恢复修志局，对编纂人员重新聘请，梁清平是编纂人员之一。

民国三十六年（1947）12月，《民国高要县志》成书，余汉谋撰写序言。

《民国高要县志》共分为二十三卷，其中卷十三"礼俗篇"、卷十四"党务篇"、卷十七"宗教篇"、卷十八"交通篇"、卷十九"救恤篇"，均由梁清平纂述。此时，他因患有眼疾不能执笔，部分卷目由梁荣墀、谢德墉代纂。

在今端州区、高要市等地，梁清平留下不少的墨宝。

民国二十年（1931），广善堂在今端州区城西的正西路北侧建造石桥亭。当时，该亭是往来行人歇脚喝茶、消暑纳凉、躲风避雨、聊天交流的好地方，也是居民休闲活动的场所，各类文化娱乐活动十分丰富。

梁清平为石桥亭题写亭名，且撰题一副楹联。联曰：

浮梁贾客，泗上英雄，引牂水南来，可算得此亭宾主；

龟顶松荫，白沙月色，向石桥西望，写不尽本地风光。

楹联下联所说"龟顶松荫"、"白沙月色"，均是古"端州八景"中的一景，在石桥亭附近。

宜亭位于端州区东郊的东屯（今黄岗墟）公路北侧，于1977年拆毁。梁清平曾为此亭撰题一副楹联，联曰：

美此间宜雨宜晴，嘉荫常留，四座雄谈无主客；

且莫问亭长亭短，劳尘暂息，一年好景话桑麻。

七星岩风景名胜区阆风岩东南麓的揽胜牌坊坊额阴刻"揽胜"两个大字、玉屏岩南麓十友亭匾额"十友亭"三个大字等，皆是出自梁清平之手。

鼎湖山庆云寺是"广东四大名刹"（肇庆市庆云寺、韶关市南华寺、广州市光孝寺、潮州市开元镇国寺）之一，梁清平为客堂撰题一副对联。联曰：

一华一世界；

三藐三菩提。

华，为"花"的本字。"一华一世界"乃佛语，是指世间万物都可以看出万物之相。"三藐三菩提"亦佛语，意译为"正遍知"，为佛祖释迦牟尼所觉悟之智慧，含有"平等、圆满"之意。

"石泉梁公祠"位于今高要市莲塘镇荔枝村的西北，始建于约明永乐至正统年间（1403—1449）。清宣统二年（1910）和民国二十二年（1933），均有修茸。因供奉梁致庸（字以尝，号石泉）为始祖，故名曰"石泉梁公祠"。

石泉梁公祠前面是高1.54米的丹墀，再踏上七级石台阶，便是宽20.5米的前廊。

石泉梁公祠的正堂为硬山顶，三开间，两进深。正堂大门的麻石门楣阴刻"石泉梁公祠"五个大字，右上角阴刻"民国廿二年双十节重修"十个小字，右下角阴刻"宗人梁清平书"六个小字。

观音阁位于今高要市南岸街道办事处的百丈村北侧，始建于明崇祯年间。

清嘉庆二十五年（1820），观音阁圮于洪水。道光二年（1822），百丈村的邓氏族人用祖尝重修寺庙，易名"大慈

林",门额和门联皆由文学家、书法家、邑人彭泰来撰书。

清咸丰五年（1855），大慈林毁于大火。民国二十三年（1934），百丈村的邓氏族人用祖尝重建寺庙，门额和门联皆由梁清平重新撰书。联曰：

大地钟灵久；

慈林护荫长。

清光绪二十六年（1900），百丈村的邓氏族人忆念明代昭武将军邓斌的丰功伟绩，在邓氏宗祠东侧建造"昭武公祠"。

民国三十三年（1944），百丈村的邓氏族人重修邓氏宗祠。宗祠"入伙"时，梁清平赠送一副红木的对联。联曰：

论勋爵以冠云台，国难求援，东汉酂庸原不忝；

封将军而显昭武，堤防创筑，西江暴涨永无虞。

梁清平在肇庆市的知名度很高，是影响甚深的一位学者。他多才多艺，学识广博，国学功底深厚，工诗词，精书法，善篆刻。书法宗魏碑，多从清代篆刻家、书画家赵之谦化出，意态潇洒，笔力雄健；篆刻则师从浙派，刀法严谨，浑厚古朴。

了生尼师吴翊珊

吴翊珊（1879—？），晚清进士，是被誉为"粤东时贤第一"的吴桂丹之女，吴远基之妹，定居于今肇庆市端州区城东的五经里。

吴翊珊自幼天资聪敏，读书过目不忘，素有"才女"之称。她在广州坤维女子师范学校（今广州市第二十九中学）毕业后，以发展妇女教育为己任。

民国二年（1913），热心教育事业的邑绅刘晓林，在今端州区城东水师营附近的"文昌宫"旧址，创建"圣德女子小学"。这是端州历史上有女子学校之始，冲破了传统的教育禁区。

民国八年（1919），在高要县劝学所所长梁赞燊的建议和支持下，圣德女子小学增设师范预科，校址设在肇庆府学宫的明伦堂，名曰"高要县立女子师范学校"，吴翊珊出任校长。

在学制、科目上，高要县立女子师范学校均仿照初等中学的学制，学习期限为三年，但加授教育科目。

后来，梁赞燊以高要县立女子师范学校校舍狭小为名，向当时已经停办的广肇罗中等实业学堂所设的艺徒学校（今肇庆市第二中学操场的西南角）借用校舍，作为学校本部。

吴翊珊任高要县立女子师范学校校长期间，锐意办学。她选聘当地的优秀教师任教，如马仲坚、谢弼荪、刘友林、梁仲埙、梁仲琦、唐乃昌、吴明韶等。

不久，吴翊珊遭遇丧夫之痛，受到沉重的打击。但她强忍着悲痛，潜心办学，精心育人。在她的辛勤努力下，高要县立女子师范学校深得社会各界人士的交口称赞，故要求入学的女孩亦不断地增加。

民国十五年（1926）冬，吴翊珊因体弱多病，辞去高要县立女子师范学校校长之职，回家居住，侍奉母亲。

民国十九年（1930），吴翊珊的母亲去世。随后，她前往香港九龙区的青山寺，拜显琦和尚为师，落发为尼，法号了生，即"摆脱烦恼，了却生死"之意。同时，她还在寺庙的右侧结庐——长明精舍，收徒传法，耕种、修持，禅、农并举。

张云翘，广东新兴县人。她原在高要县立女子师范学校就读，深受吴翊珊的影响。她毕业后，任新兴县立女子小学校长，且在县城的锦水南开设佛堂——普门精舍。当时，不少女学生加入佛门，茹素念佛，持戒修行。

民国三十一年（1942），日本侵略者占领香港，广大人民处于水深火热之中。张云翘尼师派出专人前往香港，迎接了生尼师前来普门精舍留居与弘法。

　　了生尼师留居普门精舍期间，开坛宣讲《阿弥陀经》、《六祖坛经》等，以及念唱各项持戒仪规，修持精进不懈，力行慈悲喜舍。白天，她跟随众人到城郊，既可躲避日本飞机的空袭，又可垦地耕耘；晚上，她则回庵院讲经传法。

　　同时，了生尼师还发起倡议，组织教徒成立广东省佛教会新兴分会，推举龙山国恩寺方丈自觉法师为分会会长，她被选为分会副会长。而且，她还吸收一批皈依之徒，引导教徒坚持佛教正道。

　　此外，了生尼师还经常率领教徒前往龙山国恩寺参拜唐代高僧、佛教禅宗的南宗开创者即禅宗第六祖慧能。她看见慧能的塑像身穿红衣、头戴花帽，认为与佛制不合，又与禅师的身份不相称，便向寺僧作解释，给慧能的塑像改穿僧人的袍服。

　　龙山国恩寺因年久失修，损毁严重，急需修葺。了生尼师发动新兴县各界人士集资捐款，组织成立筹建龙山下院委员会。在她的发动和带领下，募集了大量的资金，修复了寺庙的大雄宝殿和六祖殿。

　　1945年8月15日，日本侵略者投降。了生尼师发动新兴县的教徒与善信，在县城的四姓祠举行"庆祝抗日战争胜利追荐抗战阵亡将士暨死难同胞水陆法会"，共悼国殇，缅慰英灵。

　　12月，了生尼师与女居士郭旦华（后任广州市佛教协会副会长）离开新兴县，前往广州。广东省佛教会委派她接管位于今广州小北路的药师庵，住持寺庙。她在寺庙讲经传法，历时三个月。

　　次年春，了生尼师率领教徒返回香港九龙区青山，住持长明精舍。

　　是年秋，了生尼师带领教徒、善信等人前往广州，参加虚云高僧在六榕寺主持的"追荐抗日战争殉难军民同胞诵经法会"。

　　后来，了生尼师返回香港九龙区青山的长明精舍修持，直至圆寂。

李济深在肇庆留下足迹

李济深（1885—1959），中国著名的民主主义革命家。原名济琛，字任潮。原籍江苏，生于梧州府苍梧县（今广西苍梧县）。早年，毕业于北京陆军大学，曾留学日本。历任粤军第一师参谋长、师长，兼任西江善后督办、黄埔军校教练部主任。民国十四年（1925），任国民革命军第四军军长。次年，任国民党第二届中央执行委员会委员、参谋总长、黄埔军校副校长。北伐战争期间，任国民革命军总司令部参谋长、广东省政府主席、国民革命军第八路军总指挥，留守广州。民国十六年（1927），参与蒋介石的反共活动。民国二十二年（1933），联合第十九路军军长蔡廷锴等，在福建组织反蒋抗日的中华共和国人民革命政府。次年，至香港主持中国国民党革命委员会，与爱国将领冯玉祥等倡议组建中华民族革命同盟。民国二十四年（1935），任桂系军政府主席。民国二十六年（1937），抗日战争爆发，积极响应中国共产党一致抗日的号召，反对国民党政府的反共政策。1948年，任中国国民党革命委员会主席。次年，出席中国人民政治协商会议第一届全体会议。历任中华人民共和国副主席、全国人大常委会副委员长、全国政协副主席。

民国十一年（1922）6月16日，粤军总司令陈炯明公开发动叛乱。次年1月4日，孙中山通电讨伐陈炯明。

1月初，粤军第一师参谋长李济深率领第二团团长卓仁机、第四团团长陈济棠、工兵营营长邓演达等在广东封川县（今封开县）起义，掉转枪口指向陈炯明所部叛军，攻肇庆，克三水，向广州进军。

此时，桂系军阀、广西靖国军总司令沈鸿英打着孙中山"讨伐军"的旗号，率领所部耀武扬威进入广东。

沈鸿英（1870—1938），旧桂系军阀。原名亚英，字冠南，柳州府雒容县（今广西鹿寨县）人。曾为绿林头目，接受同盟会招编，参加辛亥革命，任柳州民军管带、督带。民国二年（1913），其在柳州酝酿讨伐大总统袁世凯，诱擒辛亥革命广西领

导人刘古香以邀功，升桂军帮统。民国五年（1916），参加广西护国军讨伐袁世凯，任第二支队司令，率兵入湘，进据长沙。后随护国军抚军陆荣廷下广东，任护国军第三军司令、钦廉镇守使。民国九年（1920），粤军回粤讨伐桂系，退回广西贺县，宣布自治。粤军入桂后，投靠直系军阀吴佩孚。民国十二年（1923），与滇军杨希闵、桂军刘震寰进军广州，以驱逐陈炯明。

1月16日，滇、桂、粤联军会师广州，陈炯明率领所部退出广州，仓皇地逃到惠州。

1月26日，沈鸿英在广州制造江防司令部事变，扣留广州卫戍司令、广东讨贼联军总司令魏邦平，新任广东省省长胡汉民、大总统特派员邹鲁等幸免。随后，他率领所部退出广州，移驻肇庆和西江北岸。

2月，孙中山重建陆海军大元帅大本营，李济深升任粤军第一师师长。

4月15日，桂军总司令沈鸿英在花县（今广州市花都区）新街正式宣布接受北洋政府任命，就任广东军务督理之职，背叛孙中山。同时，他还令所部第一军军长李易标等，分路进攻广州。

孙中山亲自督师，击退攻打广州的沈鸿英所部。李济琛奉命率领粤军第一师出击讨伐沈鸿英所部，于5月18日攻克肇庆，消灭沈鸿英所部张希杕之旅。接着，他又率领粤军第一师收复西江地区的各县。

5月22日，孙中山下令通缉沈鸿英、李易标等。李易标率领所部投靠陈炯明，沈鸿英则率领所部返回广西，进据桂林。

6月2日，沈鸿英所部的第一师师长邓瑞征、第八旅旅长冯葆初，率领所部自广西梧州反攻肇庆。4日，沈鸿英借陈炯明在东江大举进犯广州之机，联合赣南镇守使方本仁，以及陈炯明所部的第三独立旅旅长谢文炳，占领韶关。18日，沈鸿英和谢文炳占领英德县。

李济深奉命率领粤军第一师出击讨伐沈鸿英所部，并会同广西讨贼军第一军军长黄绍竑等，进攻梧州。

7月18日，沈鸿英所部的第八旅旅长冯葆初投降，西江地区全部平定。

讨伐沈鸿英所部的战事结束后，粤军第一师师部、第二旅旅部和第四团进驻肇庆。

7月19日，孙中山任命李济深兼任西江善后督办，负责统筹处理西江地区政治、军事、经济等各项事宜。

8月，李济深在肇庆设立西江善后督办公署，下设参谋长、副官长、秘书长等职和民政处、绥靖处、军法处、西江财政整理处等机构，设行署于梧州。

12月，为了培养军事人才，李济深征得孙中山的同意，以西江善后督办公署的名义，在西较场（今肇庆市第五中学）创办西江陆海军讲武堂，培训驻防西江一带

的粤军所部和新桂系李宗仁、黄绍竑等所部的下级军官，学员共有三百余人。

西江陆海军讲武堂的创办，为孙中山在广州黄埔创办"陆军军官学校"提供了经验与人才。

西江陆海军讲武堂以军事、学术、政治为主修，李济深派出第四团团长戴戟为堂长，工兵营营长邓演达为特约教官，还有严重、黄琪翔、钱大钧、陈诚等教官。期间，他不仅教授军事知识，而且还教育学生无论何时何地都必须以国家、民族的利益为重。

李济深在肇庆期间，剿捕盗匪，保商安民，使西江一带的百姓"乐业安居，企成盛治"。他还修筑城区的正东路、天宁北路，这是城区最早的正式街道。同时，他还在西江一带大刀阔斧地实行统一财政，设立西江财政整理处，除每月按照定额支付军饷外，所有的剩余悉数交给财政厅，归入省库。

李济深所采取的各项措施，为孙中山的革命政权提供了一个人口众多、地域广阔的根据地，而且还有力地支持了财政十分困难的革命政权。

民国十三年（1924）2月，高州、雷州的百姓到孙中山大元帅府请愿，诉说陈炯明所部的粤军第四独立旅旅长邓本殷糜烂地方，请速派兵征讨。12日，李济深奉令率领粤军第一师出征南路。

9月30日，粤军第一师奉命由南路回驻肇庆。

次年1月29日，建国军广西总司令沈鸿英联合建国军桂军第三军军长刘震寰、建国联军粤桂边防军督办林俊廷，自广西昭平县、贺县、象县分路进攻桂平县、蒙江等地。以定桂讨贼联军总指挥李宗仁、副总指挥黄绍竑为首的新桂系，对沈鸿英的行径甚为愤怒，兵分三路迎战。李济深令第二旅旅长陈济棠率领所部开赴前线，支持新桂系。经过数日的激战，沈鸿英所部全线崩溃，从此一蹶不振。

后来，新桂系所领导的三万多人全部加入国民革命军，成为北伐战争的重要作战力量。

后 记

　　编写、出版《宋城怀古》一书，得到了中共肇庆市端州区委宣传部的高度重视，得到了肇庆市端州区文化局、水利局、审计局、统计局、黄岗街道办事处、城西街道办事处等有关部门的鼎力相助，得到了肇庆市千百度文化传播有限公司、肇庆市东海影视文化发展有限公司以及肇庆市摄影家协会、肇庆市端州区摄影家协会和陈绍通等人的大力支持。在此，一并表示诚挚的敬意和衷心的感谢！

李德彬

2014年4月

图书在版编目（CIP）数据

宋城怀古·人物春秋／贾穗南编著. —广州：暨南大学出版社，2014.10
ISBN 978 - 7 - 5668 - 1062 - 5

Ⅰ.①宋… Ⅱ.①贾… Ⅲ.①区（城市）—地方史—肇庆市②区（城市）—
历史人物—介绍—肇庆市 Ⅳ.①K296.53②K820.865.3

中国版本图书馆 CIP 数据核字（2014）第 141751 号

本书图片提供：中共肇庆市端州区委宣传部
　　　　　　　肇庆市端州区文化局
　　　　　　　肇庆市摄影家协会
　　　　　　　肇庆市端州区摄影家协会
　　　　　　　肇庆市东海影视文化发展有限公司

出版发行：暨南大学出版社

地　　址：中国广州暨南大学
电　　话：总编室（8620）85221601
　　　　　营销部（8620）85225284　85228291　85228292（邮购）
传　　真：（8620）85221583（办公室）　　85223774（营销部）
邮　　编：510630
网　　址：http：//www.jnupress.com　http：//press.jnu.edu.cn

排　　版：广州良弓广告有限公司
印　　刷：深圳市新联美术印刷有限公司

开　　本：787mm×960mm　1/16
印　　张：21
字　　数：410 千
版　　次：2014 年 10 月第 1 版
印　　次：2014 年 10 月第 1 次

定　　价：78.00 元

（暨大版图书如有印装质量问题，请与出版社总编室联系调换）